高职高专"十三五"规划教材

通用航空飞行组织与实施

TONGYONG HANGKONG FEIXING ZUZHI YU SHISHI

胥 郁　主编

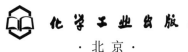

·北京·

《通用航空飞行组织与实施》依据高职高专教育"以应用为目的,基础理论以必需、够用为度"的原则,强调理论够用,教材内容简明易懂。全书共分7章,主要内容包括航行的基本知识、飞行的组织与管理机构及有关规定、通航飞行组织与实施的服务保障要求、飞行组织与实施的一般程序、通航飞行的组织与保障、复杂气象条件与特殊情况下的飞行组织工作、飞行事故的调查与处理等,每章分学习目标、知识链接、思考题几个部分。本书根据通用航空生产作业业务环节安排学习项目,结合民航规章与行业发展需要,对通用航空飞行组织与实施做了全面介绍,注重实务,示例丰富,便于理解,易于掌握。为方便教学,本书配有电子课件。

本书适合作为职业院校通用航空航务技术、通用航空器维修、无人机技术、民航运输等专业的教材,也适用于对通用航空事业感兴趣的读者,还可供行业内人士参考。

图书在版编目(CIP)数据

通用航空飞行组织与实施/胥郁主编. —北京:化学工业出版社,2020.1
高职高专"十三五"规划教材
ISBN 978-7-122-35880-6

Ⅰ.①通… Ⅱ.①胥… Ⅲ.①民用航空–旅客运输–商业服务–高等职业教育–教材 Ⅳ.①F560.9

中国版本图书馆CIP数据核字(2019)第291818号

责任编辑:旷英姿　王　可　　　装帧设计:王晓宇

责任校对:张雨彤

出版发行:化学工业出版社(北京市东城区青年湖南街13号　邮政编码100011)
印　　刷:三河市航远印刷有限公司
装　　订:三河市宇新装订厂
787mm×1092mm　1/16　印张12½　字数274千字　2020年3月北京第1版第1次印刷

购书咨询:010-64518888　　售后服务:010-64518899
网　　址:http://www.cip.com.cn
凡购买本书,如有缺损质量问题,本社销售中心负责调换。

定　价:36.00元　　　　　　　　　　　　　　　　　　　　　　　版权所有　违者必究

前言 FOREWORD

改革开放以来,随着生产力的高速发展,人们的物质文化和精神生活不断丰富,对发展通用航空的需求日益高涨,通用航空是国民经济和社会发展的重要组成部分,有着非常大的发展潜力。随着国务院和中央军委联合下发《关于深化我国低空空域管理改革的意见》及《国家中长期科技发展规划纲要(2006—2020)》,我国低空空域管理改革的大幕拉开,通用航空产业发展迎来了历史性的重大机遇。

相对于通用航空事业发展热潮,很多新进入者和拟从事通用航空事业的人员对通用航空基础知识和操作实务知之甚微,而目前国内深入介绍通航飞行组织的书籍又甚少。为此,从航务保障角度,编写一本系统梳理通航飞行组织与实施的教材显得极为迫切。在这一背景下,本书从航行的基本知识入手,通过介绍飞行的组织与管理机构及有关规定、通航飞行组织与实施的服务保障要求,重点阐述飞行组织与实施的一般程序及各类通航飞行的组织与保障,进一步探讨了复杂气象条件与特殊情况下的飞行组织工作、飞行事故的调查与处理等项目,力图为学习者提供一个保障通航飞行活动顺利实施的、可供参考的操作实务指南。

本书由胥郁主编。具体编写分工如下:第一章、第三至第五章由长沙航空职业技术学院胥郁编写;第二章由长沙航空职业技术学院何裕龙编写;第六章由长沙航空职业技术学院周谧编写;第七章由长沙航空职业技术学院易夫编写。全书由胥郁负责统稿。本书编写还得到了民航湖南监管局通用航空处的大力支持,为本书编写提供了难得的素材和宝贵的建议。

本书在编写过程中,参考了很多业内外人士的观点、书籍和文章。在出版之际,谨向有关单位和个人表示衷心的感谢。由于编者水平有限,书中难免存在疏漏和不妥之处,恳请读者和专家批评指正。

编　者
2019 年 9 月

目录 CONTENTS

通用航空飞行组织与实施

第一章 航行的基本知识 /001

第一节 航空器和空勤人员 /002
一、航空器 /002
二、空勤人员 /007

第二节 机场 /010
一、定义 /010
二、机场飞行区技术标准 /011
三、机场飞行区 /012
四、机场净空 /015
五、机场地面标志 /016
六、机场灯光 /018

第三节 飞行分类 /022
一、根据飞行任务性质分类 /023
二、按照飞行区域划分 /024
三、按照昼夜时间划分 /024
四、按照气象条件划分 /025
五、按照驾驶和领航术划分 /025
六、按照飞行高度划分 /026
七、按照自然地理条件划分 /026

第四节 空域的划分 /027
一、空域的属性 /027
二、空域的使用 /028
三、特殊飞行区域 /032
四、低空空域划分 /032

第五节 飞行高度 /033

一、高度的测量和名词定义 / 033

二、修正海平面气压（QHN）/标准大气压（QNE）
的适用区域 / 034

三、场面气压的适用 / 034

四、过渡高度和过渡高度层的设置 / 035

五、高度表拨正程序 / 036

六、飞行高度层 / 037

第六节 飞行的运行标准 / 038

一、机场运行最低天气标准 / 039

二、驾驶员最低天气标准 / 041

三、航空器最低天气标准 / 043

四、航线最低天气标准 / 043

五、Y-5型飞机最低天气标准的规定 / 044

六、航空器起飞、着陆时风的限制 / 044

七、起飞油量 / 046

第二章 飞行的组织与管理机构及有关规定 / 049

第一节 飞行的组织与管理机构 / 050

一、行业主管机构职责 / 050

二、管制业务执行单位职责 / 051

三、航空公司飞行签派机构 / 052

第二节 飞行的有关规定 / 054

一、禁止飞行的有关规定 / 054

二、禁止放行航空器的规定 / 055

三、航空器起飞、降落时限的规定 / 055

四、绕飞雷雨的规定 / 055

五、目视飞行规定 / 055

六、目视起飞、着陆最低间隔规定 / 056

七、机场机动区内目视管制信号 / 057

八、滑行规定 / 058

九、起落航线规定 / 059

十、调配飞行的次序 / 059

十一、飞行指挥协同关系 / 059

第三节 飞行的组织与实施人员的任职条件和
　　　　管理规定 / 060
　　　　一、空中交通管制员 / 060
　　　　二、飞行人员的管理 / 061
　　　　三、签派人员的职责与管理 / 062
　　　　四、空管事故调查的组织和程序 / 062
第四节 国际民航组织与有关文件 / 063
　　　　一、国际民航组织机构 / 063
　　　　二、国际民航组织的目的与目标 / 065
　　　　三、国际民航组织的有关文件 / 065
第五节 航空气象与飞行的组织与实施 / 066
　　　　一、航空气象资料 / 067
　　　　二、航空气象资料提供规范 / 067

第三章 通航飞行组织与实施的服务保障要求 / 069

第一节 国外通航发达国家空管保障现状 / 070
　　　　一、空管系统基本内容 / 070
　　　　二、美国通航空管保障现状 / 072
　　　　三、澳大利亚通航空管保障现状 / 076
第二节 我国通航服务保障现状 / 078
　　　　一、我国空管体制的发展 / 079
　　　　二、我国通航服务保障现状 / 081
　　　　三、我国通航空管保障改革方向 / 082
第三节 我国通航服务保障发展思路与要求 / 082
　　　　一、我国通航服务保障发展思路 / 082
　　　　二、我国通航服务保障技术 / 084

第四章 飞行组织与实施的一般程序 / 089

第一节 航空公司飞行签派机构及其职责 / 090
　　　　一、机构设立 / 090
　　　　二、机构的职责 / 091
　　　　三、签派工作的任务 / 091
　　　　四、机构编制与人员职责 / 093

第二节　通航企业航务部门及其职责　/ 094
　　一、航务部门设立　/ 094
　　二、航务工作技术流程　/ 095
　　三、航务管理人员职责及任务　/ 096
第三节　机场航行管理工作　/ 097
　　一、飞行预先准备阶段的航行管理工作　/ 097
　　二、飞行直接准备阶段的航行管理工作　/ 098
　　三、飞行实施阶段的航行管理工作　/ 099
　　四、关于起飞、着陆和飞行时间的规定　/ 099
　　五、飞行结束后的航行管理工作　/ 100

第五章　通航飞行的组织与保障　/ 101

第一节　通用航空飞行的一般规定　/ 102
　　一、通用航空飞行实施的基本程序　/ 102
　　二、通用航空飞行的管理和管制　/ 105
第二节　农林航空作业飞行　/ 106
　　一、农林航空概述　/ 106
　　二、农林航空作业实施　/ 107
　　三、农业航空防病作业技术　/ 109
　　四、农业航空灭虫作业技术　/ 110
　　五、农业航空叶面施肥作业技术　/ 111
　　六、农业航空除草作业技术　/ 113
　　七、航空护林作业的组织与实施　/ 114
第三节　工业航空飞行　/ 116
　　一、工业航空概述　/ 116
　　二、海上石油服务　/ 116
　　三、航空物探遥感　/ 118
　　四、航空摄影　/ 120
　　五、直升机吊挂　/ 121
　　六、直升机巡线　/ 122
第四节　空中游览　/ 125
　　一、空中游览的界定　/ 125
　　二、飞行前准备　/ 126

三、人员要求　/ 127

　　　四、航空器适用性要求　/ 127

　　　五、运行场地　/ 128

第五节　航空医疗救援　/ 129

　　　一、相关概念与分类　/ 129

　　　二、航空医疗救援主要运作模式　/ 130

　　　三、区域航空医疗救援网络布局　/ 131

　　　四、开展航空医疗救援的基本条件　/ 132

第六章　复杂气象条件与特殊情况下的飞行组织工作　/ 137

第一节　复杂气象条件下的飞行组织与实施工作　/ 138

　　　一、雷暴（雨）天气　/ 138

　　　二、低空风切变　/ 140

　　　三、寒冷天气　/ 141

　　　四、恶劣天气下管制工作处理　/ 143

第二节　特殊飞行情况的处置与处理　/ 143

　　　一、起落架系统故障与处置　/ 144

　　　二、刹车失效与处置　/ 146

　　　三、发动机失效　/ 146

　　　四、座舱失压　/ 148

　　　五、地空通信联络失效　/ 149

　　　六、无线电罗盘失效　/ 150

　　　七、空中失火　/ 151

　　　八、迷航或不明的航空器　/ 152

　　　九、航空器迫降与处置　/ 153

　　　十、民用航空器被拦截　/ 154

第三节　搜寻和援救　/ 155

　　　一、航空器遇险和紧急情况的标准　/ 156

　　　二、遇险和紧急情况的信号　/ 156

　　　三、遇险和紧急情况下的无线电通信程序　/ 156

　　　四、遇险和紧急情况下的管制措施　/ 156

第七章 飞行事故的调查与处理 /159

第一节 飞行事故概述 /160
　　一、飞行事故标准 /160
　　二、飞行事故等级 /160
第二节 飞行事故应急预案 /162
　　一、概述 /162
　　二、组织指挥体系及职责 /163
　　三、应急响应 /163
　　四、后期处置 /167
　　五、应急保障 /167
　　六、宣传、培训和演练 /168
第三节 飞行事故调查处理程序 /168
　　一、事故调查概述 /168
　　二、事故现场的应急处理 /169
　　三、事故调查的准备 /170
　　四、现场调查 /171
　　五、事故原因分析 /177
　　六、作出事故结论 /177
　　七、确定事故等级 /178
　　八、提出安全建议 /178
　　九、编写事故调查报告 /178

附录　中国民用航空常用四字和三字地名代码 /181

参考文献 /190

第一章

航行的基本知识

  学习目标

1. 了解航空器和空勤人员的概念内涵;
2. 熟悉机场系统及机场各要素;
3. 掌握飞行分类方法;
4. 熟悉我国空域分类与使用;
5. 掌握飞行高度几个重要概念及其换算;
6. 熟悉飞行的运行标准。

航行的基本知识是通用航空从业人员了解通用航空的基础，是为更加深入地学习空中交通管制、航行情报服务、通航飞行具体实施的知识准备。本章从管理和使用角度对民用航空器、机场、空域运行标准、飞行分类等诸方面作了介绍与描述，使学习通用航空相关专业学生对航行有一个基本的认识和统一的标准。

第一节 航空器和空勤人员

航空器是民用航空进行航空运输飞行和通用航空飞行的航空工具；空勤人员是航空工具的驾驶者和在其上的工作者。因此，要保证飞行安全、顺利完成各种飞行任务，最重要的是要求航空器在飞行过程中安全可靠、工作正常，避免发生影响连续飞行以至必须立即着陆的各种故障；要求空勤人员有高度的工作责任心和熟练的业务、技术水平，不仅能在简单的气象条件或飞行正常的情况下完成飞行任务，而且要在复杂气象条件或特殊情况下正确处置各种突发情况，安全完成飞行任务。所以，在民用航空飞行活动中，认真负责，严格执行有关的规则、规章制度或操作规程，做好航空器的飞行保障工作或空勤人员的业务、技术培训工作具有十分重要的作用。

在本节中以下名词具有的含义如下。

① 经营人　从事或将要从事航空器营运的个人、组织或企业。

② 航空器　能从空气的反作用而不是从空气对地面的反作用在大气中获得支撑的任何机器。

③ 直升机　飞行时，凭借一个或多个在基本垂直轴上自由转动的旋翼，在空气中获得支撑的重于空气的航空器。

④ 飞行计划　向空中交通服务单位提供的关于航空器一次预定飞行或部分飞行的规定资料。

⑤ 气象预报　在特定时刻或期间，对某一特定的区域或部分空域的未来气象情况的叙述。

⑥ 尾流　航空器运行引起的对其周围大气的扰动。它包括动力装置排气引起的紊流、翼尖涡流等。

一、航空器

1. 航空器的分类

民用航空器的分类繁多，根据通用航空业务工作的需要，主要应了解以下几种航空器的分类。

（1）按照航空器的大小分　按最大起飞重量来划分航空器的大小，最大起飞重量60000千克（不含）以上的航空器为大型航空器；最大起飞重量20000~60000千克（含）的航空器为中型航空器；最大起飞重量20000千克以下的航空器为小型航空器。

（2）按照航空器的航程远近分　按航空器的航程远近区分，在国际上没有统一的划分标准，一般将航程在4800（含）千米以上的航空器称为远程航空器；航程在2400~4800（含）千米的航空器称为中程航空器；航程在2400千米以下的航空器称为短程航空器。

（3）按照航空器的尾流强弱程度分　航空器尾流的强度，随航空器重量的增大而增大，为了规定航空器的尾流间隔标准，按照航空器的最大起飞重量，将航空器分为以下三类，如表1-1所示。

① 最大起飞重量大于或等于136000千克的航空器为重型航空器，用大写字母H表示；
② 最大起飞重量为7000~136000千克的航空器为中型航空器，用大写字母M表示；
③ 最大起飞重量等于或小于7000千克的航空器为轻型航空器，用大写字母L表示。

表1-1　按照航空器的尾流强弱程度分

类别	机　　型
重型	B747、B767、B777、MD-11（图1-1）、A300/310、A330/340
中型	B737、A318/319/320/321、CRJ-200（图1-2）、Dash-8（图1-3）、BAe-146（图1-4）、B757、Donier-328（图1-5）
轻型	Y-5（图1-6）、Y-12

图1-1　MD-11

图1-2　CRJ-200

图1-3　Dash-8

图1-4　BAe-146

图1-5 Donier-328

图1-6 Y-5

（4）按航空器的仪表进近速度分　航空器的速度直接影响着仪表飞行程序的各种机动飞行所需要的空域和能见度。为了为具体仪表飞行程序提供标准化的基础，根据航空器在最大允许着陆重量的着陆形态下失速速度的1.3倍，将航空器分为五类，如表1-2所示。

A类：指示空速小于169千米/小时（91海里/小时）；

B类：指示空速169千米/小时（91海里/小时）或以上，但小于224千米/小时（121海里/小时）；

C类：指示空速224千米/小时（121海里/小时）或以上，但小于261千米/小时（141海里/小时）；

D类：指示空速261千米/小时（141海里/小时）或以上，但小于307千米/小时（161海里/小时）；

E类：指示空速307千米/小时（161海里/小时）或以上，但小于391千米/小时（211海里/小时）。

表1-2　常见机型仪表进近速度分类表

类别	机型
A	Y-5、Y-12、TB20
B	Y-7、An-24、Dash-8、SAAB-340（图1-7）、BAe146-100、Donier
C	B737、B747-SP、B757、B767、B777、MD-82、A319/320/321、A330、SAAB2000、BAe146-300
D	B747、Tu-154、IL-86（图1-8）、MD-11、A340
E	协和、Tu-144

2. 航空器的标志

世界上每个国家的民用航空器（飞机是航空器的一种）都有国籍标志，并要取得国际民航组织的认同。中国是国际民航组织的成员国，根据国际规定，于1974年选用"B"作为中国民用航空器的国籍标志。凡是中国民航飞机机身上都必须涂有"B"标志和编号，以便在无线电联系、导航空中交通管制、通信通话中使用，尤其是在遇险失事情况下呼叫，以利于识别。在我国境内飞行的民用航空器，必须涂绘明显的识别标志，没有涂绘

图1-7 SAAB-340

图1-8 IL-86

识别标志的民用航空器禁止飞行。民用航空器的识别标志包括：航空器所属的航空公司名称、航空公司徽章（图1-9）、国籍标志和注册标志（机尾号）等。

图1-9 国内外主要航空公司徽章

如波音747飞机B-2442，B是中华人民共和国航空器注册登记国籍标志，2442为该机的登记注册编号（机尾号）。我国常见航空器登记注册编号见表1-3。

表1-3　中华人民共和国民用航空器登记注册编号

机型	编号	机型	编号	机型	编号	机型	编号
IL-86	201X	IL-62	202X	L-100	20XX	MD-80/2	21XX
MD-11	217X	TRD	22XX	FK-100	223X	MD-90	225X
A310	230X	A300	23XX	A320	234X	A-340	238X
B707	24XX	B747	244X	B737	25XX	B767	255X
TY-154	26XX	BAe-146	27XX	YAK-42	275X	CHY-3A	362X
B757	28XX	B737	29XX	Y-8	31XX	An-12	315X
An-30	33XX	An-24	34XX	Y-7	345X	DCH-6	35XX
空中国王	355X	SH-360	36XX	Y-12	38XX	BO-105	70XX
海豚	71XX	拉玛	72XX	S-76	73XX	云雀	74XX
BELL	77XX	M-8	78XX	Y-5	8XXX	TB-20	89XX

3. 航空器的文件

民用航空器在执行生产飞行任务前，必须向民航总局办理和取得下述文件后，方可飞行。民用航空器飞行前向民航总局办理的文件包括：

① 航空器注册登记证；
② 航空器适航证；
③ 航空器无线电台使用许可证；
④ 航空器航行记录簿；
⑤ 航空器飞行必需的其他文件、资料。

4. 航空器的使用

航空器的使用总寿命：大型航空器一般按机身飞行总时间和起落架次计算，中、小型航空器一般按机身总飞行时间计算。

航空器使用手册是机组使用该型航空器的基本依据，也是飞行员签派、空中交通管制员签派和管制航空器飞行的依据。除中国民航总局、航空器所属的航空公司对航空器的使用另有规定外，一般应按航空器使用手册的有关规定执行。

航空器的检查维护通常分为航行前检查、航行后维护、定期维护或分区维护、进厂大修等。各型航空器的维护均有不同的规定和要求，应按各型航空器维护手册进行。

5. 航空器的适航管理

民用航空器的适航管理，根据《中华人民共和国民用航空器适航管理条例》的有关规定，由中国民航总局负责、执行规定的适航标准和程序。

（1）航空器的管理　设计民用航空器，应取得民航总局颁发的型号合格证，生产民用航空器应取得民航总局颁发的生产许可证和适航证。

由外国进口的民用航空器，应取得民航总局颁发的准予进口的型号认可证书。租用外国航空器，应经民航总局对其原登记国颁发的适航证审查认可或另行颁发适航证。出口民用航空器由民航总局签发出口适航证。

民用航空器必须具有民航总局颁发的国籍登记证，并按规定在航空器外表标明国籍登记识别标志，方可飞行。

（2）航空器的维修　在国内国外承担中国民用航空器维修的单位，必须取得民航总局颁发的维修许可证书。负责维修并放行中国民用航空器的维修技术人员，必须取得民航总局或其授权单位发给的维修人员执照或相应的证明文件。

（3）违反规定的处理　生产、使用、维修中国民用航空器的单位或个人，违反航空器适航管理条例有关规定的，民航总局有权责令其停产、维修，给予罚款、吊销有关证件等处罚，并建议有关单位对受处罚的单位或个人给予行政处分，直至追究刑事责任。

二、空勤人员

1. 空勤人员的类别

空勤人员是指在飞行中的航空器上执行任务的人员，通常包括飞行人员、乘务人员、航空摄影员和安全保卫员（图1-10）。

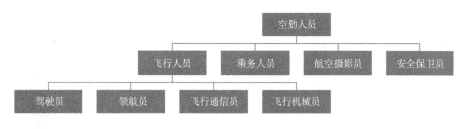

图1-10　空勤人员

飞行人员是指在飞行中直接操纵航空器和航空器上航行、通信等设备的人员，包括驾驶员、领航员、飞行通信员、飞行机械员（工程师）。

飞行人员都必须经过专门训练和带飞检查，并经过考核达到中国民航总局规定的标准，授予技术等级，发给执照。正驾驶员还要根据其在该航空器上的飞行时间和技术水平，授予相应的最低天气标准。

2. 机组的组成

每次飞行，执行飞行任务的空勤人员组成机组。机组中应包括的人员不少于该航空器适航证或航空器飞行手册及其他有关文件的规定。机组配置各种检查人员和见习人员时，其总人数应超过该型航空器规定的数额。

机长是机组的领导，由正驾驶担任（如果机组中有两名正驾驶，应指定其中一人为责任机长）。在执行飞行任务期间，机长负责领导机组的一切活动，对航空器和航空器所载人员的财产安全、航班的正常、服务质量和完成任务负责。机组全体人员必须服从机长命令，听从机长指挥。临时加派的随机工作人员和实习人员，在航空器上工作时，也必须服从机长的领导。

（1）机长的主要职责

① 领导机组认真执行"保证安全第一，改善服务质量，争取飞行正常"的方针，正确处理安全和生产的关系，任何时候都要把安全放在第一位；

② 飞行前，根据任务的性质、特点和要求，熟悉该次飞行的有关资料，领导机组从最

困难、最复杂的情况出发，充分做好飞行前的准备工作；

③ 飞行中，切实按照航空器飞行手册和使用手册的有关规定，正确操纵航空器和使用设备，合理节约油料、器材，并对机组全体人员的工作实施监督检查；

④ 要求机组成员并且带头做到，热情周到地为旅客和使用部门服务，不断提高服务质量和作业质量；

⑤ 要求机组人员并带头做到，严格按照飞行规章制度办事，遵守飞行纪律，服从空中交通管制；

⑥ 在飞行中，遇到复杂的气象条件和发生特殊情况时，组织全体空勤人员密切配合，正确处理；

⑦ 在执行飞行任务期间，必须认真负责、严格要求，对机组进行全面管理，妥善安排作息，搞好内外团结，圆满完成任务；

⑧ 飞行后，主持机组讲评，并向上级汇报；

⑨ 努力钻研业务技术，熟悉飞行有关规定，不断提高组织领导能力和业务技术水平。

（2）机长的权力

① 飞行前，发现航空器、气象条件、机场等情况不符合规定的标准，或者缺少信心，不能保证飞行的安全时，拒绝飞行；

② 遇到复杂的气象条件和发生特殊情况时，为保证航空器和旅客的安全，对航空器处置做最后的决定；

③ 在执行飞行任务中，发现机组人员不适合继续飞行、有碍飞行安全时，提出将其更换；

④ 在飞行中，对于任何破坏航空器内一切正常秩序和纪律、触犯法律、威胁飞行安全或妨碍执行任务的人，采取一切必要的、适当的措施。

3. 机组的工作

机组执行飞行任务时的工作，通常按照飞行的四个阶段进行。

（1）飞行预先准备阶段的工作　机组的飞行预先准备工作通常于飞行前一日进行，在时间来不及进行准备或有紧急任务时，可与飞行直接准备合并进行。其主要工作是：

① 研究起飞、降落和备降机场、航线和作业区的有关资料，了解天气形势；

② 了解航线或飞行区内的特殊飞行规定；

③ 准备航图，进行领航作业；

④ 了解飞行航线和飞行区域内的航行通告，并且核对所飞航线和飞行区域的航行资料；

⑤ 根据培训带飞计划，研究科目、讲解要领、提出要求；

⑥ 研究特殊情况的处置方法和机组的协作配合；

⑦ 参加航空器的准备或了解航空器的准备情况；

⑧ 国际航线飞行时，准备有关证件。

（2）飞行直接准备的工作　机组的飞行直接准备工作时间，根据航空器的类别分别规定，但机组不得迟于航空器预计起飞前一小时到达工作岗位。其主要工作是：

① 研究天气，进行领航准备，按照飞行手册的规定，确定有关飞行数据；

②研究飞行中气象条件变坏或发生特殊情况时的处置方案;

③取得最新的航行通告摘要,校正航行、通信、导航资料,提交飞行计划,再次检查有关飞行的文件;

④听取机务人员关于航空器准备情况的报告,接受并检查航空器燃油量;

⑤检查与了解货物装载情况,办理载运手续;

⑥检查航空器上服务用品是否配备齐全;

⑦不迟于航空器预计起飞前30分钟办理商务、边防、海关手续;

⑧与飞行签派员或其代理人共同研究并做出能否放行航空器的决定,并在飞行放行单上签字。

(3)飞行实施阶段的工作　机组在飞行实施过程中,按照飞行的有关规定、工作程序和操纵规程实施飞行。其主要工作如下:

①严格执行检查单制度;

②严格按照飞行计划飞行;

③正确使用发动机和机上设备,合理节约燃料;

④按时向有关的空中交通管制部门发出位置报告和飞行情况,向航空公司飞行签派机构报告主要飞行情况;

⑤由于天气、机械或因身体原因,没有信心继续完成飞行任务时,主动向飞行签派机组和空中交通管制部门报告;

⑥每次降落后,向飞行签派机构报告飞行情况,向机务人员反映航空器的工作情况,向航行情报部门反映有关通信导航、机场设施的不正常和变更情况,以便及时查询核实。

空勤和地勤的区别

1. 工作场所不同

空勤人员在飞机上服务;地勤人员在地面服务。

2. 工作性质不同

空勤人员机师负责飞机安全驾驶,空中乘务员在飞机上确保乘客旅途安全与舒适(为乘客供应餐饮等),指导乘客使用机上安全设备,在紧急情况下指导乘客安全逃离飞机等。

地勤服务包括机场、航空公司及其代理企业为旅客、货主提供的各种服务,以及空管、航油公司、飞机维修企业等向航空公司提供的服务。从飞机进入停机坪的那一刻起,到离开停机坪进入滑行道为止,停泊其间的所有后勤服务(给油、给水、旅客下机登机、行李搬运、飞机餐点装载、机身清洁、废弃物处理等)皆为机场地勤人员的工作职责范围。

3. 身体体检要求不同

空勤人员需经过严格体检达标方可成为机师、空姐,可以说是万里挑一;地勤人员行业体检标准显然没那么高。

（4）飞行讲评阶段的工作　机组飞行工作的讲评在每次飞行任务结束后进行。通过讲评，对完成任务的情况、飞行安全和质量、机组的协作配合等做出正确评价。对于发现的问题，尤其是安全、质量和技术方面的问题，机组应认真分析原因，总结经验，接受教训，提出改进措施。

第二节　机　　场

机场是航空活动经常使用的重要场地，是航空器活动的重要场所。机场场道和飞行保障设备（设施）的条件，对保证飞行安全和飞行正常有着极为重要的作用，同时也将影响机场的飞行流量。飞行保障设备完善的机场，可保障各类航空器在昼、夜间及复杂的气象条件下安全顺利地起飞和着陆；而飞行保障设备较差的机场，对起飞和着陆航空器的机型、气象条件、飞行架次、时间间隔都有不同程度的限制和特殊要求。因此，机场的选址、设计、建设应按照机场的用途，根据机场的技术数据与规范来进行，以满足航空器运行的要求。使用机场的单位与个人只有了解机场的结构和技术数据，才能合理地利用机场并发挥航空器的功用。因此，了解机场的结构与功能和重要的技术数据与规范，对从事通用航空工作的人员是非常重要的。同时，掌握机场的结构与功能和重要的技术数据与规范，对发展民用航空事业和加速机场的建设也有着深远的意义。

一、定义

（1）机场　在陆地上或水上的一块划定区域（包括建筑物、设施和设备），其全部或部分是供航空器到达、起飞或地面活动之用。

（2）机场位置点　用以标定机场地理位置的一个点，以主跑道中线的中点作为机场位置点，用经纬度表示，准确到秒。

（3）机场基准温度　机场或接近机场的气象台、站所记录的平均年最热月的日最高气温的月平均值，以摄氏度计（至少应取5年的平均值）。

（4）机场标高　主跑道中线上最高点的标高，准确到米。

（5）跑道　陆地机场上划定的长方形地区，供航空器着陆和起飞之用。

（6）可用起飞滑跑距离　适合航空器起飞时作地面滑跑使用的跑道长度。

（7）可用起飞距离　可用起飞滑跑距离加上净空道的长度。

（8）可用加速停止距离　可用起飞滑跑距离加上停止道长度。

（9）可用着陆距离　适合航空器着陆时作地面滑跑使用的跑道长度。

（10）滑行　航空器凭借自身动力在机场场面上的活动。不包括起飞和着陆，但包括直升机在机场场面上空有地面效应的高度内按滑行速度的飞行，即空中滑行。

（11）滑行道　陆地机场上划设的通道，供航空器滑行之用。

（12）停机坪　陆地机场上供航空器上下旅客，装卸货物、邮件等而划定的区域。

（13）跑道入口　跑道可用于着陆部分的始端。
（14）机场交通地带　为保护机场交通而环绕机场划定的空域。
（15）活动区　机场上供航空器起飞、着陆和滑行使用的部分，包括机动区和停机坪。
（16）着陆区　供航空器着陆或起飞的活动区部分。
（17）机动区　机场上供航空器起飞、着陆和滑行使用的部分，但不包括停机坪。

二、机场飞行区技术标准

我国民用航空运输机场飞行区技术标准采用飞行区等级代码和飞行区等级代字的方式。这种飞行区等级指标是为了使该机场飞行区的各种设施的技术要求与在这个机场上运行的航空器性能相适应。

（1）飞行区等级代码　根据机场飞行区使用的最大航空器的基准飞行场地长度，分为1、2、3、4四个等级。见表1-4。

表1-4　机场飞行区等级代码

飞行区等级代码	航空器基准飞行场地长度/米
1	<800
2	800~1200
3	1200~1800
4	≥1800

（2）飞行区等级代字　根据该机场飞行区使用的最大航空器的翼展（图1-11）和主起落架外轮外侧间的距离（图1-12），从小到大分为A、B、C、D、E五个等级，见表1-5。

图1-11　飞机翼展　　　　　图1-12　主起落架外轮距

表1-5　飞行区等级代字

飞行区等级代字	翼展/米	主起落架外轮外侧间距/米
A	<15	<4.5
B	15~24	4.5~6
C	24~36	6~9
D	36~52	9~14
E	52~60	9~14

三、机场飞行区

我国《民用机场飞行区技术标准》中规定,机场飞行区是指供飞机起飞、着陆、滑行和停放使用的场地。包括:升降带、跑道端安全区、滑行道、机坪以及机场净空(见图1-13)。

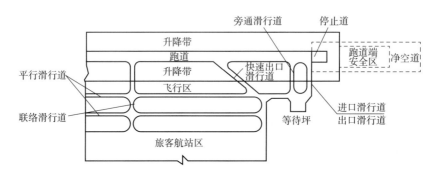

图1-13 现代机场飞行区组成示意图

(一)机场场道

1.跑道

(1)跑道种类 跑道根据航空器飞行的方式分为:

① 非仪表跑道 供航空器用目视方式进近、起飞的跑道;

② 仪表跑道 供航空器用仪表方式进近、起飞的跑道。其中又分为:

a. 非精密进近跑道 仪表跑道,用相应的目视助航设备和一种非目视助航设备,至少能对直接进近提供方向性引导;

b. 一类精密进近跑道 装有仪表着陆系统和目视助航设备的仪表跑道,能供航空器在决断高度低至60米和跑道视程低至800米时着陆;

c. 二类精密进近跑道 装有仪表着陆系统和目视助航设备的仪表跑道,能供航空器在决断高度低至30米和跑道视程低至400米时着陆;

d. 三类精密进近跑道 装有能引导航空器至跑道着陆,并沿其表面滑行的仪表着陆系统的仪表跑道。它又根据对目视助航设备的需要程度分为:三类A,能在跑道视程低至200米时着陆,仅在着陆的最终阶段和在跑道上滑行使用目视助航设备;三类B,能在跑道视程低至50米时着陆,在滑行中使用目视助航设备;三类C,能不依靠目视助航设备完成着陆和在跑道上滑行。

(2)跑道长度 表1-4所列航空器基准飞行场地长度是指在标准条件下,即海平面,气温15℃,无风,跑道无坡度的情况下,以航空器规定的最大起飞重量为准的最短平衡跑道长度。非标准条件的机场,跑道的实际长度可参照表1-4中基准飞行场地长度,按下列平均修正系数加以修正后确定。跑道的公布距离见图1-14。

① 海拔修正 按机场海拔每高出海平面100米,跑道长度增加2.5%。

② 气温修正 经过海拔修正后的跑道长度,按机场基准温度每超过该机场海拔的标准大气温度1℃,跑道长度增加1%;如海拔和气温两项修正的总和超过修正前长度35%时,

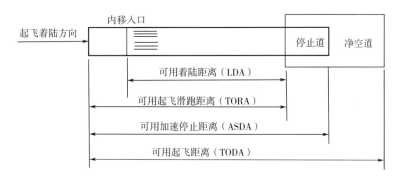

图1-14　跑道公布距离

应作专门研究确定。

③ 坡度修正　经过海拔和气温修正后的跑道长度，再按跑道有效坡度（跑道中线上最高点和最低点标高之差除以跑道长度）每增加0.1%，跑道长度增加1%。

（3）跑道宽度　根据航空器的翼展长度和主起落架外轮外侧间距而定。飞行区等级代码为1的跑道宽18~23米；为2的跑道宽23~30米；为3的跑道宽30~45米；为4的跑道宽45米。

2. 跑道道肩

跑道道肩是紧靠铺筑面侧边经过整备作为铺筑面与邻接面之间过渡的地区，供航空器偶然滑出跑道时，使航空器的结构不致损坏。

跑道道肩的宽度根据跑道的宽度确定。飞行区等级代字为A、B、C的道肩宽度，跑道两侧各1.5米；为D、E的道肩宽度，视跑道宽度而定。跑道宽度加道肩宽度等于60米，如跑道宽60米，则跑道两侧各1.5米。

3. 滑行道

滑行道分主滑行道、快速出口滑行道、出口滑行道（联络道）和辅助滑行道。滑行道的宽度根据航空器前后轮距和主起落架外轮轮距而定。飞行区等级代字为A的滑行道宽7.5米；为B的滑行道宽10.5米；为C的滑行道宽15~18米；为D的滑行道宽18~23米；为E的滑行道宽23米。

在机场的使用中，跑道的选择和利用是非常重要的。选择使用跑道时，除考虑机型和地面风向风速外，还应当考虑机场进离场程序，起落航线，跑道布局，跑道长度、宽度、坡度，净空条件以及着陆地带的导航设备。航空器通常应当逆风起飞和着陆，但是当跑道长度、坡度和静空条件允许，航空器也可以在风速不大于3米/秒时顺风起飞和着陆。如果驾驶员根据飞行手册或航空公司运行手册请求在大于3米/秒的情况下顺风起飞和着陆，在空中交通情况允许的情况下，塔台管制室管制员应当予以同意。当跑道侧风值在航空器侧风标准值附近时，是否起飞或着陆，由航空器驾驶员根据机型性能自行决定，管制员负责提供当时实际风向、风速。航空器起飞应当使用全跑道。如机场、机型和气象条件另有明确规定，塔台管制室管制员可以允许航空器不使用全跑道起飞。机场起飞、着陆地带的布局和设置应当符合下列规定。

① 起飞线应当根据风向、风速进行布置。

② 土跑道或者因跑道积雪从空中不易识别时，应当划出明显的标志或者用红旗标识。

③ 在起飞线指挥飞行时，起飞线塔台、停车场、人员休息地点，应当根据机场面积、跑道和滑行道的位置等情况确定，距跑道边沿的距离通常不得少于100米。

直升机的起飞、着陆地带，应当根据具体情况划定，起飞、着陆地点面积的直径应当根据机型确定，其长宽均不得小于旋翼直径的两倍；各起飞、着陆地点之间的左右间隔应当大于旋翼直径的两倍，前后距离应当大于机身长度的四倍；直升机在野外着陆、起飞时，通常应当预先选定和布置野外着陆场地，其场地应当选择净空条件好、地势平坦坚实、坡度适当的地带。

（二）机场升降带

升降带是飞行区中跑道中线及其延长线两侧一块特定的区域，用来减少飞机冲出跑道时的损坏，并保障飞机在起飞或者着陆时安全飞行，应包含跑道及停止道（当设置时）和土质地区。升降带示意图如图1-15、图1-16所示。

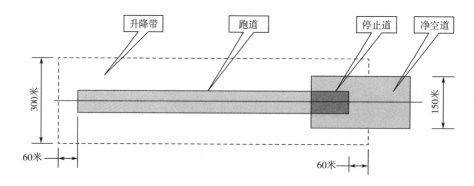

图1-15　升降带范围

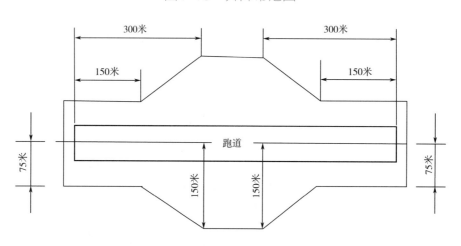

图1-16　精密进近跑道升降带示意图

（1）升降带　包括跑道、跑道道肩、停止道、净空道和跑道两侧划定的场地；

（2）升降带的长度　自停止道端向外延伸60米；

（3）升降带的宽度　自跑道中线及其延长线向两侧延伸，其宽度：飞行区等级代码为1、2的75米，为3、4的150米；

（4）升降带内 除保证飞行安全必需的助航设备外，不应有任何危及飞行安全的物体。

四、机场净空

为了航空器的起降安全和机场的使用正常，根据航空器的特性和助航设备的性能，对机场及其附近区域，规定了几种称为净空障碍物限制面的平面、斜面，用以限制机场周围及其附近的山、高地、铁塔、架空线、建筑物等的高度。

根据跑道运行的类型，机场的净空障碍物限制面包括：锥形面，内水平面、端净空面和过渡面；精密进近跑道还包括：内进近面、内过渡面和复飞面。见图1-17。

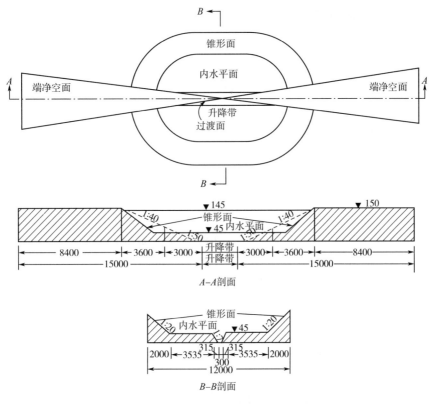

图1-17 机场各种障碍物限制面（单位：米）

（1）锥形面 保证航空器在机场附近目视飞行时的安全和正常。从内水平面的周边开始，以1/20的坡度向上和向外倾斜，其高度从内水平面的高程算起，直到规定的外侧高为止。

（2）内水平面 保证航空器在进近阶段以前与航空器在机场周围目视飞行的安全和正常。内水平面是高出机场高程45米的一个水平面，它的高程值是从跑道两端入口中点的平均高程起算，其范围为以跑道两端入口中心为圆点、以规定的半径画出的圆弧，然后用和跑道中线相平行的两条直线与这些圆弧相切而形成的一个近似椭圆形。

（3）端净空面（进近面） 保证航空器在起飞爬升和进近着陆阶段操纵的安全和效率。

是在跑道入口前倾斜的平面或几个平面的组合。从升降带的末端开始，其起算高程为跑道入口中点的高程，按规定的宽度和斜率向两侧散升，并以规定的坡度向上、向外延伸，直到进近面的外端。进近面的起端与外端平行。

（4）过渡面　保证航空器在进近中，低空飞行偏离跑道中线或复飞阶段的安全和正常。从升降带两侧边缘和进近面的部分边缘开始，按规定的坡度向上、向外倾斜，直到与水平面相交的复合面。

新的建筑物或扩建现有建筑物的高度，均按有关规定加以严格控制，并适当考虑将来扩建机场对障碍物限制更严格的要求。因此，对超过规定限制高度的物体应予拆除或搬迁；经有关部门批准不予拆除或搬迁的物体，应按规定设置障碍灯和障碍标志。

五、机场地面标志

为了保证航空器起降、滑行的安全和便利，应在飞行区设置地面标志。地面标志一般要求颜色明显，易于识别，没有反光。跑道标志以白色为好，滑行道和航空器停放位置标志用黄色。跑道标志、跑道入口标志、滑行道标志分别如图1-18、图1-19（a）、图1-19（b）、图1-20所示。

（1）跑道号码标志　在跑道入口处涂绘跑道号码标志。跑道号码由进近方向最接近跑道中心磁方位1/10的两位整数组成。当其为个位数时，其十位数位为"0"。

当有平行跑道时，在每条跑道号码下，按从进近方向看，左面跑道加字母"L"，右面跑道加字母"R"；当有三条平行跑道时，中央跑道号码应加字母"C"。

（2）跑道入口标志　在跑道入口处涂绘跑道入口标志。该标志自跑道入口6米处开始向内涂绘，由一组长度相同的线段组成，线段长30米，宽约1.8米，间距约1.8米，横向排列至跑道边3米以内。靠近跑道中线的两条线段用双倍的间距分开。

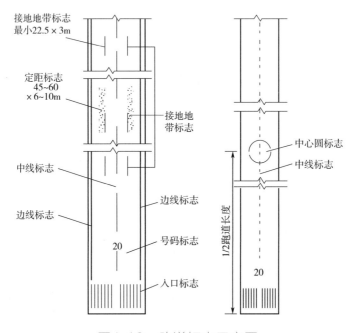

图1-18　跑道标志示意图

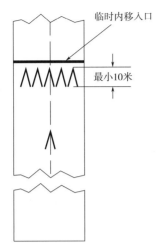
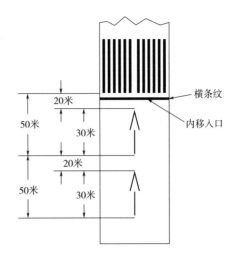

图1-19（a） 临时内移的跑道入口　　图1-19（b） 临时或永久内移的跑道入口

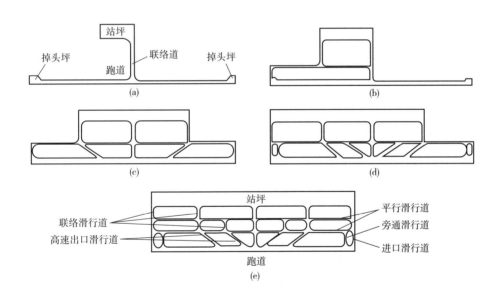

图1-20　滑行道的数量和位置

（3）跑道中线标志　沿跑道中线，在跑道号码标志之间涂绘跑道中线标志。线段长30米，间距20米，形成虚线。线条宽0.45米，二类和三类精密进近跑道线条宽0.9米。

（4）跑道中心圆标志　在跑道全长1/2的中央涂绘跑道中心圆标志。标志形状为有四个缺口的圆环。圆环外径：飞行区等级代码为3和4的跑道为25～30米，为1和2的跑道为20～25米。每一缺口间距为5米。圆环线条宽度与跑道中线宽度相同。

（5）定距标志　飞行区等级代码为4的跑道两端都应设置定距标志。距跑道入口300米处开始向内顺沿跑道方向涂绘。定距标志由两条长45～60米、宽6～10米的明显长方形标志组成，对称地设置在跑道中心线两侧。定距标志内侧的间距为18～22.5米。

（6）接地地带标志　精密进近跑道的接地区应涂绘接地地带标志。接地地带标志由成对的长度不小于22.5米，宽度不小于3米的长方形标志组成，对称地设置在跑道中线两侧。长方形的内侧边线的横向间距为18～22.5米，并与定距标志内侧的间距一致。该标志从跑道入口起，以150米的纵向间距对称设置。飞行区等级代码为4的跑道设6对，为3的跑道设5对。

（7）跑道边线标志　跑道道面与道肩不能明显辨别的应涂绘跑道边线标志。跑道边线线条为宽0.9米（跑道宽30米以上）或0.45米（跑道宽小于30米）的连续实线，其外侧与跑道道面边缘大致相齐。

（8）滑行道中线标志　滑行道中线标志为15厘米宽的连续实线，在直线段应沿中线设置，在弯道处应保持在与道面两边缘等距处设置，在滑行道与跑道相交处，滑行道中线标志应以曲线形式转向跑道中线标志，并与跑道中线平行（相距0.9米）延伸至超过切点至少60米处。

（9）滑行等待位置　滑行等待位置标志距跑道中线的距离，飞行区等级代码为3、4的跑道为75米，精密进近跑道为90米。

六、机场灯光

机场的地面标志和机场灯光设备都是目视助航设备。目视助航设备的作用是更好地引导航空器安全进入着陆。尽管有各种先进的无线电助航设备和仪表着陆设备，但在航空器着陆的最后阶段，目视助航设备仍是不可缺少的。

1. 机场灯标

机场灯标设在机场内或机场的邻近地区，用于指示机场位置。

2. 进近灯光系统

（1）简易进近灯光系统　由进近中线灯和进近横排灯组成。

① 进近中线灯　沿跑道中线延长线布置，全长420米，灯距30米。

② 进近横排灯　距跑道入口300米并与跑道中线延长线垂直，灯具8个对称地布置于中线两侧，灯距3米，中线两侧的灯距中线4.5米。

（2）中光强进近灯光系统　由进近中线灯和进近横排灯组成。

① 进近中线灯　沿跑道中线延长线布置，全长420，纵向灯距60米；每组灯具5个，灯距1米横向排列。

② 进近横排灯　距跑道入口300米并与跑道中线延长线垂直，灯具14个对称地布置于中线两侧，灯距1.5米横向排列，中线灯与横排灯的灯距为2.5米。

（3）一类精密进近灯光系统　由进近中线灯和进近横排灯组成。

① 进近中线灯　沿跑道中线延长线布置，全长900米，纵向灯距30米，每组灯具5个，灯距1米横向排列。

② 进近横排灯　距跑道入口300米并与跑道中线延长线垂直，灯具14个对称地布置于中线两侧，灯具1.5米横向排列。中线灯与横排灯的灯距为2.5米。

（4）二类精密进近灯光系统　由进近中线灯、两排进近横排灯和进近旁线灯组成。灯光形式如图1-21所示。

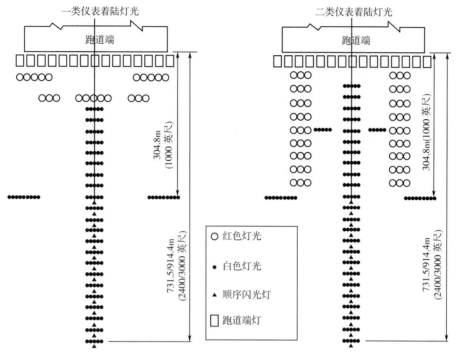

图1-21　一、二类精密进近灯光系统

3. 跑道灯光（图1-22）

（1）跑道边线灯　跑道边线灯沿跑道全长设在对称于跑道中线距离跑道边线不大于3米的两行平行线上。跑道边线灯的间距不大于60米。位于跑道两端600米范围内的跑道边线灯采用半白半黄发光的灯具，并使白光朝向跑道两端，黄光朝向跑道中部。如果跑道长度小于1200米，则全部采用半白半黄发光的灯具，并以跑道中点为界改变灯光颜色，使白光背离跑道中点。跑道边线灯采用轻型易折的灯具。

（2）跑道入口灯　中光强跑道入口灯与跑道末端灯共同采用半红半绿中光强灯具，至少为6个或8个，绿色向外，可以沿平行于跑道入口，并在它以外距离不大于3米的直线上等距布置；也可以对称跑道中线成两组，每组灯均匀布置。高光强跑道入口灯采用单方向发绿光的高光强灯具，朝向进近方向；也可以采用半红半绿高光强灯具，绿色向外，灯具沿平行于跑道入口，并在它以外距离不大于3米的直线上布置。跑道入口灯采用轻型易折式或平地式灯具。

（3）跑道末端灯　跑道末端灯一般采用与跑道入口灯共用的半红半绿发光的灯具，以其向跑道中部发红光部分作为跑道末端灯。灯具的布置同中光强跑道入口灯。跑道末端灯采用轻型易折或平地式灯具。

（4）跑道中线灯　二类精密进近跑道必须设置跑道中线灯。跑道中线灯沿跑道中线全长布置，间距30米。从跑道入口到距跑道末端930米范围内为白色；从离跑道末端900米处到离跑道末端300米处范围内为红色与白色相间；从离跑道末端300米处到跑道末端处范围

注：A—跑道入口灯　B—跑道中线灯　C—跑道末端灯　D—跑道边线灯　E—接地地带灯

图1-22　跑道灯光

内为红色。跑道中线灯采用平地式灯具。

（5）接地地带灯　二类精密进近跑道必须设置接地地带灯。接地地带灯从跑道入口沿跑道纵向按间距30米设置到距离入口900米处，对称地设在跑道中线的两侧，最里面灯具的间距为18～22.5米，形成60个由3个灯具组成的排灯。接地地带灯采用平地式单向发白光的灯具，朝该侧跑道入口和进近端发光。

（6）停止道灯　停止道灯沿停止道的全长等距地设在跑道边线灯的延长线上，纵向间距为40～60米。此外，横贯停止道末端设置3个灯，位于与跑道中线垂直、距离停止道边线不大于3米的直线上。停止道灯采用轻型易折单向发红光的立式灯具或平地式灯具，光线射向跑道。

（7）目视进近坡度指示系统（VASIS）和精密进近航道指示仪（PAPI）　目视进近坡度指示系统采用多个红光白光过渡区为零或不大于15度角的灯具组成对称于跑道的翼排灯。灯具的布置及仰角的调置要能保证航空器着陆时，航空器轮底至跑道入口有必要的高度，与障碍物保持必要的安全净距，并与仪表着陆系统指示的进近坡度相同。

PAPI系统必须由一个4个等距设置的急剧变色的多灯泡（或成对单灯泡）灯具的翼排灯组成。除非实际不可行，该系统必须设在跑道的左侧。

（8）"T"字灯　"T"字灯通常设在着陆方向的跑道左侧外15米处，距跑道端的距离：飞行区等级代码为1的机场50米；等级代码为2的机场100~150米；等级代码为3、4的机场300米。"T"字灯由21个全方向发白光、轻型易折式灯具组成。

4. 滑行道灯

（1）滑行道边线灯　滑行道边线灯沿滑行道边缘3米以内设置，直线段间距不大于60米；在短的直线段和弯道上适当减少灯具。滑行道边线灯采用全方向发蓝光的轻型易折式灯具。如图1-23所示。

（2）滑行道中线灯　二类精密进近跑道必须设置滑行道中线灯。滑行道中线灯沿滑行道中线均匀布置，其直线段间距为30米；在短的直线段和弯道上视情况减少灯具。滑行道中线灯采用双向发绿光的平地式灯具。如图1-24所示。

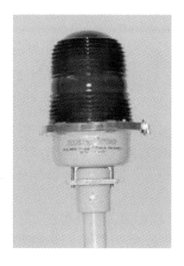 

图1-23　滑行道边线灯　　　　　　图1-24　滑行道中线灯

机场的历史

最早的飞机起降落地点是草地，一般为圆形草坪，飞机可以在任何角度，顺着有利的风向来进行起降，周围会有一个风向仪以及机库（因为当时的飞机一般是木及帆布制成，不能风吹雨打，日晒雨淋）。之后开始使用土质场地域，避免草坪增加的阻力，然而，土质场地并不适合潮湿的气候，否则会泥泞不堪。随着飞机重量的增加，起降要求亦跟着提高，混凝土跑道开始出现，任何天气、任何时间皆适用。

世界上最古老的机场目前有争议，但成立于1909年、位在美国马里兰州的大学园区机场（College Park Airport）是世界上最老且持续经营的机场，虽然它只是个小型机场。另一个被称为世界上历史最悠久的机场是位于美国亚利桑那州的比斯比-道格拉斯国际机场（Bisbee-Douglas International Airport），此机场停放着美国史上第一架飞机。1908年，道格拉斯航空俱乐部成立，滑翔机也随之成立。那时的滑翔机是由两匹马拉动，飞过道格拉斯青年会大楼后方。1909年，飞机开始装设马达和螺旋桨，亚利桑那州于是成为首架动力飞机飞行的区域。该机场为美国第一座国际机场的地位经由罗斯福总统的一封信证实，信里面总统宣布它为"美国的第一座国际机场"。

1922年，第一个供民航业使用的永久机场和航站楼出现在德国柯尼斯堡，这个时代的机场开始使用水泥铺设的停机坪，允许夜间飞行和较重的飞机降落。20世纪20年代后期，出现第一个使用照明设施的机场，20世纪30年代进场下滑照明设备开始使用，因此飞机起降的方向和角度度开始有了固定的规定。国际民航组织标准化了照明的颜色和闪光时间间隔。20世纪40年代，坡度线进场系统开始使用，此系统包括两排灯光，形成了一个漏斗状图案，标示飞机在机场滑翔坡的位置，其他的灯光则表示不正确的进场高度和方向。

第二次世界大战期间对机场数目需求大增，盟军利用有孔钢板铺设临时跑道组成一个个战地机场，主要供战斗机或轻型联络机使用。而在太平洋战争期间，有不少战争是与机场争夺有关。最有名的当属亨得森机场（今霍尼亚拉国际机场）。

第二次世界大战之后，机场的设计日趋复杂，航站楼聚集在一处，而跑道聚集在另一处，这样的安排可方便机场设施的扩展，但也意味着乘客在登机时必须移动较长的距离。之后，机场所铺设的混凝土开始有了导水沟槽，与飞机降落的角度垂直，有助于排水，避免影响飞机起降作业。

20世纪60年代后，机场的建设随着喷气式飞机的增加蓬勃发展，跑道延伸至3000米长，利用滑模机筑出连续性的强化混凝土跑道。20世纪60年代初，现代化的机场航站楼开始使用空桥系统，乘客不必走出室外登机。由于喷射引擎带来严重的噪声问题，不少机场需要搬离市中心。

第三节
飞行分类

飞行的组织与实施工作的直接服务对象是驾驶员和航空器，接受服务的驾驶员和航空器进行的活动是飞行。

飞行是航空活动的主要表现形式。人类是航空活动的主体，飞行是为人类的活动服务的，航空活动与人类的生产生活的活动范围是密切相关的。当前人类的活动范围很大，因而飞行活动的范围广大，种类繁多。航空技术的不断发展使得民用航空飞行的用途以及种类不断地丰富和扩展。为了向飞行提供更好的服务以保证安全，提高效益，需要根据飞行的组织与实施的要求，从不同的角度对飞行进行分类。本书中所提及的飞行通常指民用航空飞行，即为除执行军事、海关、警察等飞行任务以外的利用民用航空器从事的各类航空飞行活动。这里仅据飞行的性质、条件和特点对飞行进行分类，由于各种飞行都有一定的共性，因此，部分分类具有一定的普遍适用性。

一、根据飞行任务性质分类

根据飞行任务性质，民用航空飞行可以分为航空运输飞行、通用航空飞行、训（熟）练飞行、检查试验飞行和公务飞行。

1. 航空运输飞行

航空运输飞行是指在国内和国际航线上使用航空器进行取酬的旅客、货物、邮件的运输飞行活动，含定期和不定期航班飞行。国际上又称公共航空运输或商业航空运输，意在强调航空运输的公共性和商业性。定期航班是指航空企业根据公布的班期时刻在批准的航线上进行的运输飞行。定期航班飞行包括正班飞行、补班飞行和加班飞行。按照班期时刻表规定的班期和时刻所飞的航班为正班飞行。如果旅客、货物或邮件的运输业务供不应求，对于满载的定期航班所剩余的业务量需要加派航空器进行的运输飞行，则被称为加班飞行。如果正班飞行因故在起点站未能起飞或在中途站过夜而于次日或延期补飞的航班飞行则为补班飞行。非定期航班是指除了定期航班之外的商业航空运输飞行。例如使用单位为了运送人员、物资、器材或作其他用途，而向航空公司包租航空器进行的包机飞行就是一种非定期航班飞行活动。除此之外，非定期航班飞行还包括为接送党和国家领导人、外国元首或特别重要物资等而专门派遣航空器进行的专机飞行，以及将航空器由一个机场调往另一个机场的调机飞行等。

2. 通用航空飞行

通用航空飞行是指利用民用航空器所从事的非公共航空运输的民用航空活动。它主要包括为工业、农业、林业、牧业、渔业生产和国民经济建设服务的各类作业飞行，以及从事医疗卫生、抢险救灾、海洋及环境监测、科学试验、教育训练、文化体育和旅游观光等飞行活动。

（1）农业飞行　农业飞行主要有播种、锄草、施肥和防治病虫害等项目。

（2）林业飞行　林业飞行主要有航空护林、森林调查、森林航空摄影、播种造林和防治森林病虫害等飞行。森林航空摄影按照航空摄影飞行的规定执行；播种造林和防治森林病虫害按照农业飞行的规定执行。

航空护林飞行主要有林区上空巡护、视察火情、空投物资、空降（空运）灭火人员、急救运输、化学灭火、喷洒化学除草剂、开设放火线等。

（3）渔业飞行　渔业飞行主要有渔业侦察飞行、引导和指挥捕鱼（海兽）船队的飞行、渔业通信联络飞行、援救遇险渔民的飞行、渔业运输飞行和投放鱼苗的飞行等。

（4）人工降水飞行　人工降水飞行是利用航空器在空中喷撒催化剂，促使云体发生变化而形成降水的飞行。

（5）直升机吊挂作业飞行　直升机吊挂作业飞行包括吊运、牵引、绞车装卸等飞行。

（6）航空摄影飞行　航空摄影飞行是在空中使用航空器上的照相设备对地面进行摄影的飞行。

（7）航空物探飞行　航空物探（放射性、磁性）飞行是在航空器上安装测量仪器，利用矿体本身所具有的物理或化学性质，在空中探测地下矿藏和资源的飞行。

（8）直升机海上运输飞行　直升机海上运输飞行是指陆地与海上移动式钻井船着陆平

台之间的运输飞行。

直升机执行海上运输任务，必须安装浮筒，携带可供飞行员、乘员使用的救生衣和救生艇，以及饮水淡化剂、药剂、驱鲨剂、应急电台、信号枪、彩色信号弹和烟幕筒等。

3. 训（熟）练飞行

训练飞行是指培训和提高驾驶员技术的飞行。熟练飞行是指保持和恢复驾驶员技术的飞行。训（熟）练飞行是飞行单位按训练大纲和有关规定安排的，每个飞行人员必须遵守有关文件的规定，完成训（熟）练飞行任务并达到相应的技术指标，方可执行其他飞行任务。训（熟）练飞行包括本场训（熟）练飞行、飞行空域训（熟）练飞行和航线训（熟）练飞行。训（熟）练飞行可以在机场内和航线上单独进行，也可以在航线上结合生产进行。

部分进离场和本场航线训（熟）练飞行也可在执行任务中完成。

4. 检查试验飞行

检查试验飞行是为检查航空器、发动机或其他设备在空中的工作情况而进行的飞行。检查试验飞行通常是在航空器、发动机或其他设备修理后或在发动机或其他设备调换后进行的。执行专机飞行任务的航空器在执行任务前，在检查后也要进行试飞。飞行部门和空管部门要准备检查试验飞行、正常飞行的飞行指挥方案及不正常飞行的飞行指挥方案。

5. 公务飞行

公务飞行是指为本企业的业务需要而派遣航空器进行的飞行。

二、按照飞行区域划分

民用航空飞行空域可以分为机场区域、航线和作业区。在各个飞行空域进行的飞行各有其特点，在飞行申请和飞行管制上有不同的要求。按照飞行区域民用航空飞行可以分为机场区域内的飞行、航线飞行和作业区飞行。

1. 机场区域内的飞行

机场区域内的飞行包括离场航空器的起飞爬升、加入航线和进场航空器的下降、进入着陆以及航空器的本场飞行活动。

2. 航线飞行

航线飞行是指按飞行计划在航路和航线上进行的飞行。

3. 作业区飞行

作业区飞行是指航空器根据业务的需要在指定地区进行的作业飞行。

三、按照昼夜时间划分

人类的飞行活动从昼间发展到夜间经历了一个很长的过程。从任何意义上来讲，昼间飞行和夜间飞行都具有很大的不同。黑暗的夜间使人的感觉发生改变，看到的地形地物有时具有一定的欺骗性。在同样的大气条件下，夜间的灯光标识物能见度要大于该物体昼间能见度。远离城市的机场在夜间要比昼间容易辨识得多，但综合来看，昼间飞行比夜间飞行容易。

按昼夜时间民用航空飞行分为昼间飞行和夜间飞行。

1. 昼间飞行

昼间飞行是指从日出到日落之间的飞行。

2. 夜间飞行

夜间飞行是指从日落到日出之间的飞行。

四、按照气象条件划分

在飞行事故产生的原因中，气象原因名列第三。在飞行不正常统计中，由于气象因素而造成飞行延误或取消的情况位列第一。由此可见气象对飞行影响的程度之大。但并不是任何天气都会对飞行造成严重影响，如轻雾、高云等对飞行的影响就较小。因此按天气情况对飞行的影响程度对气象条件进行分类，分为简单气象条件和复杂气象条件，故而飞行的类别按照气象条件分为简单气象飞行和复杂气象飞行。

1. 简单气象飞行

简单气象飞行是指航空器在云量少、云底高、能见度好的气象条件下的飞行。简单气象飞行对飞行人员的技术水平要求较低，飞行训练常常在这种条件下进行。

2. 复杂气象飞行

复杂气象飞行是指航空器在云量等于或多于4/8的低云和低能见度的气象条件下飞行。复杂气象条件通常是指航空器在云中、云上和云下有雨、雪、雾等低能见度的情况下的飞行。复杂气象飞行对飞行人员的技术水平要求较高，需要进行长期的学习和训练才能胜任，一些特种科目的飞行训练也常常在这种条件下进行。

五、按照驾驶和领航术划分

飞机的驾驶和领航方式是根据外界所能提供的目视参照程度来决定的：如果外界提供的目视参照物多，飞行员对飞机的位置和姿态的把握程度和确定程度也就越高，即对于"在哪里"和"去哪里"及"怎么去"问题的答案是明确的。这种航空器的驾驶和领航方式即为目视飞行。如果外界提供的目视参照物少或没有任何外界目视参照物，飞行员对飞机的位置和姿态的把握程度和确定程度低，飞行员对飞机的位置和姿态的把握和确定就需要靠特定的仪表和设备来实现，这种飞机的驾驶和领航方式即为仪表飞行。因此，从驾驶和领航术角度考虑，飞行分为目视飞行和仪表飞行。

1.目视飞行

目视飞行是指在可见天地线和地标的情况下，能够目视判明航空器飞行状态和目视测定航空器方位的飞行。

2. 仪表飞行

仪表飞行是指完全或部分地按照航行驾驶仪表的指示，测定和判断航空器飞行状态及其位置的飞行。

（1）目视飞行规则　按照目视气象条件飞行的管理规则。

（2）目视气象条件　能见度、离云的距离和云幕高等于或高于规定的最低标准的气象条件。

（3）仪表飞行规则　按照仪表气象条件飞行的管理规则。

（4）仪表气象条件　能见度、离云的距离和云幕高低于规定的目视气象条件最低标准的气象条件。

目视飞行时，航空器应当按照下列规定避让。

（1）在同一高度上对头相遇，应当各自向右避让，并保持500米以上的间隔；

（2）在同一高度上交叉相遇，飞行员从座舱左侧看到另一架航空器时应当下降高度，从座舱右侧看到另一架航空器时应当上升高度；

（3）在同一高度上超越前航空器，应当从前航空器右侧超越，并保持500米以上的间隔；

（4）单机应当主动避让编队或者拖曳物体航空器，有动力装置的航空器应当主动避让无动力装置的航空器，战斗机应当主动避让运输机。

六、按照飞行高度划分

飞行之所以称其为飞行，是由于航空器飞离了地面，具有飞行高度。各种不同的航空器其飞行性能不同，其飞行的高度范围是不一样的。不同的空域，空域管理的要求不同，允许的飞行高度也是不同的。各飞行高度的飞行有其不同于其他高度的条件和特点，因此有必要按照飞行高度划分飞行类别。

按照飞行高度，民用航空飞行分为超低空飞行、低空飞行、中空飞行、高空飞行和平流层飞行。

1. 超低空飞行

超低空飞行是指距离地面或水面100米以下的飞行。

2. 低空飞行

低空飞行是指距离地面或水面100（含）～1000米的飞行。

3. 中空飞行

中空飞行是指飞行高度在1000（含）～6000米的飞行。

4. 高空飞行

高空飞行是指飞行高度在6000（含）～12000（含）米的飞行。

5. 平流层飞行

平流层飞行是指飞行高度在12000米以上的飞行。

七、按照自然地理条件划分

不同的自然地理条件对飞行的影响是不一样的，主要体现在导航、越障、续航力方面。

按照自然地理条件，民用航空飞行分为平原地区飞行，丘陵地区飞行，高原、山区飞行，海上飞行和沙漠地区飞行。

1. 平原地区飞行

平原地区飞行是指在地势平坦，没有超过100米显著上升、下降的起伏地带上空的飞行。航空器较容易与地面保持高度间隔，有利安全。

2. 丘陵地区飞行

丘陵地区飞行是指在地势一致，绝对高度不超过500米，坡度较缓且相对高差小于

200米地带上空的飞行。在这样的区域内航空器在边缘天气云下飞行易进入到无法退出的境地。

3. 高原、山区飞行

高原是指海拔500米以上、面积较大、顶面起伏较小、外围较陡的高地；山区是指地势有超过500米显著上升、下降的起伏地带。在这些地区上空的飞行称为高原、山区飞行。高原、山区地形复杂、天气多变，气流扰动强烈，导航设备误差大，具有高空飞行和低空领航的特点。特别是像青藏高原等地，由于飞行航线下方地表的标高高，一旦飞机发生故障，飞机能够保持的高度可能小于该地的最小超障高度，因此对该航线上飞行的飞机的发动机和相应设备要进行审定、计算，以保证航空器具有足够的超障安全余度。

4. 海上飞行

海上飞行是指离开海岸线在海域上空的飞行或海洋上空的飞行。海上飞行的特点是：气象资料少，天气变化不易掌握，备降机场和导航设备少；低空飞行时，目视判断高度困难；因没有参照物或缺少参照物，如果飞行时间长，飞行员对时间的概念发生变化，表现为反应慢、动作迟缓且时滞现象严重。

5. 沙漠地区飞行

沙漠地区飞行是指在沙漠地区上空的飞行。在沙漠地区飞行，气象资料缺乏，地标稀少，导航条件差，目视判断高度容易发生误差。目前，导航设备已有很大的改善，但由于沙尘天气的频繁出现，使得获得沙尘天气预报、选择适宜的飞行高度、防止发动机停车并做好飞行预案的必要性大大地增加了。

第四节 空域的划分

航空器的飞行依赖于与空气的相对运动以获得支撑，绝不能半途停滞下来。自身所携带的有限能源，也不允许航空器在空中作过长时间的等待和迂回。发达的航空科学和技术目前仍不能提供可供航空器驾驶员预测并解决大范围交通矛盾的决策能力。空中交通服务人员在提供服务的时候通常需要进行仔细的观察、复杂的计算以及大量的通信和协调工作。为了保证飞行安全，提高运行和空中交通服务效率，航空器运行的空间被划分为各类空域，用以规范航空器的运行行为及相应的空中交通服务。

一、空域的属性

空域的类别是人们对地面以上三维空间的一种划分，随着人们对于航空活动认识的深入以及空中交通服务的不断改善，空域被赋予了越来越丰富的属性。

1. 空域的资源属性

飞行活动可以被用于获得国防、科技和经济建设等方面的各种利益，空域自然就成为了人类可以利用的一种资源。

2. 空域的三维空间属性

空域的划分通常以地域范围作为水平限制，并在垂直方向上规定了上限和下限。

3. 空域的时间属性

作为一种资源，空域对所有的用户应该是平等的。任何一方对空域的长期占有，都会剥夺其他用户使用空域的权利。有关当局也需要不断适时地调整空域结构，在空域分配使用的时候，必须明确其有效起止时间。

4. 空域的空中交通服务属性

在飞行活动可能涉及的任何空域中都必须提供某种程度的空中交通服务，以保障飞行活动安全和有秩序的运行。

5. 空域的通信导航监视能力属性

为了有效地支持空中交通服务，各种空域中均配备了相应的通信导航和监视设备，这些设备所提供的性能由空中交通需求及相关服务决定。

6. 空域的主权属性

国际民航组织公约承认各国对其领土上空享有主权。我国对领土、领海上空空域进行管理的最高当局是中华人民共和国国务院、中央军事委员会空中交通管制委员会（简称国家空管委）。

7. 空域的运行限制属性

出于政治、经济、军事、安全以及空中交通服务等方面的需要，在设置空域的时候，通常还要对将在其中运行的飞行活动附加一些限制条件，如飞行规则、机载设备、飞行方向等。

二、空域的使用

空域作为国家的资源，任何符合国家利益的合法用户均有权使用。民用航空利用商业运输和通用航空为国家经济建设服务，军方利用空域完成与国家防务安全有关的大量飞行活动，二者通常在空域的使用需求上存在着竞争。因此必须建立一套科学的空域管理体制，以保证每个空域用户都能公平、有效地使用空域，避免空域资源的虚耗和浪费。

空域的划设应当符合航路结构、机场的布局、飞行活动的性质和提供空中交通管制的需要。航空活动的国际性质决定我国的空域系统不可能是孤立的，与相邻国家或地区的空域系统之间必然存在着一定的协调和制约关系。我国的空域结构是在考虑了国际民航组织关于空域划设的建议和标准，并结合我国实际情况的基础上不断改进后逐步建立起来的。我国的空域分为飞行情报区、管制区、限制区、危险区、禁区。

1. 飞行情报区

飞行情报区是为了提供飞行情报服务和告警服务而划定的空间范围。全国共划分为沈阳、北京、上海、昆明、广州、武汉、兰州、乌鲁木齐、三亚、香港和台北共11个飞行情报区。为在中国境内和经国际民航组织批准由我国管理的境外空域内飞行的航空器提供飞行情报服务。飞行情报区内的飞行情报工作由该区飞行情报部门承担或由指定的单位负责，如区域管制中心。同时，为了及时有效地对在我国飞行情报区内遇险失事的航空器进行搜寻救援，在我国境内及其附近海域上空还划设搜寻救援区，搜寻救援区的范围与飞行情报区相同。搜寻救援工作的组织与实施按照《中华人民共和国搜寻救援民用航空器规定》执行。

2. 管制空域

管制空域是一个划定的空间，在此管制区内飞行的航空器要接受空中交通管制服务。根据所划空域内的航路结构和通信导航、监视能力，我国将管制空域分为A、B、C、D四类，以便对所划空域内的航空飞行提供有效的空中交通管制服务。A、B、C类空域的下限为所划空域内最低安全高度以上第一个高度层；D类空域的下限为地球表面，A、B、C、D类空域的上限应当根据提供空中交通管制的情况决定，如无上限应当与巡航高度层上限一致。

（1）A类空域　A类空域为高空管制空域，在我国境内，6600米（含）以上直至巡航高度层上限的空间划分为若干个高空管制空域。高空管制空域所对应的地域范围被称为高空管制区。高空管制区的空中交通管制服务由高空区域管制室负责。A类空域只允许IFR飞行，并对所有在此空域中飞行的航空器提供空中交通管制服务。

（2）B类空域　B类空域为中低空管制空域。在我国境内6600米（不含）以下最低飞行高度层以上的空间划分为若干个中低空管制空域。中低空管制空域所对应的地域范围被称为中低空管制区。中低空管制区的空中交通管制服务由中低空区域管制室负责。B类空域接受IFR飞行和VFR飞行，并对在此空域中飞行的航空器提供空中交通管制服务。但VFR飞行须经航空器驾驶员申请并经中低空区域管制室批准。

（3）C类空域　C类空域为进近管制空域。它通常设置在一个或几个机场附近的航路汇合处，它是便于进场和离场航空器飞行的管制空域，也是中低空管制空域与塔台管制空域之间的连接部分。其垂直范围通常在6000米（含）以下最低飞行高度层以上，水平范围通常为以机场基准点为中心半径50千米或走廊进出口以内的除机场塔台管制范围以外的空间。C类空域所对应的地域范围被称为进近管制区或终端管制区。进近管制区或终端管制区的空中交通管制服务由相应的进近管制室负责。C类空域接受IFR飞行和VFR飞行，并对所有在此空域中飞行的航空器提供空中交通管制服务。但VFR飞行应由航空器驾驶员提出申请并经进近管制室批准。

（4）D类空域　D类空域为塔台管制空域，通常包括起落航线、第一等待高度层（含）及其以下地球表面以上的空间和机场机动区。D类空域的空中交通管制服务由塔台管制室负责。D类空域接受IFR飞行和VFR飞行，并对所有在此空域中飞行的航空器提供空中交通管制服务。但VFR飞行应由航空器驾驶员提出申请并经塔台管制室批准。

我国管制空域的分类、范围及其提供的服务见表1-6。各类空域剖面示意图如图1-25所示。

表1-6　管制空域分类

管制空域类别	下限	上限	允许的飞行种类	接受ATC服务的航空器
A	6600米（含）	巡航高度层上限	IFR	所有
B	最低飞行高度层	6600米（不含）	IFR、VFR	所有
C	最低飞行高度层	6000米	IFR、VFR	所有
D	地球表面	第一等待高度层（含）	IFR、VFR	所有

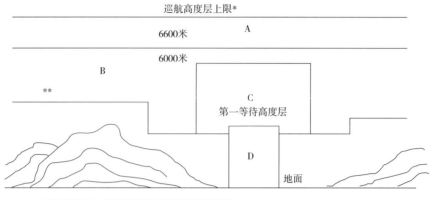

图 1-25　各类空域剖面示意图

3. 航路与航线

鲁迅先生曾经说过"世上并没有路，走的人多了也就形成了路"。对于空中的路也是如此。如果我们需要利用航空器从地球表面上一点飞到另一点，则需要在这两点之间规划一条飞行路线，这就是通常所说的航线。人们利用飞行要达到的目的不同，因此对于不同的航线所形成的需求也就不同，这可能会形成某些航线上飞行量很少而某些航线上却显得相当拥挤。为了保证飞行安全和效率，空域管理机构为飞行密集的航线划设具有一定宽度的保护区，并配备必要的导航设备，为在该航线上航行的航空器提供准确、连续和可靠的引导，保证航空器偏出保护区之外的概率在既定的安全目标值以下，这种以走廊形式划设的配备无线电导航设备的管制区或其一部分就被称为航路。除非遇到恶劣天气，航空器一般希望在出发点与目的地之间沿直线飞行，但是空域用户在空域的需求上往往存在着矛盾和竞争。为航空器提供空中交通管制服务的管制人员，也希望各类航空器在有限条规则的"渠道"内运行，这样可以在航空器之间发生冲突前很早就能预见到，并且设计好解决方案，这种工作方式能保证管制员的工作负荷不会超过其体能和智能的承受限度。为满足提供空中交通服务的需要而将空中交通纳入"渠道"飞行而设计的指定航路被称为空中交通服务航路，这是在航空器理想的路线和实际制约之间得到的一种折中方案，保证与经济上的需要及飞行活动的效率没有矛盾，并允许大多数航空器能保持最直接的航线飞行。在地区范围内，为了达到空中交通服务整体最优目标的实现，通常规划一定的空中路线网络结构来限制航空器的运行轨迹，这就是航路网结构。因此，航路网中航路的走向可能会与理想航线之间存在差异，有时这种差异也是由于国家安全保卫和环境等因素造成的，但这会在一个更广泛的范围内使大多数空域用户利益得到满足。

（1）航路　用以规定空中交通服务航路或航空器飞行航径以及为其他航行和空中交通服务目的而规定的地理位置称为重要点。通常，重要点可以采用导航设施或交叉定位点的形式，在区域导航的情况下，还可以使用地理坐标来规定。

空中交通服务航路各段的中心线从该航路上的一个重要点开始至另一个重要点结束，各段中心线连接起来成为航路的中心线。在我国，航路的宽度（即航路保护区的宽度）

为航路中心线两侧各10千米，并可以根据导航性能的定位精度进行调整，当航路走向改变时，航路范围包括航路段边界延长至相交点所包围的空域。

（2）航线　对于一个地区而言，航路（网络）容纳了主要的交通流量，而在那些存在交通需求但又没有必要建立航路的局部地区或地区之间，交通的流量则由航线来承担。满足定期航班需求而尚未建立航路的航线称为固定航线。由于临时性的航空运输或通用航空飞行的需要，在航路和固定航线之外飞行的航线称为非固定航线或临时航线。固定航线的导航设备应尽量和航路的导航设备相同，在地形条件复杂的航线上应设置保证航空器沿预定航线飞行所需的导航设备。非固定航线在设置时应尽可能不与航路交叉并避免飞越繁忙机场上空，航线导航设备不能保证航空器作IFR飞行时，应作VFR飞行。

（3）航路、航线代码及航路代码的使用　为了便于使用和管理，每一条航路均使用相应的代号予以识别，航路代码给出了航路的名称，同时也表明了航路的某些相关属性。航路代号的基本组成是一个字母后面跟随1~999的数码。必要时，用航路基本代号加前缀补充字母说明航路的用途，或后缀补充字母表示该航路提供的服务种类。各个字母的含义如下。

① 航路、航线基本代码字母

A. A、B、G、R　表示组成空中交通服务航路地区航路网的非区域导航航路。例如：A461为北京—广州—香港航路；B215为酒泉—中巴国境线航路；G471为上海—香港航路。

B. L、M、N、P　表示组成空中交通服务航路地区航路网的区域导航航路。

C. H、J、V、W　表示不属于空中交通服务航路地区航路网的非区域导航航路。例如：W1为厦门—广州航路。

D. Q、T、Y、Z　表示不属于空中交通服务航路地区航路网的区域导航航路。

② 航路、航线代号前缀补充字母

A. K　表示主要为直升机建立的低空航路；

B. U　表示在高空空域建立的航路或航段；

C. S　表示专为超音速航空器加速、减速和超音速飞行而建立的航路。

③ 航路、航线代号后缀补充字母

A. D　表示只提供咨询服务的航路或航段；

B. F　表示只提供飞行情报服务的航路或航段。例如：UA1F表示只提供飞行情报服务的A1高空航路。

（4）空中走廊　在机场分布比较密集、飞行活动频繁的地区，对于空域的需求存在着许多矛盾。为了解决这个问题，根据机场、航线、空域和飞行需求的分布，设置若干条空中走廊作为机场和航路之间的过渡，用于限定航空器进离港的路线。空中走廊宽度为8~10千米，在走廊外口和转折点设置导航设备，规定进出机场的航向以及航空器在走廊内飞行的高度层和上升、下降阶段等。全国划设空中走廊的有北京、上海、杭州、长沙、武汉、广州、重庆、成都、昆明、桂林、西安、南京、郑州、沈阳等机场。

（5）机场区域　为了保障运输飞行和通用航空飞行的安全，在航路和航线上的机场应划定机场区域。机场区域是指机场及其附近地区上空为航空器在机场上空飞行、加入航线、进入机场和进行降落而规定的空间，包括空中走廊和各种飞行空域。机场区域的范围在机场使用细则内予以说明。

三、特殊飞行区域

天空虽然辽阔，但是由于政治、军事、经济以及科学研究等活动或重要设施的存在，也需要对进入此区域的航空器及其飞行活动进行限制。根据限制的级别不同，这些限制空域分为禁航区、限制区和危险区。

1. 禁航区

禁航区是指在一个国家的陆地或领海上空划定的禁止航空器飞行的空域范围。禁航区的设置通常是为了保护重要的国家设施、重要的工业基地（避免由于航空器事故引起灾难性的后果，如核电站、高危化工厂），或者是关系到国家安全保卫的特别敏感的设施。禁航区分为永久性禁航区和临时禁航区。永久性禁航区禁止航空器在任何时间、任何飞行条件下进入，如北京、上海、沈阳、武汉、长辛店、葫芦岛等禁航区。临时禁航区只在规定的时间内禁止航空器飞入，如杭州、北戴河等禁航区。

2. 限制区

限制区是指在一个国家的陆地或领海上空根据某些规定条件而划定的限制航空器飞行的空域范围。限制区内的活动对航空器构成的影响是凭驾驶员自身所不能判定的，所以需要用时间和高度等条件限制航空器的进入和飞越，这些区域如飞行训练空域、炮射区、靶场等。

3. 危险区

危险区是指在规定的时间内，此空域中可能存在对飞行有危险的活动而划定的空域范围。危险区不仅可以在主权空域内设置，也可以在公海上空等非主权空域内设置，但应公布时间和高度范围，以及设置危险区的原因。驾驶员可以自行决定能否进入或飞越此类空域并能保证飞行安全。

四、低空空域划分

自2010年起，国家开始推行旨在促进通用航空发展的低空空域管理改革，目前已在广东、东北、海南、重庆等地实施了低空空域管理试点。我国对于低空空域的划分与国际民航组织划分不同，是按照管制空域、监视空域和报告空域来进行划分的。

管制空域：允许VFR飞行及IFR飞行，使用前须进行飞行计划申请，空中交通管制部门须掌握飞机飞行动态，对空域内的所有飞机提供ATC服务、飞行情报服务及告警服务，管制部门与航空器能保持连续双向地空通信。

监视空域：允许VFR飞行及IFR飞行，航空用户报备飞行计划，空中交通管制部门监视飞行动态，提供飞行情报和告警服务，根据低空飞行用户请求和飞行安全需要提供ATC服务，管制部门与航空器能保持连续双向地空通信。

报告空域：允许VFR飞行，航空用户报备飞行计划，并向空中交通管制部门通告起飞和降落时刻，自行组织实施并对安全负责，空中交通管制部门根据用户需求，提供航行情报服务，组织飞行的单位或个人与航空器保持双向地空通信畅通。

在空中禁区、空中危险区国境地带、全国重点防空目标区和重点防空目标周围一定区域上空，以及飞行密集地区、机场管制地带等区域，原则上不划设监视空域和报告空域。

各类低空空域垂直范围原则为真高1000米以下，可根据不同地区特点和实际需要，具体划设低空空域高度范围，报批后严格掌握执行。

民航局会同空军研究论证在现行航路内、高度4000米（含）以下，按监视空域管理办法为通用航空飞行提供空中交通服务。

第五节 飞行高度

为了使飞行员和管制员能清楚地了解航空器在空间的垂直位置，航空器上均安装了高度测量装置。飞行员和管制员通过保持障碍物和航空器之间以及航空器和航空器之间的高度差来保障飞行安全。

确定航空器在空间的垂直位置需要两个要素：测量基准面和自该基准面量至航空器的垂直距离。在飞行中，航空器对应不同的测量基准面，相应的垂直位置具有特定的名称。

机载高度测量装置（如气压式高度表）利用大气压力在垂直方向上的变化为飞行员提供航空器的垂直位置信息。气压式高度表的外观有两个主要组成部分：拨正值窗口和指针。高度表拨正值窗口中显示高度基准面的气压值，高度表指针指示航空器相对于特定基准面的垂直距离。表盘上的调节旋钮用于调整高度表拨正值。新式高度表可以采用数字输入方式调整高度表拨正值。

使用气压式高度表表示高时，必须使用场面气压作为高度表拨正值；表示高度时，必须使用修正海平面气压作为高度表拨正值；表示飞行高度层时，必须使用标准大气压作为高度表拨正值。

一、高度的测量和名词定义

（1）高（Height） 是指自某一个特定基准面量至一个平面、一个点或者可以视为一个点的物体的垂直距离。

（2）高度（Altitude） 是指自平均海平面量至一个平面、一个点或者可以视为一个点的物体的垂直距离。

（3）飞行高度层（Flight Level） 是指以1013.2百帕气压面为基准，各等压面之间具有规定的气压差的等压面。

（4）场面气压（QFE） 是指航空器着陆区域最高点的气压。

（5）修正海平面气压（QNH） 是指将观测到的场面气压，按照标准大气条件修正到平均海平面的气压。

（6）标准大气压（QNE） 是指在标准大气条件下海平面的气压。其值为1013.2百帕（或760毫米汞柱高或29.92英寸汞柱高）。

（7）过渡高度（Transition Altitude） 是指一个特定的修正海平面气压高度（场面气压高），在此高度或以下，航空器的垂直位置按照修正海平面气压高度（场面气压高）表示。

（8）过渡高度层（Transition Level） 是指在过渡高度之上的最低可用飞行高度层。过渡高度层高于过渡高度，二者之间满足给定的垂直间隔。

（9）过渡夹层（Transition Layer） 是指位于过渡高度和过渡高度层之间的空间。这部分空间仅供航空器变换高度基准使用，绝对不得用于平飞。

二、修正海平面气压（QNH）/标准大气压（QNE）的适用区域

航空器在不同飞行阶段飞行时，需要采用不同的高度测量基准面。在地图或航图上，地形或障碍物的最高点用标高表示。标高是指地形点或障碍物至平均海平面的垂直距离。为了便于管制员和飞行员掌握航空器的超障余度，避免航空器在机场附近起飞、爬升、下降和着陆过程中与障碍物相撞，航空器和障碍物在垂直方向上应使用同一测量基准，即平均海平面。因此，在机场地区应使用修正海平面气压（QNH）作为航空器的高度表拨正值。

在航路飞行阶段，由于不同区域的QNH值不同，如果仍然使用QNH作为高度表拨正值，航空器在经过不同区域时需要频繁调整QNH，并且难以确定航空器之间的垂直间隔。若统一使用标准大气压（QNE）作为高度表拨正值，则可以简化飞行程序，易于保证航空器之间的安全间隔。

为了便于空中交通管制员和飞行员明确不同高度基准面的有效使用区域并正确执行高度表拨正程序，高度表拨正值适用范围在垂直方向上用过渡高度和过渡高度层作为垂直分界，在水平方向上用修正海平面气压适用区域的侧向界限作为水平边界。

在修正海平面气压适用区域内，航空器应采用修正海平面气压（QNH）作为高度表拨正值，高度表指示的是航空器的高度。航空器在跑道上着陆时，高度表指示机场标高。

在未建立过渡高度和过渡高度层的区域和航路、航线飞行阶段，航空器应按照规定的飞行高度层飞行。各航空器均采用标准大气压（QNE），即1013.2百帕为气压高度表拨正值，高度表指示的是飞行高度层。

三、场面气压的适用

我国的民用机场从2000年8月开始逐步推广使用修正海平面气压，而在军用机场和部分军民合用机场则仍沿袭使用场面气压。若使用场面气压作为高度表拨正值，当航空器在跑道道面着陆或起飞时，高度表的指示为零。但是，当高度表拨正可调范围较小时，即使在非高原机场，有时也无法将高度表拨正值调整到场面气压。例如某类型航空器高度表拨正的可调范围为951~1040百帕，对于标高只有500米左右的机场，场面气压在低于951百帕时，无法作为高度表拨正值。在这些机场区域内以及高原机场，航空器使用1013.2百帕等压面作为高度基准面。以标准大气压拨正的航空器高度表，在机场道面上的指针读数相当于场压高的"0"，此读数被称为"假定零点高度"，简称"零点高度"。"零点高度"与机场细则中标注的障碍物标高使用的高度基准面不同，飞行员确定超障余度困难，飞行中十分不便。

在修正海平面气压适用区域内，如果飞行员请求使用场面气压，管制员可以在进近和着陆许可中提供，但飞行员只能在最后进近阶段使用场面气压（QFE）。在修正海平面气压适用区域内，管制员应以修正海平面气压（QNH）为基准在各航空器之间配备垂直间隔。

四、过渡高度和过渡高度层的设置

1. 过渡高度与过渡高度层

当一架航空器在过渡高度层平飞,而另一架航空器在过渡高度平飞时,它们之间应至少有300米的垂直间隔。过渡高度和过渡高度层的设置图如图1-26所示。

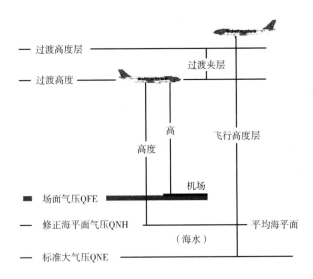

图1-26 过渡高度和过渡高度层设置图

机场标高在1200米(含)以下,过渡高度定为3000米,过渡高度层定为3600米。机场标高在1200~2400米(含),过渡高度定为4200米,过渡高度层定为4800米。机场标高在2400米以上,过渡高度和过渡高度层的建立根据飞行程序设计和空中交通管制的需要确定,见表1-7。

表1-7 根据机场标高建立过渡高度和过渡高度层

机场标高/米	过渡高度/米	过渡高度层/米
1200(含)以下	3000	3600
1200~2400(含)	4200	4800
2400以上	视需要而定	视需要而定

例如:北京首都机场标高35米,则过渡高度和过渡高度层应分别为3000米和3600米;兰州/中川机场标高1947米,则过渡高度和过渡高度层应分别为4200米和4800米;拉萨/贡嘎机场标高3570米,则过渡高度和过渡高度层应按照实际需要确定。

2. 根据气压变化调整过渡高度/过渡高度层

公布的过渡高度层不随气压的变化而变化。过渡高度一般不变,但是,为了确保在气压变化很大的情况下,过渡夹层有安全合理的垂直空间,当机场的修正海平面气压小于979百帕(含)时,过渡高度应降低300米;当机场的修正海平面气压大于1031百帕(含)

时，过渡高度应提高300米。

例如：某机场的过渡高度为3000米，过渡高度层为3600米。由于气压的变化，当QNH降到979百帕时，平均海平面与1013.2百帕等压面的气压相差1013−979=34百帕。若按低高度情况下1百帕相当于9米计算，二者的高度差为34×9=306米。这时过渡高度层只比过渡高度高出3600−（3000+306）=294（米）。为了确保两者之间至少300米的高度差，在修正海平面气压为979百帕及以下时，过渡高度应降低300米。反之，当QNH上升至1031百帕时，过渡高度层与过渡高度的高度差已大于600米，此时，过渡高度应提高300米，以使过渡夹层空间不致过大。

3. 根据起始进近高度调整过渡高度/过渡高度层

过渡高度不得低于仪表进近程序的起始进近高度。假如起始进近高度为2700米，则过渡高度应为3000米（含）以上，以避免飞行员在仪表进近过程中使用两种高度表拨正值，同时亦可在气压变化时，既能满足过渡高度下调的需要，又可以保证进近管制至少拥有一个可支配的等待高度层。

特殊情况下，如果机场标高在1200米（含）以下，起始进近高度在2700米以上，过渡高度定为4200米，过渡高度层定为4800米。如果机场标高在1200～2400米（含），起始进近高度在2700米（含）以下，过渡高度定为3000米，过渡高度层定为3600米。如果起始进近高度在3900米以上，机场的过渡高度和过渡高度层按实际需要确定。

例如：A机场标高1100米，起始进近高度3000米，则过渡高度应为4200米，过渡高度层应为4800米。B机场标高1500米，净空条件良好，起始进近高度为2700米，则过渡高度应为3000米，过渡高度层应为3600米。

4. 过渡高度/过渡高度层的合并

终端管制区的上限高度应尽可能与过渡高度一致，以便于管制调配。两个或两个以上机场距离较近，需要建立协调程序时，应建立共用的过渡高度和过渡高度层，这个共用的过渡高度和过渡高度层必须是这些机场规划的过渡高度和过渡高度层中最高的。

例如：在某终端区内有A、B两个机场，分别规划时，A机场过渡高度3000米，过渡高度层3600米；B机场过渡高度4200米，过渡高度层4800米。由于两个机场处于同一个终端区，统筹考虑后，则应规定统一使用B机场规划的过渡高度和过渡高度层。

五、高度表拨正程序

1. 航空器高度表拨正值的转换

（1）由QNE转换为QNH 下列任何一种情况发生时，航空器的高度表拨正值由QNE转换为QNH：

① 航空器下降穿越QNH适用区域水平边界内的过渡高度层时；

② 航空器在过渡高度层以下进入QNH适用区域水平边界内区域时。

（2）由QNH转换为QNE 下列任何一种情况发生时，航空器的高度表拨正值由QNH转换为QNE：

① 航空器上升穿越QNH适用区域水平边界内的过渡高度时；

② 航空器在过渡高度以下离开QNH适用区域水平边界内区域时。

2. 使用场面气压和零点高度的高度表拨正程序

① 规定了过渡高度/过渡高度层的机场，航空器起飞前应将高度表拨正值调整为QFE。当航空器上升穿越过渡高度层时，将高度表拨正值转换为QNE；当航空器下降穿越过渡高度层时，将高度表拨正值由QNE转换为QFE。

② 没有规定过渡高度/过渡高度层的机场，航空器起飞前应将高度表拨正值调整为QFE。当航空器起飞爬升至600米高时，将高度表的拨正值转换为QNE，然后再继续上升至规定的飞行高度层；航空器在降落前，进入机场区域边界或根据塔台管制员的通知，将高度表拨正值由QNE转换为QFE。

③ 对于高原机场，当高度表拨正值不能订正到QFE值时，应将高度表拨正值调整为QNE。起飞前，航空器停在跑道道面上时高度表的高度指示即为假定零点高度，然后起飞和上升至规定的飞行高度；航空器降落时，应按照塔台管制员通知的零点高度进行着陆。航空器上有两个气压式高度表时，应将其中一个高度表的拨正值调整为QNE，另一个高度表拨正值调整为QNH。

六、飞行高度层

1. 选择飞行高度层时应考虑的因素

当航空器处于巡航状态时，无论是IFR飞行还是VFR飞行，均应保证航空器与飞行区域内的障碍物保持相应的垂直安全距离。从定义可知，飞行高度层是与1013.2百帕等压面保持等间距的一系列曲面，它们不是理想的平面或是环绕地球的规则椭球面，而是随着1013.2百帕等压面起伏变化。因此在选择飞行高度层时应考虑以下因素：

① 只有在航线两侧各25千米以内，最高标高不超过100米、大气压力不低于1000百帕（750毫米汞柱）时才能允许在600米的高度层飞行，否则应相应提高飞行高度层，以保证飞行的真实高度不低于垂直安全标准；

② 航空器的最佳飞行高度层；

③ 航线天气情况；

④ 航线最低飞行安全高度；

⑤ 航线飞行高度层使用情况；

⑥ 飞行任务性质。

2. 飞行的安全高度

飞行安全高度是避免航空器与地面障碍物相撞的最低飞行高度。

（1）仪表飞行

① 航路、航线或转场飞行的安全高度，在高原和山区应高于航路中心线、航线两侧各25千米以内最高标高600米；在其他地区应当高出航路中心线、航线两侧各25千米以内最高标高400米；

② 在机场区域，以机场导航台为中心，半径55千米范围内，航空器距离障碍物的最高点，平原不得小于300米，丘陵和山区不得小于600米；

③ 航空器利用仪表进近图进入着陆过程中，不得低于仪表进近程序规定的超障高度飞行。

（2）目视飞行

① 机场区域内目视飞行最低安全高度　巡航表速250千米/小时（不含）以上的航空器，按照机场区域内仪表飞行最低安全高度的规定执行。

巡航表速250千米/小时（含）以下的航空器，距离最高障碍物的真实高度不得小于100米。

② 航线目视飞行最低安全高度　巡航表速250千米/小时（不含）以上的航空器，按照航线仪表飞行最低安全高度的规定执行。

巡航表速250千米/小时（含）以下的航空器，通常按照航线仪表飞行最低安全高度的规定执行；如果低于最低高度层飞行时，距航线两侧各5000米地带内最高点的真实高度，平原和丘陵地区不得低于100米，山区不得低于300米。

3. 飞行高度层的配备

为保障航空器在巡航状态下的飞行安全和秩序，便于空中交通管制，根据飞行方向以及高度，航空器使用飞行高度层必须遵守下面的规定。

（1）航路、航线高度层的配备　飞行高度层应当根据标准大气压力条件下的假定海平面计算。其航线角应当从航线起点和转弯点量取。如航线的个别航段曲折，应当根据该航线的总方向确定。

真航线角在0～179度范围内，高度为900～8100米，每隔600米为一个高度层；高度在9000米以上每隔1200米为一个高度层；真航线角在180～359度范围内，高度为600～8400米，每隔600米为一个高度层；高度在8400米以上每隔1200米为一个高度层。

（2）航空器等待高度气压面的确定及等待高度的使用　等待空域通常划设在导航台上空，飞行活动频繁的机场，可以在机场附近上空划设。等待空域的最低高度层距离地面最高障碍物的真实高度不得小于600米。

航空器在过渡高度层（含）以上等待，高度表拨正值使用标准大气压（1013.2百帕），最低等待高度层为过渡高度层。飞行高度层在8400米（含）以下时，每间隔300米为一个等待高度层；飞行高度层在8400米（不含）以上时，每间隔600米为一个等待高度层，最高等待高度层为12千米。航空器在过渡高度（含）以下等待，高度表拨正值使用机场修正海平面气压（QNH），最高等待高度为过渡高度。每间隔300米为一个等待高度，最低等待高度至少应高于起始进近高度300米。

第六节
飞行的运行标准

飞行的最低天气标准是确定航空器在某一特定气象条件下是否适合飞行的标准。

气象对飞行有着不同程度的影响，有的给飞行带来困难，有的对飞行安全有一定的影响，有的则直接危及飞行安全。因此，为了保证航空器在机场起飞、着陆和航线飞行的安全，根据机场、航线地形，航空器的飞行性能和设备，地面无线电导航设备和航空器驾驶员的技术水平等,规定了机场、航线、航空器和驾驶员的最低天气标准,以及航空器起飞、着陆的侧风标准。

在本节中以下名词具有如下含义。

(1)跑道视程 航空器驾驶员在跑道中线上,能看到跑道道面标志或跑道灯光轮廓或辨认跑道中线的距离。

(2)最低下降高度/高 在非精密进近或盘旋进近中规定的高度或高。在这个高度或高,如果没有取得要求的目视参考,必须开始复飞。最低下降高度以平均海平面为基准;最低下降高以机场或跑道入口标高为基准。

(3)非精密进近 使用全向信标台、无方向性无线信标台等地面设施,只提供方位引导,不提供下滑引导的仪表进近。

(4)精密进近 使用仪表着陆系统或精密进近雷达所提供的方位和下滑引导的仪表进近。

一、机场运行最低天气标准

机场运行最低天气标准是机场可用于飞机起飞、着陆的天气运行限制。对于起飞,用能见度(VIS)或跑道视程(RVR)表示,在需要时,还应当包括云高;对于精密进近着陆,根据运行分类用能见度(VIS)或跑道视程(RVR)和决断高度/高(DA/DH)表示;对于非精密进近着陆,用能见度(VIS)和最低下降高度/高(MDA/MDH)表示。

1. 规定机场运行最低天气标准应考虑的因素

① 飞机的机型、性能和操纵特性;
② 飞行机组的组成及其技术水平和飞行经验;
③ 所用跑道的尺寸和特性;
④ 可用的目视助航和无线电导航设施的性能和满足要求的程度;
⑤ 在进近着陆和复飞过程中可用于领航和飞行操纵的机载设备;
⑥ 在进近区和复飞区内的障碍物和仪表进近的超障高;
⑦ 机场用于气象测报的设备;
⑧ 爬升区内的障碍物和必要的超障余度。

中国民用航空总局公布的机场运行最低标准,没有考虑具体机型的机载设备、飞机性能、飞行机组的技术水平和飞行经验,这些因素应当由各航空营运人确定其所用机场的运行最低标准(公司标准)时予以考虑。

2. 机场运行最低天气标准的分类

① 按照航空器的着陆入口速度,分为A、B、C、D、E五种最低天气标准。
② 按照驾驶员技术水平,分为目视飞行和仪表飞行两种最低天气标准。
③ 按照导航设备,分为精密进近和非精密进近两种最低天气标准:
精密进近设备包括仪表着陆系统和精密进近雷达。非精密进近设备包括全向信标台/测距仪、导航台/测距仪、双导航台和单导航台。
④ 按照起飞、着陆,分为起飞和着陆两种最低天气标准。

3. 机场运行最低标准的制定和批准

① 民航总局负责审查和批准全国民用机场的仪表进离场程序、仪表进近程序和机场运行最低标准。

② 中国民用航空地区管理局负责按照民航总局最新印发的《航空器运行——目视和仪表飞行程序设计》规定的准则和民航总局关于仪表飞行程序设计的规定，对所属地区的民用机场拟定仪表进离场程序和仪表进近程序，并按本规定的准则拟定机场运行最低标准，报民航总局批准。

③ 对于民用飞机使用的军民合用机场，由地区管理局同当地军事部门协商建立民用飞机使用的仪表飞行程序和拟定运行最低标准，报民航总局批准。

④ 民航总局负责监督检查航空营运人和民用航空空中交通管理机构在飞行程序和运行最低标准方面的执行情况。

⑤ 地区管理局负责监督和检查航空营运人和民用航空空中交通管理机构在本辖区内机场的飞行程序和运行最低标准的执行情况。

⑥ 航空营运人应当遵照本规定所述的准则，结合其运行条件（包括机型、机载设备、机组技术水平和飞行经验等），制定国内机场的起飞、着陆最低标准（公司标准），按航空营运人运行合格审定的有关规定报批。航空营运人在国内机场使用的机场运行最低标准不得低于民航总局公布的最低标准。

⑦ 航空营运人在国外机场使用的起飞和着陆最低标准，应当按照本规定的准则，参考机场所在国家航行资料汇编（AIP）中公布的超障高度（OCA），结合其运行条件（机型、机载设备和机组的技术与经验）制定，按航空营运人运行合格审定的有关规定报批。航空营运人在国外机场使用的起飞和着陆最低标准不得低于机场所在国家为该机场规定或者建议的最低标准。

⑧ 外国和地区航空营运人在中国境内飞行，在中国机场起飞、着陆使用的最低标准可以根据《中华人民共和国航行资料汇编》（AIP）中为各机场飞行程序公布的超障高度/高（OCA/OCH）制定，但不得低于民航总局为各机场规定的或者建议的起飞、着陆最低标准。

⑨ 民航总局通过《中华人民共和国航行资料汇编》（AIP）对外公布我国机场的仪表进离场程序和仪表进近程序，并按不同进近程序和飞机分类公布超障高度/超障高（OCA/OCH），通过颁发各机场的仪表进近图、机场图和仪表进离场图，向国内各航空营运人公布各机场的仪表进离场程序、各类仪表进近程序和起飞、着陆最低标准。

4. 机场运行最低天气标准举例

以厦门机场运行最低天气标准为例，起飞和着陆最低标准见表1-8、表1-9。

表1-8 起飞最低标准

跑道	飞机分类	起飞最低标准（VIS）/米		
		跑道边灯和中线灯工作（RVR）	跑道灯工作	跑道边灯和中线灯均不工作
05	3、4发	500	600	800
	2发	800	600	1600
23	1.能以3.8%以上梯度直线上升至（450）米右转，2发VIS1600米，3、4发800米； 2.达不到3.8%上升梯度的飞机：云高250米，能见度3200米。			

表1-9 着陆最低标准 单位：米

着陆最低标准		跑道	A	B	C	D
ILS	DH/VIS	05	60/800	60/800	60/800	60/800
GP不工作	云高/VIS		100/1600	100/1600	100/1600	100/1600
	MDH		100	100	100	100
VOR/DME	云高/VIS	05	250/1600	250/2000	250/3600	250/4000
	MDH		240	240	240	240
	云高/VIS	23	110/2400	110/2400	110/2400	110/2800
	MDH		100	100	100	100
NDB	云高/VIS	05	260/1600	260/2000	260/3600	260/4000
	MDH		250	250	250	250
	云高/VIS	23	200/2400	200/2400	200/3600	200/4000
	MDH		200	200	200	200
目视盘旋	云高/VIS	05/23	300/2400	300/2800	360/4400	520/5000
	MDH		290	290	350	510

二、驾驶员最低天气标准

驾驶员最低天气标准是正驾驶员对某型航空器驾驶技术和熟练程度的标志。执行每次飞行任务的飞行机组成员的数量和技术水平应当符合该型航空器飞行手册规定的最低要求，并且符合民航总局批准的对该航空营运人营运该机型飞行机组成员的最低数量和驾驶水平的要求。飞行机组成员应当按照飞行机组成员定员职责分工的要求完成相应的训练。

飞行机组成员在完成与所执行飞行任务相适应的充分训练，经检查合格，并取得有效执照、等级和授权后，方可作为机组必需成员执行飞行任务。航空营运人不得派遣飞行人员执行与其训练水平不相适应的飞行任务；飞行人员应当拒绝接受此种飞行任务。

在商业飞行中担任各类航空器机长的驾驶员，应当按照CCAR-61FS进行充分训练，并且至少取得商用驾驶员执照和相应的航空器等级和授权。执行仪表飞行规则飞行任务的，应当取得仪表等级，执行Ⅱ类运行飞行任务的，应当取得Ⅱ类仪表运行授权。训练的时间、内容、要求应当在训练大纲中规定。在公共航空运输飞行中担任机长的驾驶员，还应当符合下列规定：

① 在小型飞机上担任机长的驾驶员，应当至少持有商用驾驶员执照和适合的航空器等级、仪表等级和授权，并且具备下列条件。

a. 仅在目视飞行规则飞行中担任机长的驾驶员，应当具有不少于500小时的驾驶员飞行经历时间，其中转场飞行时间不少于100小时，夜间飞行时间不少于25小时；

b. 在仪表飞行规则飞行中担任机长的驾驶员，应当具有不少于1200小时的驾驶员飞行经历时间，其中转场飞行时间不少于500小时，夜间飞行时间不少于100小时，实际或模拟的仪表飞行时间不少于75小时（其中模拟时间不超过25小时）。

② 在中型（含）以上飞机担任机长的驾驶员，应当按照CCAR-61FS的规定和相应机型训练大纲的要求，完成航线运输驾驶员执照和相应型别等级训练，经检查合格取得航线运输驾驶员执照、相应的型别等级和正驾驶授权。

③ 在直升机上担任机长的驾驶员应当持有商用驾驶员执照和相应的航空器等级，并且具备下列条件。

a. 仅在目视飞行规则飞行中担任机长的驾驶员，应当具有不少于500小时的驾驶员飞行经历时间，其中转场飞行时间不少于100小时，夜间飞行时间不少于25小时；

b. 在仪表飞行规则飞行中担任机长的驾驶员，应当取得直升机仪表等级，并且具有不少于1200小时的驾驶员飞行经历时间，其中转场飞行时间不少于500小时，夜间飞行时间不少于100小时，实际或模拟的仪表飞行时间不少于75小时（其中模拟时间不超过25小时）。

④ 在中型直升机公共运定定期航班飞行中担任机长的驾驶员应当持有航线运输驾驶员执照以及相应的型别等级和授权。

在商业飞行中担任各型航空器副驾驶的驾驶员，应当按照CCAR-61FS进行充分训练，并且至少取得商用驾驶员执照和相应的航空器类别、级别等级和授权。执行仪表飞行规则飞行任务的，还应当取得仪表等级；执行Ⅱ类运行飞行任务的，应当取得实施Ⅱ类仪表运行的资格。训练时间、内容、要求应当在训练大纲中规定。

在公共航空运输飞行中担任副驾驶或在中型直升机定期航班运输飞行中担任副驾驶的驾驶员，除符合上述规定外，还应当具有仪表等级，并按照相应机型的训练大纲完成副驾驶训练，经检查合格取得该机型副驾驶授权。

在公共航空运输飞行中，机长或副驾驶应当按照下列规定在新机型或新职位上建立实际运行经历和增加飞行经验。

① 完成机长或副驾驶训练的驾驶员，只有在飞行检查员或飞行教员的监视下履行相应机长或副驾驶职责，建立实际运行经历，并经航空营运人批准后，方可在公共航空运输飞行中分别担任机长或副驾驶。运行经历所要求的驾驶员飞行经历时间与飞行次数应当符合下列要求：

a. 活塞式发动机为动力的飞机，驾驶员飞行经历时间不少于15小时；

b. 涡轮螺旋桨发动机为动力的飞机，驾驶员飞行经历时间不少于20小时；

c. 涡轮喷气发动机为动力的飞机，驾驶员飞行经历时间不少于25小时；

d. 上述驾驶员飞行经历时间中，应当包括不少于4次飞行，其中包括不少于2次作为该飞机操作驾驶员的飞行。

② 机长在新机型上担任机长的前100小时内，近进着陆的机场天气标准应当在该机场规定的最低下降高（或决断高）上增加不少于30米，在规定的着陆能见度最低标准值上增加不少于800米（或等效跑道视程）。

③ 副驾驶在建立了上述规定的实际运行经历，经所属航空营运人批准后，可以与经航空营运人批准的不具备飞行检查员或飞行教员资格的机长搭配，在执行公共航空运输飞行任务时担任操作驾驶员操作飞机，包括起飞和着陆。副驾驶在该机型上的驾驶员飞行经历时间少于100小时且机长不具备飞行检查员或飞行教员资格的，应当符合下列条件，方可

由副驾驶作为操作驾驶员操纵飞机起飞和着陆：

  a. 所使用的机场不是民航总局、地区管理局或该航空营运人规定的特殊机场；

  b. 所使用的机场的最新气象报告中，有效能见度值不小于为该机场确定的NDB标准值；

  c. 所使用的跑道无水、雪、雪浆或严重影响飞机性能的污染物；

  d. 所使用的跑道的刹车效应依据报告为不低于"好"的水平；

  e. 所使用的跑道的侧风分量不超过该机型规定最大值的60%；

  f. 依据报告在机场附近无风切变；

  g. 机长认为可由副驾驶操作。

驾驶员最低天气标准，经训练、检查合格后，由航空公司制定，呈报中国民航总局批准。

三、航空器最低天气标准

航空器最低天气标准是因航空器不适宜在某些气象条件下飞行而规定的天气限制条件。航空器最低天气标准是根据机身结构、发动机特性、航行仪表和其他设备的完善程度，由中国民航总局统一规定。

规定有最低天气标准的航空器，主要是小型航空器，即最大允许起飞全重5700千克或以下的航空器。如Y-5飞机，由于其机身结构强度所限，承受不了过大的载荷力矩，故规定不准在中度以上颠簸区域飞行；由于发动机为活塞式，过大的雨水会使气缸头温度降低，易造成发动机抖动甚至停车，故规定不准在大雨区飞行；由于其没有除冰设备，故规定不准进入结冰区域飞行。

航空器最低天气标准，主要是执行航空器飞行手册的有关规定，但还必须在飞行实践中不断地充实和修改，使之更加符合该型航空器的实际情况。有时，一种新的航空器在开始使用时，由于我们对其性能特点尚不能完全了解和掌握，往往规定一些要求较高的天气标准，在飞行实践中逐步熟悉和掌握该型航空器的性能特点后，再调整其天气标准。

四、航线最低天气标准

航线最低天气标准是指航空器在航线上飞行时的最低天气标准。

航空器在航线上进行仪表飞行或是目视飞行，主要根据航线地形、航空器性能、导航设备和驾驶员的技术水平确定。在通常情况下，地形复杂、标高过高的山区航线，能在仪表安全高度以上飞行的航空器，可进行仪表飞行，只能在目视安全高度以上飞行的航空器，则只能进行目视飞行。飞行时间长且地形复杂的航线，导航设备不能保证航空器沿预定航线飞行时，也只能作目视飞行。驾驶员最低天气标准为目视类的机长或航行设备不能做仪表飞行的航空器，在任何航线上都只能进行目视飞行。

1. 目视飞行

（1）目视气象条件 目视气象条件是航空器能否按目视飞行规定飞行的基本条件，根据航空器的巡航表速规定如下：

巡航表速250千米/小时以下的航空器，飞行能见度不小于5000米（直升机不小于3000

米），航空器距云的水平距离不小于500米，距云的垂直距离不小于150米；低空（低于最低高度层）目视飞行时，航空器与云底的垂直距离不小于50米。

巡航表速251千米/小时以上的航空器，飞行能见度不小于5000米，航空器距云的水平距离不小于1000米，距云的垂直距离不小于150米。

（2）目视飞行规定　巡航表速250千米/小时以下的航空器，只有在昼间，飞行高度6000米以下，云下飞行低云量不超过3/8，并且符合规定的目视气象条件时，方可在航线上和机场区域内按照目视飞行的最低安全高度和安全间隔的规定飞行。

巡航表速251千米/小时以上的航空器，符合规定的目视气象条件时，方可在起落航线或者在经空中交通管制部门许可的范围内，按目视规定飞行。

2. 仪表飞行

巡航表速250千米/小时以下的航空器，凡不符合目视飞行规定的条件，如在夜间，飞行高度6000米以上，低于目视气象条件都必须按照仪表飞行规定在航线上和机场区域内飞行。

巡航表速251千米/小时以上的航空器，除符合规定的目视气象条件可在起落航线或空中交通管制部门许可的范围内按照目视飞行规定飞行外，都必须按照仪表飞行规定飞行。

五、Y-5型飞机最低天气标准的规定

1. 目视飞行最低天气标准

（1）航线　能见度不得少于5000米、云量不超过5/10时，云高无限制；云量超过5/10时，云高按下列规定：平原地区，云高不得低于400米；丘陵地区和山区，云高不得低于600米（如有锋面、大的气压递减率或强烈的上升或下降气流等情况，山区云高不得低于1000米）。

（2）机场区域（以机场为中心，半径7000米计算）　能见度不得少于3000米、云量不超过5/10时，云高无限制；云量超过5/10时，云高按下列规定：平原地区，云高不得低于300米；丘陵地区和山区，云高不得低于600米。

2. 仪表飞行最低天气标准

（1）航线　平原地区，可按规定的仪表高度层进行云中仪表飞行。

丘陵地区和山区，云不盖山顶，或云盖山顶但云量不超过8/10时，可按仪表高度层进行云中仪表飞行，或做云上、云层间目视飞行；云盖山顶并且云量超过8/10时，禁止飞行。

（2）机场区域　按各机场A类航空器使用的仪表最低天气标准执行。

3. 其他

（1）Y-5型飞机目视飞行最低天气标准部分适用于其他不能作仪表飞行的小型航空器；

（2）Y-5型飞机在结冰区、大雨区、雷雨区和云中有中度颠簸时，禁止飞行；

（3）非密封座舱或没有氧气设备的航空器，飞行高度不超过4000米。

六、航空器起飞、着陆时风的限制

航空器起飞、着陆时受风的影响较大，特别是在复杂气象条件下着陆，严重影响航空器的操纵和着陆目测，甚至造成航空器冲出、偏出跑道和在跑道外接地。风对航空器起飞、着陆的影响，无论航空器的大小、驾驶员的操纵技术如何、人工或自动驾驶都不能克

服。因此，各型航空器都规定了起飞、着陆时风的限制，各型航空器起飞、着陆时风的规定见表1-10。

表1-10 各型航空器起飞、着陆时风的规定　　　　单位：千米/小时

机型	种类	干跑道			湿跑道			附注
		90°	45°	0°	90°	45°	0°	
B747、B767、B757	起降	15	18	25	8	11	25	①
B737	起降	12	17	25	8	11	25	②
BAe—146	起降	12.5	17.5	25	12.5	17.5	25	③
Y-7	起飞	15	18	25	15	18	25	
	降落	12	15	25	12	15	25	
	降落	0	10	25	0	10	25	④
MD-80、MD-82	起降	15		25				⑤
TY-154	起降	15	18	25	5	8	25	⑥
Y-5	起降	6	8	15	6	8	15	
An-12、L100	起降	12	15	15	12	15	25	
米-8、BO-105C	起降	10		20（15）	10		20（15）	⑦
云雀	起降	5		20（15）	5		20（15）	⑧

注：①B747、B767、B757跑道积水大于13毫米（含），积雪厚大于90毫米（含）时禁止起降。
②B737湿跑道侧风标准，是指跑道无积水的侧风标准，如有冰、雪和积水，风速3~6米/秒；跑道积水、湿雪大于13毫米、积雪厚大于100毫米时禁止起降。
③BAe-146跑道湿雪、半融雪、积水大于12.5毫米；水深25毫米、长6米，禁止起降。
④Y-7在飞机结冰着陆时使用的标准。
⑤MD-80、MD-82无湿跑道侧风标准，只规定积水、冰雪大于12.7毫米，积雪厚大于91毫米时禁止起降。
⑥TY-154跑道积水大于10毫米（不含），湿雪大于12毫米（不含），积雪厚大于50毫米时禁止起降。
⑦米-8、BO-105C滑行和夜航起飞、着陆，使用括号内的侧风标准。
⑧云雀滑行和夜航起飞、着陆，使用括号内的侧风标准。

风与航空器起降方向的关系分别为正顺风、侧顺风、正侧风、侧逆风、正逆风和静风。风向与航空器纵轴的夹角为风角，如风向与航空器纵轴平行为0°风，风向与航空器纵轴成45°角为45°侧风，风向与航空器纵轴垂直为90°侧风。各类风对航空器起飞、着陆的影响是：

（1）逆风　逆风起飞，空速增加快，地速小，滑跑距离和起飞距离较短，有利于爬高和超越障碍物。逆风着陆，地速小，下滑、平飞和着陆滑跑距离较短。

（2）顺风　顺风起飞，空速增加慢，地速大，滑跑距离和起飞距离较长，对超越障碍物和特殊情况的处置均不利。顺风着陆，地速大，下滑、平飞和着陆滑跑距离较长，在短跑道上着陆易冲出跑道。

（3）侧风　航空器在起飞、着陆滑跑时，机头向侧风方向偏转，机身向侧风反方向倾斜。航空器在起飞后、着陆前，向侧风反方向偏离。因此，在起飞、着陆过程中必须及时地、适量地进行修正。

（4）阵风　逆风风速突然增大时，航空器的空速和升力也突然增加；起飞滑跑，可能因升力增大而突然离地；航空器着陆，可能因升力增大在接地后又突然离地。顺风风速增大时，航空器的空速和升力突然减小；起飞滑跑，可能因升力减小离地后又接地；航空器着陆，可能因升力减小而突然提早接地。

七、起飞油量

航空器上携带的燃料油是保证飞行安全、完成飞行任务的重要的物质保障。因此，每次飞行，在航空器起飞前，都必须准确计算，加注规定数量的起飞油量。

起飞油量包括在正常情况下航空器由起飞机场飞往目的地机场所需的油量和在目的地机场不能着陆而飞往备降机场所需的备用油量。由于航空器受起飞重量的限制，增加起飞油量就必须相应地减少业务载量，影响经济效益；反之，减少起飞油量相应地可以增加业务载量，但又影响飞行安全。所以，必须在既能保证飞行安全又能取得最大经济效益的原则下，规定航空器的起飞油量。

1. 航行备用油量

每次飞行都必须携带航行备用油量，以便航空器在飞行中因突发情况如：改变飞行计划、绕越危险天气、等待和进近着陆，以及返航或去备降机场等用油。航行备用油量应根据天气情况、航空器性能、航程和备降机场远近等情况确定。

（1）运输飞行

① 国内飞行

a. 有备降机场时，保证航空器到达着陆机场不能着陆而飞抵最远的备降机场上空时，还有不少于45分钟的油量；

b. 以起飞机场为备降机场时，航行备用油量不少于1小时30分钟，并且还应当准确计算飞行返航点，保证航空器返航至起飞机场上空时，还有不少于45分钟的油量；

c. 直升机飞行的备用油量，通常不得少于30分钟。

② 国际飞行。国际航线飞行的航行备用油量包括：航线飞行时间10%的燃油量；飞抵备降机场的燃油量（实际距离或370千米）；在备降机场上空450米（1500英尺）等待30分钟的燃油量；在备降机场进近并着陆的燃油量。

（2）专机飞行　专机飞行的备用油量，专机飞行时，日、夜航飞行的备用油量，保证航空器到达着陆机场不能着陆而飞抵最远的备降机场降落后的剩余油量不少于1小时。

（3）通用航空调机飞行

① 有备降机场时，航空器由起飞机场飞到临时机场再飞往备降机场，还有1小时的备用油量和45分钟的机动油量；

② 以起飞机场为备降机场时，航空器由起飞机场飞到临时机场再飞回起飞机场，还有1小时的备用油量和45分钟的机动油量；

③ 直升机，备用油量30分钟，机动油量20分钟。

2. 起飞油量的计算

在计算油量时使用下列符号：

Q_T——起飞油量；

Q_{AL}——目的地机场至备降机场的油量；

T——航线飞行时间；

T_{AL}——目的地机场至备降机场的飞行时间；

q——每小时平均耗油量；

Q_h——等待耗油量；

Q_{AP}——进近着陆耗油量。

（1）运输飞行

① 国内飞行

a. 有备降机场

$$Q_T = (T + T_{AL} + 0.75) \times q$$

b. 以起飞机场为备降机场

$$Q_T = (T + 1.5) \times q$$

c. 直升机

$$Q_T = (T + 1.5) \times q$$

② 国际飞行

$$Q_T = (T + T \times 10\% + T_{AL}) \times q + Q_h + Q_{AP}$$

注：

a. 着陆机场至备降机场的距离大于370千米时，按实际距离计算飞行时间；着陆机场至备降机场的距离小于370千米时，按370千米计算飞行时间。

b. 在460米高度上等待时，及进近着陆时的平均小时耗油量要小于航线飞行的平均小时耗油量。进近着陆时间一般取15分钟。

（2）通用航空调机飞行（由固定机场调往临时机场）

① 有备降机场

$$Q_T = (T + T_{AL} + 1 + 0.75) \times q$$

② 以起飞机场为备降机场

$$Q_T = (T \times 2 + 1 + 0.75) \times q$$

③ 直升机

$$Q_T = (T + 0.5 + 0.33) \times q$$

（3）遇有下列情况之一时，应增加起飞油量

① 航线上顶风过大，飞行时间超过班期时刻表规定时间或原计划飞行时间15分钟以上时；

② 航线上有危险天气，如雷雨、结冰等需要绕飞或用较大功率爬升时；

③ 航空器上有特殊装置影响飞行速度时；

④ 着陆机场天气不稳定需要多加油量时；

⑤ 新放单飞的机长第一次飞行时；

⑥ 试飞新航线时；
⑦ 新机型航线飞行时。

思考题

1. 从航行应用角度看民用航空器应分为几类，各是什么？
2. 在航空器分类中，按仪表进近程序分类的依据是什么？
3. 航空器的识别标志包含什么？各有什么意义？
4. 简述航空器使用寿命的计算方法。
5. 空勤人员分为哪几类？
6. 在飞行中，机长有何权力，其职责是什么？
7. 机组在飞行实施过程中主要工作是什么？
8. 什么是机场？说明机场位置点是怎么规定的。
9. 某机场跑道磁方位为270°～090°，标出跑道号码及机场升降带。
10. 空域通常划分为哪些区域？
11. 飞行人员在复杂气象条件下按仪表飞行，必须同时具备的条件是什么？
12. 何谓通用航空飞行？
13. 某机场标高为3.2米，穿云起始高度为900米，问过渡高度与过渡高度层为多少？若另一机场标高为1132米，穿云起始高度为900米，过渡高度与过渡高度层又应为多少？
14. 某机场标高为482米，塔台高为65米，如何使用气压高度表订正QNE、QNH、QFE？
15. 某段航线，假设向东飞行，航线两侧各25千米范围内的最高障碍物为1393米，航线平均海平面气压高度为1000百帕（750毫米汞柱）。计算仪表飞行时的最低安全飞行高度层。
16. 试叙述航线飞行高度层如何配备。
17. 某机场跑道磁方位为055°～235°，长2800米，北侧停止道长60米，净空道长200米，南侧无停止道，净空道长200米，因南侧障碍物原跑道入口内移150米。画出跑道示意图，标出跑道号码。求可用着陆距离，可用起飞滑跑距离，可用加速停止距离及可用起飞距离。
18. 每次飞行携带航行备用油量的原因是什么？

第二章

飞行的组织与管理机构及有关规定

学习目标

1. 了解飞行的组织与管理机构；
2. 掌握飞行的有关规定；
3. 熟悉飞行的组织与实施人员的任职条件和管理规定；
4. 熟悉国际民航组织与有关文件；
5. 理解航空气象与飞行的组织与实施关系。

飞行活动有别于其他交通方式的特点是它的速度高，一旦投入运行后它在空中的时间不能过长，它不能像汽车一样在路边停下来修理或讨论改变运行条件事宜。因此，一方面，航空器要求高度可靠的技术保证其正常运行。另一方面，飞行活动要求严密、有效的指挥体系。与飞行有关的所有单位、人员负有保证飞行安全的责任，必须遵守有关规章制度，积极采取预防事故的措施，保证飞行安全。经过批准的飞行，有关的机场和部门应当认真做好组织指挥和勤务保障工作。本章遵照飞行组织与实施从"规章—机构—人员"的思路，首先介绍飞行的组织与管理机构，从而了解飞行的组织与实施人员的任职条件和管理规定，进一步熟悉飞行实施的相关规定及国际民航组织有关文件。

第一节 飞行的组织与管理机构

飞行的特点和性质决定了对它的组织与管理必须是严格和有效的，飞行组织与管理应当是分层次和部门进行的。为了实现理想的效果，每一层次和部门的责任、权力和义务都应明确进行定义，以利于飞行的安全、高效地进行。

一、行业主管机构职责

1. 中国民用航空局空中交通管理局

为提升我国空管安全管理水平，2007年我国进行了空管体制改革，将运行职能分离出来，由中国民用航空局空中交通管理局（简称民航局空管局）垂直管理，而监督等行政职能仍由国家政府机构民航局负责。民航局空管局是民航局管理全国空中交通服务，民用航空通信、导航、监视，航空气象，航行情报的职能机构。中国民航空管运行系统现行管理体制为民航局空管局、地区空管局、空管分局（站）三级管理。运行组织形式基本是区域管制、进近管制、机场管制为主线的三级空中交通服务体系。民航局空管局的主要职责有如下几个方面。

① 贯彻执行国家空管方针政策、法律法规和民航局的规章、制度、决定、指令；拟定民航空管运行管理制度、标准、程序；

② 实施民航局制定的空域使用和空管发展建设规划；

③ 组织协调全国航班时刻和空域容量等资源分配执行工作；组织协调全国民航空管系统建设；

④ 提供全国民航空中交通管制和通信导航监视、航行情报、航空气象服务，监控全国民航空管系统运行状况，负责专机、重要飞行活动和民航航空器搜寻救援空管保障工作；

⑤ 研究开发民航空管新技术，并组织推广应用；

⑥ 领导管理各民航地区空管局，按照规定，负责直属单位人事、工资、财务、建设项目、资产管理和信息统计等工作。

2. 中国民用航空局空中交通管理局地区空管局

经过2007年改革之后，中国民航空管运行系统现行管理体制为民航局空中交通管理局、地区空中交通管理局、空管分局（站）三"横"管理；运行保障体系基本是以管制运行、通信导航监视气象设备保障和情报服务为主的三"纵"保障。

民航局空管局领导管理民航七大地区管理局及其下属的民航各空管单位。七大民航地区空管局分别是华北地区空管局、东北地区空管局、华东地区空管局、中南地区空管局、西南地区空管局、西北地区空管局、新疆空管局。

各地区空管局又下设多个空管分局（站），如民航华北空管局下设河北、山西、天津、内蒙古空管分局和呼伦贝尔空管站；民航东北空管局下设黑龙江、吉林空管分局和大连空管站等；民航华东空管局下设山东、安徽、江苏、浙江、江西、福建空管分局和厦门、青岛、宁波、温州空管站等；民航中南空管局下设海南、河南、湖北、湖南、广西空管分局，桂林、湛江、深圳、三亚、汕头、珠海空管站和珠海进近管制中心等；民航西南空管局下设云南、贵州和重庆空管分局等；民航西北空管局下设甘肃、青海、宁夏空管分局等。

当前，全国民用航空空中交通管制服务具体由以下几个部门提供。

① 各空管分局（站）管制运行室，包括飞行服务报告室、机场塔台管制室、进近管制室、区域管制室和进近管制中心；

② 地区空管局空中交通管制中心，包括区域管制中心、终端管制中心、机场塔台管制室；

③ 地区空管局运行管理中心；

④ 民航局空管局运行管理中心。

二、管制业务执行单位职责

民用航空空中交通管理工作由不同空中交通管制单位具体实施。这些空管单位主要包括机场塔台空中交通管制室（简称塔台管制室）、空中交通服务报告室、进近管制室（终管制室）、区域管制室（区域管制中心）、民航地区管理局调度室（简称管理局调度室）、民航局空中交通管理局总调度室（简称总调度室）。

1. 机场塔台空中交通管制室

塔台管制室负责本塔台管辖范围内航空器的开车、滑行、起飞、着陆和与其有关的机动飞行的管制工作。在没有机场自动情报服务的塔台管制室，还应当提供航空器起飞着陆条件等情报。

2. 空中交通服务报告室

空中交通服务报告室负责审查航空器的飞行预报及飞行计划，向有关管制室和飞行保障单位通报飞行预报和动态

3. 进近管制室

进近管制室负责一个或数个机场的航空器进、离场的管制工作。

4. 区域管制室

区域管制室负责向本管制区内受管制的航空器提供空中交通管制服务；受理本管制区

内执行通用航空任务的航空器以及在非民用机场起降而由民航保障的航空器的飞行申请；负责管制并向有关单位通报飞行预报和动态。

5. 管理局调度室

管理局调度室负责监督、检查本地区管理局管辖范围内的飞行，组织协调本地区管理局管辖范围内各管制室之间和管制室与航空器经营人航务部门之间飞行工作的实施；控制本地区管理局管辖范围内的飞行流量，协调处理特殊情况下的飞行；承办专机飞行的有关工作掌握有重要客人、在边境地区和执行特殊任务的飞行情况。

6. 总调度室

总调度室负责监督全国范围内的有关飞行，控制全国的飞行流量，组织、承办专机飞行的有关管制工作并掌握其动态，协调处理特殊情况下的飞行，审批不定期飞行和外国航空器非航班的飞行申请。

飞行情报区内的飞行情报工作由该区飞行情报中心承担或由飞行情报中心委托区域管制室负责。

三、航空公司飞行签派机构

1. 签派机构

航空公司（经营人）是组织与实施飞行的主体，航空公司根据民航总局的有关规定和公司的具体情况，制定公司组织与实施飞行的规章制度，并保证公司所属人员都能够严格遵照执行。航空公司的飞行的组织与实施，由航空公司经理负责，在遵守民航总局有关规定的前提下，通过飞行签派机构按本公司的政策和规定具体组织实施。

航空公司组织与实施飞行机构的责任和业务范围可根据航空公司的经营规模和运行方式而定：经营规模大的航空公司除在公司总部设有飞行签派机构负责组织，协调公司整体和各地区的飞行活动外，在各个地区也设有地区签派机构；经营规模小的航空公司设有较集中的飞行签派机构组织，协调公司整体和各地区的飞行活动。就运行方式和理念而言，有以运行为中心的、有以经营为中心的、有以飞行为中心的、有以行政管理机构为中心的。航空公司组织与实施飞行机构的形式不外乎以运行中心、签派室（总飞行签派室、地区飞行签派室、分飞行签派室）、调度室（生产调度室、飞行队调度室）的形式存在。如有的航空公司除设有飞行签派室外，还设立专门的生产调度室，中心生产调度室一般只在公司基地设立。凡设有生产调度室的航空公司，其飞行任务的派遣工作，如安排机组、航空器和与运输服务部门的协调等都可由生产调度室负责，如航空公司不设生产调度室时，该项工作均由飞行签派室担任。航空公司的飞行签派机构，即飞行签派室，是根据航空公司本身的经营范围和规模进行编制设立的。通常是由总飞行签派室、地区飞行签派室和机场飞行签派室组成。飞行签派机构是航空公司组织与实施飞行的中心，是安全飞行的有力保障；飞行签派机构是负责放行航空器并实施运行管理的机构，是航空公司的运行程序、方针、政策的执行机构。

总飞行签派室大都设立在航空公司总部基地，在分公司的基地设立分签派室，并明确规定了其职责和授权范围。对于航空公司基地以外运营业务较繁忙的地区，可设立地区飞行签派室，负责这一地区的飞行签派业务。在这个地区内的各个机场，公司可根据情况分设驻外机构或派出代办，对于一些小的航空公司或者经营范围单一的航空公司，除总部基地必须设立签派室外，可以在基地以外有关的起降机场与有关的飞行签派室签订签派业务代理协议来办理本公司的签派业务，并在签派业务代理协议书中以文字形式明确各自的职责和所承担的义务。

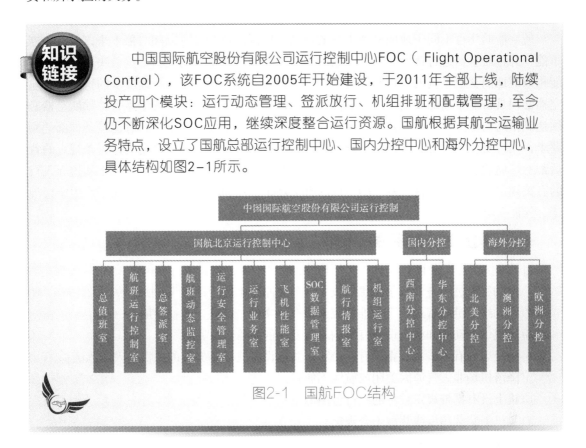

图2-1 国航FOC结构

2. 签派机构的职责

航空公司的飞行，由航空公司的值班领导通过飞行签派室具体组织与实施，各级飞行签派室人员均应在公司经理领导下认真仔细地履行其职责。飞行签派机构的职责如下。

① 布置飞行任务，组织飞行的各项保障工作；

② 拟定公司航空器的运行计划，向空中交通管制部门提交飞行申请；

③ 督促检查并帮助机长做好飞行前准备，签发放行航空器的文件；

④ 及时与空中交通管制、通信、气象、航行情报、机场等单位联系，取得飞行和保障飞行方面的情报；

⑤ 向机长提供安全飞行所必需的航行情报资料；

⑥ 掌握本公司航空器的飞行动态，采取一切措施保证飞行安全和正常；

⑦ 航空器遇到特殊情况时，协助机长正确处理；

⑧ 航空器不能按照原定计划飞行时，及时通知有关部门，妥善安排旅客和机组。

第二节
飞行的有关规定

航空器的飞行不同于地面交通工具的运动，地面交通工具可以随时停下来，但航空器不能，并且航空器运行速度非常快，它的速度是地面交通工具的几倍，这就决定了我们不能再以对地面交通工具的观点和管理方法来对待航空器。在空中运行速度快的特性要求航空器必须具备非常高的安全性、可靠性和连续性。为保证航空器的安全运行，除航空器必须达到很高的标准外，对驾驶员和运行环境也必须提出很高的要求。只有这些条件都达到要求，飞行安全才能得到保证。飞行的有关规定就是依据这些条件制定的，每条规定的背后都有惨痛的教训。飞行人员应当遵守飞行的有关规定，管制员、签派员也必须遵守飞行的有关规定。在学习时就需要了解飞行的有关规定，从而树立安全意识，在工作中牢记规定、保证安全。

一、禁止飞行的有关规定

为了确保飞行安全和空防安全，有下列情况之一者，禁止飞行。
① 空勤组成员不齐或由于思想、技术、身体原因不适于该次飞行；
② 空勤组成员没有进行飞行准备或未带有关文件、证件、资料、用具；
③ 飞机、发动机和机上设备有影响飞行安全的故障；
④ 飞机表面有冰、雪、霜没有除净；无防冰设备或设备失效的飞机进入结冰区；
⑤ 降落机场非天气原因关闭或航线不放行；
⑥ 机上没有携带规定数量的航行备用油量；
⑦ 飞机上装载超重或装载不合规定；
⑧ 航线、机场的地面通信导航以及其他保障设备发生故障，不能保证飞行安全；
⑨ 低于机长、机场和飞机的最低气象条件；
⑩ 低于最低安全高度或飞机之间小于规定的高度差和纵向、侧向间隔；
⑪ 在禁区、危险区、限制区有效时限或炮射区有效射程范围内；
⑫ 在国境地带偏离航线或作业区；
⑬ 在未经视察的作业区进行超低空飞行；
⑭ 仪表飞行（包括半能见）飞机没有准确定位而盲目下降到安全高度以下；
⑮ 飞入积雨云和浓积云中，小于规定的侧向和垂直距离绕飞积雨云（浓积云）；
⑯ 未经指挥员（管制员）同意，开车、滑行、进入跑道、起飞；
⑰ 未经批准的转左座带飞的副驾驶员在左座操纵飞机；
⑱ 机上人员与任务书和舱单不符，未经公安部门安全检查或专业飞行无乘机批准证件；
⑲ 没有制定防止劫持飞机的预案。

二、禁止放行航空器的规定

凡遇下列情况，禁止放行航空器。

① 机组定员不齐，或者由于思想、技术、身体等原因不适于该次飞行；
② 空勤人员没有进行飞行前准备，没有防劫持的措施或者准备质量不合格；
③ 机组未校对该次飞行所需的航行情报资料；
④ 机组没有飞行任务书、飞行放行单、飞行气象情报、飞行人员执照、飞行手册及其他必需的各类飞行文件；
⑤ 航空器有故障，低于该型航空器最低放行清单的规定；
⑥ 航空器表面有冰、雪、霜没有除净；
⑦ 少于规定数量的航行备用燃油；
⑧ 装载超重或者装载不合规定；
⑨ 起飞机场低于机长或航空器最低天气标准，航线上和起飞机场上空有不能绕越的危险天气；
⑩ 航线或机场的地面保障设施发生故障，不能保证飞行安全；
⑪ 在禁区、危险区、限制区和机场宵禁的有效时间内。

三、航空器起飞、降落时限的规定

机场没有跑道边灯，或者机长没有夜航最低天气标准，起飞、降落时限规定如下。

（1）起飞时限　平原，最早不超过日出前20分钟；丘陵、山区，日出前15分钟；
（2）降落时限　平原，日落前10分钟；丘陵、山区，日落前20分钟。

四、绕飞雷雨的规定

绕飞雷雨时，必须考虑到有转弯和退出的余地，并且应当遵守下列规定。

① 只准有雷达的航空器或者根据气象雷达探测的资料能够确切判明雷雨位置，方可在云中绕飞，但距离积雨云（浓积云）不得少于20千米；
② 只准机舱有增压或者氧气设备和具有相应升限的航空器从上面绕飞；
③ 只准在安全高度上偏离航线不超过导航设备的有效半径范围内绕飞（有惯性导航设备的航空器除外）；云外绕飞时，距离积雨云（浓积云）昼间不得少于5000米，夜间不得少于10千米；两个云体之间不少于20千米时，方可从中间通过；
④ 只准昼间从云下目视绕飞雷雨，但航空器与云底的垂直距离不得少于400米；飞行真实高度在平原、丘陵地区不得低于300米，在山区不得低于600米；航空器距主降水区不得少于10千米。

五、目视飞行规定

航空器在管制空域进行目视飞行时，空中交通管制员应当根据目视飞行规则的条件，配备垂直间隔、纵向间隔和侧向间隔。目视飞行航空器与地面障碍物、航空器与航空器之间的垂直间隔按照有关规则配备。

B、C类空域内，目视飞行航空器的最低纵向和侧向间隔标准应当符合如下规定。

① 在同一航迹、同一巡航高度飞行时，航空器之间的纵向间隔标准如下。

a. 巡航表速250千米/小时以下的航空器，不得小于2000米。

b. 巡航表速251千米/小时以上的航空器，不得小于5000米。

② 超越前面航空器时，应当从其右侧，保持500米以上的侧向间隔超越。

D类空域内，目视飞行航空器的最低纵向和侧向间隔标准应当符合如下规定。

① 昼间航空器之间的纵向间隔：A类航空器不得小于1.5千米，B类航空器不得小于3000米，C、D类航空器不得小于4000米，并应当注意航空器尾流的影响。同型航空器之间不得超越。只有经过允许，在三转弯以前，快速航空器方可以从外侧超越慢速航空器。昼间各航空器之间的侧向间隔：A类航空器不得小于200米，B、C、D类航空器不得小于500米。除需被迫着陆的航空器外，不得从内侧超越前面航空器；

② 夜间飞行时，航空器在起落航线或者加入、脱离起落航线时，驾驶员能够目视机场和地面灯光，管制员可允许其做夜间起落航线飞行。在夜间起落航线飞行中，不得超越前面航空器，各航空器之间的纵向间隔不得小于4000米，并由管制员负责其纵向间隔配备，航空器与地面障碍物之间的垂直间隔则由驾驶员负责；

③ 同时有目视飞行和仪表飞行的航空器飞行时，目视飞行的航空器之间的间隔按照仪表飞行的规定执行；

④ 管制员在必要时应当向有关目视飞行航空器提供交通情报，通知其应当使用目视间隔。

六、目视起飞、着陆最低间隔规定

目视飞行航空器使用同一跑道起飞、着陆时，其最低间隔标准应当符合如下规定。

① 在前面航空器已飞越跑道末端或在跑道上空改变航向已无相撞危险前，或者根据目视或前面航空器报告确认该航空器已脱离跑道前，后面航空器不得开始起飞滑跑；

② 在前面航空器已飞越跑道末端或在跑道上改变航向已无相撞危险前，或者根据目视或前面航空器报告确认该航空器已脱离跑道前，后面航空器不得飞越跑道进入端。

目视飞行直升机使用同一起飞着陆区起飞、着陆时，最低间隔标准应当符合如下规定。

① 先起飞、着陆的直升机离开起飞、着陆区之前，后起飞的直升机不得开始起飞；

② 先起飞、着陆的直升机离开起飞、着陆区之前，着陆的直升机不得进入起飞、着陆区；

③ 起飞点与着陆点的间隔在60米以上，起飞、着陆航线又不交叉时，可以准许同时起飞、着陆。

目视飞行的航空器相遇时，应当按照下列规定避让并调整间隔。

① 两架航空器在几乎同一高度上对头相遇时，应当各自向右避让，相互间保持500米以上间隔；

② 两架航空器在几乎同一高度上交叉相遇时，驾驶员从座舱左侧看到另一架航空器时，应当下降高度；从座舱右侧看到另一架航空器时，应当上升高度；

③ 航空器在几乎同一高度上（小于对称面夹角70度）超越前面航空器时，应当从前面航空器右侧保持500米以上的间隔进行，避免小于规定间隔从对方上下穿越或从其前方切过，超越的航空器对保持两架航空器之间的间隔负责；

④ 单机飞行的航空器，应当避让编队飞行的航空器；

⑤ 有动力装置重于空气的航空器应当避让飞艇、滑翔机或气球；

⑥ 飞艇应当避让滑翔机及气球；

⑦ 滑翔机应当避让气球；

⑧ 有动力装置的航空器应当避让拖曳物体的航空器；

⑨ 飞行中的或在地面上、水面上运行的航空器应当避让正在着陆或正在进近着陆的航空器；

⑩ 正常飞行的航空器应当避让已知需被迫着陆的航空器；

⑪ 重于空气的航空器为了着陆而在同一机场同时进近时，高度较高的航空器应当避让高度较低的航空器；但是，后者不得利用此规定切入另一架正在进入着陆最后阶段的航空器前方或超越该航空器；

⑫ 滑行的航空器应当避让正在起飞或即将起飞的航空器。

七、机场机动区内目视管制信号

遇有地空无线电通信失效时，塔台管制室管制员应当使用灯光或信号弹信号，对起飞、降落或在机场机动区内活动的航空器进行管制。灯光信号、信号弹信号及目视地面信号的示，按照附件三《管制员发给航空器的灯光或信号弹信号》和附件四《机场目视地面信号》的规定执行。遇有下列情况时，塔台管制室管制员应当向航空器、车辆和行人发出警告信号。

① 航空器互相接近，有相撞危险；

② 航空器与障碍物有相撞危险；

③ 航空器机体情况异常；

④ 跑道积水、结冰或松软；

⑤ 航空器未经批准将进入危险区、限制区、禁区；

⑥ 管制员认为必要的其他情况。

昼间或夜间发出的警告信号均为从地面以10秒钟的间隔发射信号弹，每弹在爆炸时，应当发出红光、绿光或星光。

航空器驾驶员收到管制员发给的灯光或信号弹信号后，应当给予回答，回答的信号按照附件五《航空器驾驶员收到管制员信号后的确认信号》的规定执行。航空器驾驶员、管制员观察到或收到目视信号后，应当按信号表明的意义采取行动。目视管制信号应当按照规定的含义，用于规定的用途，不得与其他信号混淆。

机场机动区内有航空器运行时，塔台管制室应当按照规定升起标志旗或开放标志灯。

机场机动区内有航空器运行时，按下列规定管理灯光。

① 夜间应当开放机场保障飞行所需要的灯光；

② 昼间应当开放进近坡度指示系统的灯光；

③ 昼间且机场的能见度小于2000米时，应当开放跑道和滑行道及起飞和着陆方向上保障飞行所需要的灯光。

配置了助航灯光监视系统的机场，其灯光管理单位值班员应当在航空器预计起飞或着陆前一小时，使灯光系统处于随时可使用状态。未配置助航灯光监控系统的机场，其灯光管理单位应当按下列规定管理灯光。

① 航空器预计起飞或着陆前一小时，做好开放灯光的准备；

② 航空器预计起飞或着陆前20分钟开放灯光，或者按照塔台管制室管制员要求的时间开放灯光；

③ 在发生紧急情况时，立即开放灯光；

④ 航空器起飞后15分钟、着陆后10分钟关闭灯光，或按照管制部门的通知关闭灯光；

⑤ 发现灯光异常，不能按规定要求开放灯光的，立即报告塔台管制室管制员和机场值班领导。

塔台管制室管制员应当及时检查机场灯光的开放情况，发现异常或接到灯光异常的报告时，应当通知机场灯光管理单位值班员或航空器驾驶员，并报告有关部门值班领导。管制员应当按照规定光度或航空器驾驶员的要求，通知机场灯光管理单位配置机场进近和跑道灯光的强度。机场进近和跑道灯光系统的强度配置应当符合附件六《机场进近和跑道灯光系统强度》的规定。

机场在夜间或仪表飞行条件下有航空器运行时，应当开放障碍物标志灯，并遵守下列规定。

① 管理障碍物标志灯的单位应当指定专人负责维护障碍物标志灯，保证正常开放。如发生故障，应当立即报告塔台管制室管制员，并采取措施；

② 机场灯光管理单位应当定期检查机场区域内障碍物标志灯的工作情况，对于重要障碍物的灯标可指定专人监视；

③ 塔台管制室和机场灯光管理单位应当了解并掌握超高障碍物所属单位或管理人员的电话，当发现障碍标志灯发生故障时，应当及时通知其修理恢复；

④ 塔台管制室管制员或航空器驾驶员发现障碍物标志灯异常时，应当及时通知障碍物标志灯管理单位及机场灯光管理单位；

夜间或昼间能见度小于2000米时，在机场活动区内活动的一切航空器必须显示以下灯光。

① 引起对该航空器注意的防撞灯；

② 用以显示该航空器相对航径的航行灯；

③ 显示航空器结构外端的灯光；

④ 显示航空器发动机已经开车的灯光。

八、滑行规定

飞行员开车滑行必须经空中交通管制员或者飞行指挥员许可。滑行或者牵引时，应当遵守下列规定。

① 按照规定的或者空中交通管制员、飞行指挥员指定的路线滑行或者牵引；

② 滑行速度应当按照相应航空器的飞行手册或者飞行员驾驶守则执行；在障碍物附近滑行，速度不得超过每小时15千米；

③ 航空器对头相遇，应当各自靠右侧滑行，并且保持必要的安全间隔；航空器交叉相

遇，飞行员从座舱左侧看到另一架航空器时应当停止滑行，主动避让；

④ 两架以上航空器跟进滑行，后航空器不得超越前航空器，后航空器与前航空器的距离不得小于50米；

⑤ 夜间滑行或者牵引，应当打开航空器上的航行灯；

⑥ 直升机可以用1～10米高度的飞行代替滑行。

水上航空器在滑行或者牵引中，与船只对头或者交叉相遇，应当按照航空器滑行或者牵引时相遇的避让方法避让。

通常情况下，准备起飞的航空器，在起落航线第四转弯后无其他航空器进入着陆时，经空中交通管制员或者飞行指挥员许可，方可滑进跑道；跑道上无障碍物，方准起飞。

航空器起飞、着陆时，后航空器应当与前航空器保持规定的安全间隔。

九、起落航线规定

机场的起落航线通常为左航线；若因地形、城市等条件的限制，或者为避免同邻近机场的起落航线交叉，也可以为右航线；起落航线的飞行高度通常为300～500米。

进行起落航线飞行时，禁止超越同类型航空器；各航空器之间的距离一般应当保持在1500米以上；经空中交通管制员或者飞行指挥员许可，速度大的航空器可以在第三转弯前超越速度小的航空器，超越时应当从前航空器的外侧超越，其间隔不得小于200米。除必须立即降落的航空器外，任何航空器不得从内侧超越前航空器。

加入起落航线飞行必须经空中交通管制员或者飞行指挥员许可，并且应当顺沿航线加入，不得横向截入。

十、调配飞行的次序

飞行指挥必须按照下列调配原则安排飞行次序。

① 一切飞行让战斗飞行；
② 其他飞行让专机飞行和重要任务飞行；
③ 国内一般任务飞行让班期飞行；
④ 训练飞行让任务飞行；
⑤ 场内飞行让场外飞行；
⑥ 场内、场外飞行让转场飞行。

十一、飞行指挥协同关系

在飞行期间，所有参加飞行和保障飞行的人员必须服从飞行指挥员的指挥。驻在同一机场的军用航空器和民用航空器同时飞行时，必须实施统一指挥。军用航空单位派出飞行指挥员，民用航空单位派出飞行副指挥员。飞行副指挥员负责向飞行指挥员报告民用航空器的航行组员和有关飞行情况，并且按照飞行指挥员的指示，对民用航空器实施指挥。

执行不同任务的航空器或者不同型别的航空器，在同一机场同时飞行的，应当根据具体情况安排优先起飞和降落的顺序。

对执行紧急或者重要任务的航空器，班期飞行或者转场飞行的航空器，速度大的航空器，应当允许优先起飞；对有故障的航空器，剩余油量少的航空器，执行紧急或者重要任务的航空器，班期飞行和航路、航线飞行或者转场飞行的航空器，应当允许优先降落。

飞行指挥用无线电实施。指挥用语应当简短、明确、易懂、规范。

现用机场应当设飞行管制室、起飞线塔台（指挥塔台）或者机场管制塔台，其位置应当有良好的视界，可观察到机场、净空地带以及航空器飞行和航空器在机场上的活动。

机场飞行管制室、起飞线塔台（指挥塔台）或者机场管制塔台，应当配备指挥和保障飞行的通信设备、雷达显示设备或者雷达标图以及其他有关设备和必要的文件图表等。

第三节 飞行的组织与实施人员的任职条件和管理规定

飞行的特点和性质决定了对它的管理是专业性很强的一项工作，它对人的素质要求高，不但要具有广博的知识，而且要具有敏捷的思维判断能力。本节中讨论交通管制员和飞行签派员的任职条件和管理规定。

一、空中交通管制员

1. 空中交通管制员的定义及分类

空中交通管制员指持有管制员执照且具有符合要求的知识、技能和经历、资格，并从事特定空中交通管制工作的人员。空中交通管制员的养成训练由具备条件的高等院校进行。民航局空中交通管理局对空中交通管制专业的教学工作进行业务指导。

按照是否具备监视能力并以此为依据进行管制服务，管制工作分为程序管制和雷达管制。因此，管制员分为程序管制员和雷达管制员。按照管制技能和职责不同，管制员分为主任管制员、带班管制员、管制员和见习管制员。按照工作岗位不同，管制员分为塔台管制员、进近管制员和区域管制员三大类。在飞行繁忙的机场，塔台管制员的岗位可以细分为塔台管制指挥岗位、塔台管制监控岗位、塔台管制协调岗位、地面管制指挥岗位、地面管制监控岗位和地面管制放行岗位；在飞行繁忙的进近/终端管制区，每个管制扇区内，进近管制员的岗位可以细分为进近管制指挥岗、进近管制监控岗位、进近管制协调岗位；在飞行繁忙区域，每个管制扇区内，区域管制员的岗位可以细分为区域管制指挥岗位、区域管制监控岗位、区域管制协调岗位。

2. 空中交通管制员任职与管理要求

空中交通管制员实行执照管理制度。空中交通管制员执照是执照持有人执行任务的资格证书。见习管制员应当在持照管制员指导下上岗工作。空中交通管制员执照由民航总局颁发。从事空中交通管制工作的人员应当接受养成教育和岗位训练，通过相应的考试，取得执照，方可从事与其执照规定相应的空中交通管制工作。

空中交通管制员的执照分为机场塔台、进近、区域、进近（精密）雷达、进近（监视）

雷达、区域（监视）雷达、空中交通服务报告室、管调、总调管制员执照等类别。颁发空中交通管制员执照前，应当对申请人进行理论考试和技术考核。考试和考核工作由民航总局授权的单位和空中交通管制检查员进行。空中交通管制员执照的申请、考试、考核、颁发、暂停、注销、收回、恢复，按照《中国民用航空空中交通管制员执照管理规则》执行。

塔台、进近、区域管制室值班空中交通管制员（以下简称管制员）连续值勤的时间不得超过6小时；直接从事雷达管制的管制员，其连续工作时间不得超过2小时，两次工作的时间间隔不得少于30分钟。空中交通管制岗位应当安排2人（含）以上值勤。管制员在饮用含酒精饮料之后的8小时内和处在麻醉剂或其他对值勤有影响的药物作用的情况下，不得参加值勤。

二、飞行人员的管理

1. 飞行人员定义及分类

飞行人员是指在飞行中直接操纵飞机和使用机上航行、通信设备的人员，包括正副驾驶员、领航员、飞行无线电通信员和飞行机械员（工程师）。

每次飞行，飞行人员编成机组，由机长领导，机长由正驾驶员担任，负责领导机组人员的一切活动，对航空器和航空器所载人员及财产的安全、航班的正常、服务质量和完成任务负责。副驾驶员是机长的助手，接受机长命令，在飞行的各个阶段监控航空器。领航员负责掌管、使用机上领航仪器、设备，掌握全航程的无线电导航资料，向驾驶员和地面提供各项经过计算的航行数据。通信员负责掌握、使用机上通信设备，保证陆空通信的畅通。随着机上领航和通信设备自动化程度的提高，一些机型领航员和通信员的工作逐渐由正、副驾驶员承担。机械员负责飞机的动力装置和各个系统在飞行中的工作状态的操作或监视，遇到异常情况，协助机长采取必要措施。按驾驶舱的设计安排飞行人员的多少，机组有二人制、三人制、四人制或五人制之分。机组中应包括的成员和人数，不应少于航空器适航证或航空器飞行手册及其他有关文件的规定。

2. 飞行机组人员任职与管理要求

（1）执照和证书要求　只有持有航线运输驾驶员执照和该飞机相应型别等级的驾驶员，方可在飞机上担任机长，或在需要3名（含）以上驾驶员的飞机上担任第二机长；只有至少持有商用驾驶员执照和飞机类别、多发级别、仪表等级的驾驶员，方可在该飞机上担任职位。要求机长和副驾驶都持有Ⅰ级健康证书，其有效期一般为1年。对于年满40岁者，有效期为6个月。

（2）机组必须携带的文件

① 证明类文件　登记证、执照、体检合格表、健康证书、黄皮书护照及免疫注射证。

② 放行文件　飞行任务书、领航计划报（FPL报）签派放行单、舱单与配载平衡图、天气资料、航行通告（NOTAM）、计算机飞行计划（CPL）。

③ 领航资料　航图、通信导航资料、快速检查单、飞行手册。

（3）健康管理

① 用药管理　用药必须经过航医批准。在服用对飞行有影响的药物（中成药、抗感冒药、降血压药等）期间禁止飞行。注射疫苗、预防针、拔牙后24小时不宜飞行。生病、体

力和情绪不佳时机组成员有权要求不参加飞行。

② 酒精饮料的饮用管理　飞行前8小时禁止饮酒，体内酒精超标（浓度达到0.04或以上）禁止飞行。酒精浓度是指用呼气测试器测试的每10升呼出气体中所含酒精的质量（单位：克）。

③ 体育活动的限制　飞行前12小时禁止参加剧烈的体育活动。

三、签派人员的职责与管理

飞行签派室一般由飞行签派主任、飞行签派员和助理签派员组成。飞行签派人员必须树立高度的责任心，严格执行有关的法律、法规和规章，服从命令、遵守纪律，钻研技术业务，不断提高组织和指挥水平。

1. 签派员的职责

签派员负责组织航空器的飞行和运行管理工作，其职责如下。

① 监督、检查和指导助理签派员的各项工作；

② 检查了解机组和各保障部门飞行前的准备情况；

③ 审核助理签派员计算的航空器起飞重量、油量和载重；

④ 研究起飞、降落、备降机场以及航线天气和保障设备的情况，正确做出放行航空器的决定，签发飞行放行单或电报；

⑤ 了解并掌握本签派区内天气演变情况、飞行保障设备情况以及航空器飞行情况。在机长遇到特殊情况不能执行原定飞行计划时，协助机长正确处置；

⑥ 航空器遇到特殊情况不能按预定时间或预定计划飞行时，应采取一切措施，在保证安全的前提下，恢复正常飞行；

⑦ 听取机长飞行后的报告；

⑧ 综合每日飞行情况，编写飞行简报。

2. 飞行签派员的合格要求

① 飞行签派员应当接受初始训练与运行熟悉，运行熟悉在驾驶舱观察运行至少5小时。

② 飞行签派员应当接受该飞机的差异训练；

③ 飞行签派员应定期复训、地面训练和资格检查；

④ 飞行签派员应满足运行熟悉要求；

⑤ 飞行签派员担任飞机签派任务前，应当熟悉其行使签派管辖权的运行区间的所有运行程序。

3. 飞行签派员的值勤时间的规定

① 飞行签派员不能连续值勤超过10小时；

② 如果飞行签派员在连续24小时内被安排值勤超过10小时，该飞行签派员值勤时间超过10小时前他至少休息8小时；

③ 在任意连续7个日历日内，飞行签派员至少休息24小时。

四、空管事故调查的组织和程序

发生空中交通管制事故和事故征候的，按照国家和民航总局有关规定组织调查；发生空中交通管制严重差错或差错的，由发生差错单位的上一级单位负责组织调查。

调查事故、事故征候或者差错时，应当广泛搜集与事故、事故征候、差错有关的一切资料，包括听取汇报，查阅有关的原始记录，检查分析有关记录，进行现场调查，与有关人员谈话并作记录，审查值班人员的技术资格，播放录音，重放录像，照相，绘图等。资料搜集结束后，应当将取得的各方面资料进行分类、整理、查证，做到事实清楚。

调查过程中，应当根据调查材料，找出事故、事故征候、差错的原因，明确责任，提出结论意见。

调查结束后，应当针对事故、事故征候、差错的直接原因和暴露出的问题，提出改进工作和预防措施的建议。

空中交通管制员、飞行指挥员未按规则规定履行职责的，由有关部门视情节给予批评教育、警告、记过、降职或者取消资格、免除职务的处分；构成犯罪的，依法追究刑事责任。

飞行保障部门及其人员未按规则规定履行职责的，由有关航空管理部门视情节给予通报批评；对直接负责的主管人员或者其他责任人员依法给予行政处分或者纪律处分；构成犯罪的，依法追究刑事责任。

第四节
国际民航组织与有关文件

飞行的基本特点：一是飞行中滞留时间不能过长，二是它在运行上具有非常明显的国际性。因此，飞行活动必须全面遵守国际标准和程序，从而保证飞行活动的安全、高效。在国际上，飞行的组织与协调机构按一定的工作原则能有效地保证完成这一目标。在这一节中，我们介绍国际上有关民航飞行的规范与服务的组织与协调机构——国际民航组织和其工作原则与程序的载体——国际民航组织的有关文件。

一、国际民航组织机构

国际民航组织（ICAO）的最高权力机构是缔约国全体大会，常设机构为理事会。缔约国全体大会（简称大会）每三年至少举行一次，大会由理事会召开。除公约另有规定者，每个缔约国有一票权，大会的决议由多数票决定。在会议期间对该组织在技术、经济、法律和技术合作领域的工作进行详细的审议并对ICAO其他机构的未来工作给出指导意见。

理事会是对缔约国全体大会负责的常设机构，由33个缔约国组成。选举中给予主要航空运输国足够的代表性，在理事会中也要体现出为国际民航航行设备提供贡献最大的国家以及在主要地理区域具有代表性的国家。

理事会、航行委员会、航空运输委员会、法律委员会、航行设施联合保障委员会、财务委员会、非法干扰及人事和技术合作委员会，对组织的工作提供连续指导。

理事会的一项主要职责是采纳国际标准和建议措施并把它们编入国际民航公约的附件。

理事会作为解决缔约国在有关航空事务及实施公约中出现的问题的仲裁人。

知识链接

国际民航组织（International Civil Aviation Organization）前身为根据1919年《巴黎公约》成立的空中航行国际委员会（ICAO）。由于第二次世界大战对航空器技术发展起到了巨大的推动作用，使得世界上已经形成了一个包括客货运输在内的航线网络，但随之也引发了一系列急需国际社会协商解决的政治上和技术上的问题。因此，在美国政府的邀请下，52个国家于1944年11月1日至12月7日参加了在芝加哥召开的国际会议，签订了《国际民用航空公约》（通称《芝加哥公约》），按照公约规定成立了临时国际民航组织（PICAO）。

1947年4月4日，《芝加哥公约》正式生效，国际民航组织也因之正式成立，并于5月6日召开了第一次大会。同年5月13日，国际民航组织正式成为联合国的一个专门机构。国际民航组织标识如图2-2所示。

图2-2　国际民航组织标识

1947年12月31日，"空中航行国际委员会"终止，并将其资产转移给"国际民用航空组织"。

1946年，联合国与国际民航组织签订了一项关于它们之间关系的协议，并于1947年5月13日生效。据此，国际民航组织成为联合国的专门机构。该类专门机构指的是通过特别协定而同联合国建立法律关系的或根据联合国决定创设的对某一特定业务领域负有"广大国际责任"的政府间专门性国际组织。但它们并不是联合国的附属机构，而是在整个联合国体系中享有自主地位。协调一致，是这些专门机构与联合国相互关系的一项重要原则。联合国承认国际民航组织在其职权范围内的职能，国际民航组织承认联合国有权提出建议并协调其活动，同时定期向联合国提出工作报告，相互派代表出席彼此的会议，但无表决权。一个组织还可以根据需要参加另一组织的工作。

二、国际民航组织的目的与目标

国际民航组织（ICAO）的宗旨和目的在于发展国际航行的原则和技术，促进国际航空运输的规划和发展，以便实现下列各项目标。

① 确保全世界国际民用航空安全地和有秩序地发展；
② 鼓励为和平用途的航空器的设计和操作技术；
③ 鼓励发展国际民用航空应用的航路、机场和航行设施；
④ 满足世界人民对安全、正常、有效和经济的航空运输的需要；
⑤ 防止因不合理的竞争而造成经济上的浪费；
⑥ 保证缔约各国的权利充分受到尊重，每一缔约国均有经营国际空运企业的公平的机会；
⑦ 避免缔约各国之间的差别待遇；
⑧ 促进国际航行的飞行安全；
⑨ 普遍促进国际民用航空在各方面的发展。

以上九条涉及国际航行和国际航空运输两个方面问题。前者为技术问题，主要是安全；后者为经济和法律问题，主要是公平合理，尊重主权。两者的共同目的是保证国际民航安全、正常、有效和有序地发展。

三、国际民航组织的有关文件

国际民航组织发布有《国际民用航空公约》和19个附件、航行服务程序、地区补充程序、航行规划、技术手册、ICAO通告等相关文件。

1.《国际民用航空公约》和19个附件

附件一　从业人员的执照颁发

附件二　空中规则

附件三　国际航行的气象服务

附件四　航图

附件五　陆空运行中的计量单位

附件六　航空器的运营

附件七　航空器的登记注册标志

附件八　航空器的适航

附件九　简化手续

附件十　航空电信

附件十一　空中交通服务

附件十二　搜寻与救援

附件十三　航空器事故调查

附件十四　机场

附件十五　航行情报服务

附件十六　环境保护

附件十七　保安

附件十八　危险品的安全航空运输

附件十九　安全管理

2. 航行服务程序（Procedures for Air navigation services，PANS）

现有的航行服务程序包括：PANS-ABC《国际民航组织缩略语和代码》（DOC8400）、PANS-OPS《航空器运行》（DOC8168）、PANS-ATM《空中交通管理》（DOC4444）、PANS《培训》（DOC9868）。

3. 地区补充程序（Regional Supplementary Procedures）

为满足各地区的不同需要而制定，是航行服务程序的补充规定；内容涵盖空中规则和空中交通服务、搜寻援救、航空电信及气象服务等技术领域。

4. 航行规划（Air Navigation Plans）

为了满足该地区及与其相关地区目前及未来运行需求而制定的业务规划。

5. 技术手册（Manual）

是帮助缔约国实施标准与建议措施的指导性文件。内容比航行服务程序更为详细，如9137文件、9157文件等。技术手册的制定和修订通常不征询缔约国的意见。

6. ICAO通告（Circulars）

是发给缔约国参考的特殊信息。包括：技术课题的研究成果、有关国家非正式文件的再版或摘录、标准与建议措施实施情况的报告及航空器事故摘要等。待成熟后将升格为手册。不征询缔约国的意见。

上述文件关系如图2-3所示。

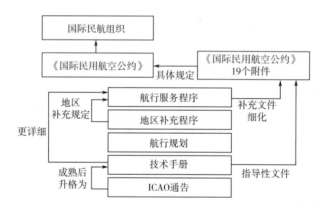

图2-3　国际民航组织的有关文件关系

第五节　航空气象与飞行的组织与实施

民用航空气象（气象监视）台、站应当向空中交通管制单位提供其需要的最新的机场和航路天气预报和天气实况，以便履行空中交通管制的职能。

民用航空气象（气象监视）台、站向空中交通管制单位提供的气象资料的格式，应当使空中交通管制人员易于理解，提供的次数应当满足空中交通管制需要。民用航空气象（气象监视）台、站应当设置在空中交通管制单位附近，便于气象台、站人员和空中交通管制单位人员共同商讨气象情报服务。机场和航路上有危害航空器运行的天气现象时，民航气象（气象监视）台、站应当及时提供给空中交通管制单位，并详细注明天气现象的地点、范围、移动方向和速度。

用数字形式向空中交通管制单位提供的高空和中低空气象资料并供空中交通管制计算机使用的，空中交通管制单位和气象（气象监视）台、站应当对内容、格式和传输方式进行协商，统一安排。

一、航空气象资料

民航气象（气象监视）台、站应当向飞行情报中心和区域管制室提供其所辖责任区内机场和航路的下列气象资料。

① 重要气象情报；
② 特殊空中气象报告；
③ 现行天气报告；
④ 天气预报（包括订正预报）；
⑤ 按空中交通管制单位指定的间隔时间提供指定地点的现行气压数据，以便拨正高度表。

民航气象（气象监视）台、站应当向进近管制室和塔台管制室提供其所辖责任区内机场和空域内的下列气象资料。

① 现行天气报告；
② 天气预报（包括订正预报）；
③ 特殊天气报告；
④ 按空中交通管制单位指定的间隔时间提供指定的机场和地点的现行气压数据，以便拨正高度表；
⑤ 如使用多个风力计，应当明确注明，以便识别每个风力计所监测的跑道和跑道地段。

二、航空气象资料提供规范

进近管制室和塔台管制室应当配备地面风指示器，指示的风力数据应当与气象（气象监视）台、站的地面风指示器来自同一观测点和同一风力计。使用仪器测计跑道视程的机场，其进近管制室和机场管制塔台应当配备指示器，以供读出现行跑道视程数据，对起飞和着陆以及进近的航空器提供服务。配备的指示器所指示的数据应当与气象台、站的指示器指示的数据来自同一观测点和同一视程测计设备。

特殊天气报告、订正的天气预报以及天气变坏或预计将要变坏的天气报告，民航气象（气象监视）台、站应当及时主动提供给空中交通管制单位，不得等到下一次例行报告时提供，以免失去时效，危及飞行安全。

区域、进近、塔台管制室管制员在值勤时应当佩戴耳机，并保持不间断的守听；航空器在飞行的全过程中，驾驶员应当在规定的频率上守听，未经管制员批准不得中断守听。

为保证无线电通信顺畅有效，管制员、飞行签派员和驾驶员应当按照民航总局规定的无线电报格式、航空器及管制单位识别代号、略语、字母和数字拼读规则以及规定的通信优先次序执行。

地空管制通话应当使用民航总局空中交通管理局规定的专用术语及规范，保证地空通话简短、明确。通话过程中，对关键性的内容和发音相似、含意相反的语句，应当重复或者复诵。

中国航空器从事国际飞行的，陆空通话使用英语；从事国内飞行的，陆空通话使用英语或汉语普通话；但在同一机场，同时使用两种语言通话时，管制员应当注意协调。

在中华人民共和国境内飞行的外国航空器，不论其国籍，陆空通话应当使用英语。

中国航空器从事国际飞行和外国航空器在中国境内飞行的，陆空通话使用世界协调时。从事国内飞行的中国航空器，陆空通话可以使用北京时。

除经过特殊批准的航空器外，航空器在我国境内执行飞行任务时，应当使用公制计量单位。

1. 我国飞行的组织与管理机构有哪些？
2. 飞行管制的基本任务是什么？
3. 飞行申请的内容包括哪几项？
4. 飞行员开车滑行或者牵引时，应当遵守哪些规定？
5. 简述机场的起落航线规定。
6. 叙述目视避让规定。
7. 复杂气象条件下空中交通管制员或者飞行指挥员允许航空器飞入机场区域时，应当及时向飞行员通报哪些情况？
8. 飞行指挥员调配飞行次序的原则是什么？
9. 简述担任空中交通管制员和签派员的任职条件。
10. 国际民航公约的附件与空中交通管制和签派直接相关的内容各是什么？写出其名称。

第三章

通航飞行组织与实施的服务保障要求

  学习目标

1. 了解国外通航发达国家空管保障现状；
2. 熟悉我国通航服务保障现状；
3. 厘清我国通航服务保障发展思路与要求。

飞行的组织与实施是一项时间性要求强、涉及单位多、内容和项目复杂且责任重大的工作，它的完成有赖于用户和飞行组织与保障部门的协作。保证飞行的安全与正常需要各个部门在有关机构的统一部署下，明确分工、密切配合、各尽其责。这其中，如何保证空中交通安全，维护空中交通秩序，充分利用空域，提高空中交通流量，也成为人们日益关注和重视的问题，这就要求必须对整个民航交通实施有效的管理。本章从介绍国外通航发达国家空管保障现状入手，深入分析我国通航服务保障现状及存在的主要问题，由此得出我国通航服务保障发展思路与未来发展要求。

第一节 国外通航发达国家空管保障现状

以美国为首的国际航空运输业发达国家，航空业发展起步早，产业发展非常成熟，其空管系统的建设、运行和管理等积累了较为丰富的经验，值得我国参考和借鉴。

一、空管系统基本内容

空中交通管理（Air Traffic Management，ATM）着眼于民用航空整个航路网的空中交通，使之顺畅、安全及有效运行。其基本任务包括：使航空公司或经营人的航空器能够按照原来预定的起飞时间和到场时间飞行，在实施过程中，能以最少（小）程度的限制，不降低安全系数的有序运行，有效维护和促进空中交通安全，维护空中交通秩序，保障空中交通畅通。例如，在考虑到整个航线网络的飞行量后，可以使飞机在起飞机场就得到控制，以避免飞机起飞后在空中出现无谓的等待、盘旋，或使用不经济的飞行高度层而造成过多的燃油消耗。

空中交通管理包括空中交通服务、空域管理和空中交通流量管理三大部分。如图3-1所示。

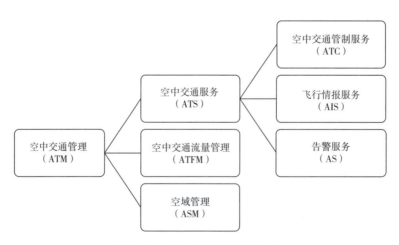

图3-1　空中交通管理构成

1. 空中交通服务

空中交通服务是指为飞行中的航空器提供各种信息和交通管制等方面的技术支持。空中交通服务一般由空中交通管制单位提供，主要包括空中交通管制服务（Air Traffic Control，ATC）、飞行情报服务（Aeronautical Information Service，AIS）和告警服务（Alarm Service，AS）。

（1）空中交通管制服务　空中交通管制就是利用通信、导航技术和监控等专业手段对飞机飞行活动进行监视、控制与指挥，从而保证飞机飞行安全和使飞机按照一定线路秩序飞行。空中交通管制服务是空中交通服务的主要部分，其目的是防止航空器与航空器及障碍物相撞，并且要使空中交通有序高效地运行。根据国际民航组织（ICAO）的规定，空中交通管制的主要任务如下。

① 为航空器提供其他航空器的即时信息和动态信息（将要运动的方向和变化）；
② 由航空器的即时信息确定各航空器之间的相对位置；
③ 发出管制许可、使用许可和信息防止航空器相撞，保障空中交通畅通；
④ 用管制许可来保证在控制区域内各航空器的间隔，从而保障飞行安全；
⑤ 从航空器的运动和发出许可的记录来分析空中交通状况，从而对管制方法和间隔的使用进行改进，使空中交通的流量提高。

根据提供服务的管制单位不同，空中交通管制服务分为在航路上的区域管制服务、在飞机离场或到场时的进近管制服务和在机场空域内的机场管制服务。根据管制方法的不同，空中交通管制又分为程序管制和雷达管制两种。

（2）飞行情报服务　飞行情报是指收集整理、审校编辑和出版发布为保障航空器飞行安全和正常所需的各种飞行资料。飞行情报服务是指为所有飞行运行、飞行机组及负责飞行情报服务、空中交通服务的单位提供有关空中航行的安全、正常和效率所必需的情报和资料的服务。

飞行情报服务的主要内容包括以下内容。

① 出版飞行资料汇编；
② 编绘出版各种航图；
③ 收集、校核和发布飞行通告；
④ 向机组提供飞行前和飞行后飞行资料服务；
⑤ 向飞行中的机组提供飞行情报服务。

（3）告警服务　告警服务旨在当民用航空器需要搜寻救援时，通知有关部门，并要求协助该有关部门进行搜寻救援。告警服务不是一项孤立的空中交通服务，也不是某一专门机构的业务，而是当紧急状况如发动机故障、无线通信系统失效、座舱失压等出现或遭遇空中非法劫持时，由当事管制单位直接提供的一项服务。

2. 空中交通流量管理

国际民航组织在 ICAO Doc 4444 文件中对空中交通流量管理（Air Traffic Flow Management，ATFM）进行了明确定义：空中交通流量管理是为帮助空中交通安全、有序和快捷地运行，确保最大限度利用空中交通管制（ATC）服务，并符合有关空中交通服务当局公布的标准和容量而设置的服务。

ATFM源于航空发达国家，目的主要是为了安全而有效地使用现有的空域、空中交通管制的服务和机场能力，并提供给飞机运作者及时、精确的信息，保证空中交通量最佳地流入或通过相应的区域，尽可能准确地预报飞行情况而减少延误，提高机场、空域可用容量的利用率。

交通量是一个随机量，随时刻变化、位置不同而动态变化，这种变化特性成为交通量的时空分布特性。研究其变化规律，对于交通规划与管理，交通设施规划、设计方案比较和经济分析，以及交通控制与安全等，具有非常重要的意义。

根据不同的需求，空中交通流量管理的方法分类也不同，可以按时间、按空间、按级别、按应用等来分类。

3. 空域管理

空域管理（Air Space Management，ASM）是指为维护国家安全，兼顾民用、军用航空的需要和公众利益，统一规划，合理、充分、有效地利用空域资源的工作。空域管理应当保证飞行安全、保证国家安全、提高经济效益、便于提供空中交通服务、加速飞行活动流量、具备良好的适应性，并与国际通用规范接轨。主要任务是依据国家相关政策，逐步完善空域环境，优化空域结构，尽可能满足空域用户使用空域的要求。

空域管理有广义和狭义之分。广义的空域管理包括空域划分、流量平滑、航路优化设计、飞行程序设计和飞行管制等内容。而狭义的空域管理仅指飞行管制。对空域进行规划和管理，是为了充分有效地利用天空资源，建立合理有序的空中交通秩序；合理科学的空域规划，可以在充分保证空中交通安全的前提下，最大限度地增加飞行流量。

空域管理的实现方式是对空域的"时分共用"，以及经常性地按照种种短期需求划分空域，以满足不同类型用户的需要。

空域规划包括航路规划、进离场方法和飞行程序的制订。通过航路规划，将统一航线按不同高度加以划分，主要的航线设置为单向航路，可以大大提高航线上的飞行流量。进离场属于复杂的进近管制阶段；飞行程序的制定除了受机场净空、空中走廊的限制之外，还要受到周边机场使用空域的影响，机场作为空中交通的起点和终点，其上空是航空器运行最密集的区域，航空器在这一空域中相撞的概率是最高的，因此是空中交通管制的重点和难点。

按照国际民航组织的有关要求，各国空域管理应遵循三大原则，即主权性原则、安全性原则和经济性原则。主权性原则主要是指空域管理代表各国主权，不容侵犯，具有排他性；安全性原则主要是指在有效的空域管理体系下，确保航空器空中飞行安全，具有绝对性；经济性原则主要是指在确保飞行安全性基础上，科学地对空域实施管理，保证航空器沿最佳飞行路线、在最短时间内完成飞行活动，具有效益性。

二、美国通航空管保障现状

1. 空域分类

美国得益于众多的海外军事基地，本土军事活动有限，85%的空域属于民用空域，其中绝大部分服务于通用航空。美国空域管理制度相对较为宽松。配备航空电台的通用航空器可以在海拔3000米高度以下自由飞行；若配备C模式应答机（一般不超过2万元），高度限制就可以提升到海拔5400米；而在300米真高以下飞行，甚至可以不需要电台。如果遵守一定的条件和程序，基于目视飞行规则的航空器甚至可以进入某些管制空域。

在空域分类上，美国采用了国际上通用的空域体系，主要包括A、B、C、D、E和G类空域（图3-2）。

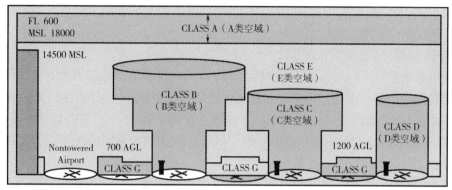

图3-2　美国空域分类示意图

A类空域是绝对管制空域，高度范围为18000英尺（1英尺≈0.305米）到60000英尺，主要覆盖高空航路，空中交通管制人员负责所有飞行安全间隔。B、C、D、E类空域是管制空域。B类空域主要是指地表至10000英尺的繁忙机场终端区，C类是地表至4000英尺提供机场雷达服务的中型机场终端区，D类是地表至1000英尺的管制地带，包括拥有管制塔台的小型机场。E类是除A、B、C、D类空域范围以外的管制空域。

G类空域是非管制空域，一般指1200英尺以下的空域，飞行安全由飞行员本人负责。所有从地表到700英尺或1200英尺，并且不属于A、B、C、D、E类空域的非管制空域即为G类空域。没有塔台的机场为G类空域的一部分。

美国空域分类标准较好地体现了"空域是国家资源，每个公民都享有使用空域的权力"的原则，在安全与效率之间找到了平衡点，为目视飞行创造了宽松的空域条件，极大促进了通用航空的发展。

B类空域对通用航空VFR飞行有严格限制，任何VFR飞行在进入该空域前必须获取ATC许可，并按照ATC放行的高度和航迹飞行，且要打开二次雷达应答机，还要在目视检查点报告。由于限制的严格，VFR飞行一般都选择避开B类空域。B类空域具有阶梯结构，飞行员可以从B类空域阶梯底部通过，而且在某些范围较大的B类空域群还划设了VFR走廊，为使用GPS导航的目视飞行提供空中通道。美国VFR飞行航图上会给出避开B类空域的高度和建议航迹。

在C、D类空域中运行的VFR飞行，需要与相应的管制单位保持双向通信，按照管制员要求进行报告，接收管制员提供的交通状况信息，并注意观察和规避周围的航空器。

在E、G类空域中运行的VFR飞行，处于非管制状态下，航路阶段的VFR飞行采用"看见—避让（See and Avoid）"原则保证间隔，机场附近运行的VFR航空器需要在通用空中交通咨询（Common Traffic Advisory Frequency）频率上按照程序报告位置和意向，由飞行员自已掌握附近航空器的动态和协调间隔。这两类空域对于VFR飞行而言仅仅是能见度标准和与云的距离要求存在差别：E空域要求3海里的能见度，云上1000英尺，云下500英尺，水平距离2000英尺；G类空域要求1海里的能见度，云外飞行。由于E类空域较为严格的VFR飞行标准能够为IFR和VFR飞行提供较好的安全保障，且通信、监视信号覆盖较好，飞行员更倾向于在E类空域中进行目视飞行，以便在需要的时候能够随时联系有关管制单位和飞行服务站获取相关的空中交通服务，确保飞行安全。

2. 空管体制

美国航空联邦局（FAA）领导全国的空管工作，对美国管辖范围内所有飞行活动进行强制性的管理与控制。无论是军航还是民航，管制程序和标准均保持一致。FAA设有空管系统指挥中心1个，航路管制中心21个，终端进近管制中心242个，塔台管制中心463个，飞行服务站180个。FAA负责管理国家空域，与国防部（DOD）密切联系与合作，时刻保持协调良好的关系。FAA和军航各级均有密切合作和协调的制度。对空域的划分需充分听取军民航各方的意见，并制定使用原则。为了保证军队的需要，FAA划设了特殊用途空域，并要求各级管制部门充分考虑国防的需要。

FAA在空域使用上有最高决定权，并从管理机构设置和程序上保证了军事单位对空域使用的要求。根据军方的需要，FAA在全国设立了若干特殊用途的空域，主要包括用于对空射击、对空发射的危险区和用于军事训练、兵器试验的限制区，还包含敏感区域、重要目标的禁止区，机场周边的放油区，用于飞行表演、编队飞行的预留区等。

3. 通用航空飞行计划审批

美国空中交通服务的提供是根据飞行计划的种类（VFR/IFR）和航空器所使用的空域类型确定的。对于管制空域中的IFR飞行和B类空域中的VFR飞行，由航路管制中心、终端雷达进近管制中心等单位提供ATC服务；对于非管制空域中的IFR飞行和除A、B类空域以外的VFR飞行，管制员仅在飞行员请求和管制员工作负荷许可的情况下提供飞行情报服务，通常情况下飞行情报由飞行服务站中管制单位为接受ATC服务的航空器提供告警服务，飞行服务站主要为VFR飞行提供告警服务。

FAA强制要求在管制空域内所有按仪表飞行规则运行的航空器提交飞行计划，并建议所有按目视飞行规则运行的航空器提交飞行计划。目视飞行计划仅用于搜寻救援目的而不是空中交通管制服务。VFR飞行计划将保存至飞行服务站系统内，为可能发生的搜救提供参考。由于不接受空中交通管制服务，提交飞行计划后必须在起飞时通知飞行服务站激活计划，并在预达时间30分钟内及时通知飞行服务站关闭计划，以避免发生不必要的搜救程序。尽管FAA建议飞行员提交VFR飞行计划，但却没有引起足够重视，实际提交的比例较小。很多通航目视飞行计划实际由所属通用航空团体、协会、俱乐部或家人掌握，在必要的时候这些组织或者个人可以通知有关单位进行搜救。因此，飞行员普遍认为在大多数情况下没有必要提交VFR飞行计划。

4. 飞行服务保障

飞行服务站（FSS）类似运输航空公司的"运控中心"，为通用航空提供最广泛的飞行服务，包括气象飞行计划、飞行支援等。美国目前约有180个FSS和61个自动飞行服务站（AFSS）。

通用航空企业通过计算机网络向FSS申报飞行计划，私人飞行可到FSS当面申报，以电话、空中传递、空地对讲等方式申请。在美国，几乎在任何地方拨打1—800—WXBRIEF，都可以全天24小时获得来自自动飞行服务站的飞行天气简报，FSS向公众提供的航空气象讲解服务，包括飞行前和飞行中天气讲解、对空天气广播、定时和不定时气象广播以及天气咨询等。

飞行服务站的主要功能如下。

（1）受理飞行计划　飞行员可以通过互联网（Internet）、公用电话、设在机场的专用电话提交飞行计划，也可以直接到飞行服务站进行提交，对于VFR飞行甚至可以在空中通过飞行服务站的专有频率进行提交，飞行服务站负责转发IFR飞行计划，记录、激活和关闭VFR飞行计划。

（2）提供气象咨询服务　在全美统一的频率上提供航路气象咨询服务，范围通常为5000～18000英尺，飞行员可以通过该频率联系飞行服务站的气象咨询服务席位获取自己关心区域的气象信息。

（3）提供气象通播服务　提供飞行中危险天气咨询 HIWAS（Hazardous InflightWeather Advisory Service）和转录气象通播TWEB（Transcribed Weather Broadcast）服务，在VOR频率上循环播放强对流、雷暴等危险天气信息和一般气象信息，每小时进行更新。在VOR导航信号覆盖范围内均可收到。机场附近的气象条件可以通过ATIS/AWOS/ASOS通播获取，飞行服务站不负责更新。

（4）提供通用咨询服务　飞行服务站管辖的范围内划设若干扇区，每一扇区指定专用频率，根据飞行员要求提供 NOTAM、气象和其他服务。

（5）提供告警服务　监听应急频率，在收到应急定位发射机信号或是在VFR飞行预达时间30分钟后，启动有关检查和搜救程序。

飞行服务站为通用航空飞行员提供航前、航中与航后的信息与服务，如气象情报、航行情报、飞行计划、通信、应急、搜救等，服务范围几乎覆盖全美所有空域飞行服务站。系统不保证对每一架航空器服务，而是航空器请求时才服务。只有在特定情况下，如航空器未按飞行计划到达目的机场超过一定时间，飞行服务站系统才会联系空管部门帮助查找航空器。

2005年，美国联邦航空局（FAA）请洛克希德马丁公司对现行的飞行服务站（FSS）系统进行现代化改造。2007年，洛克希德马丁公司推出了FS-21（Flight Service for the Twenty-first Century）系统，作为新一代飞行服务站系统。将原来的飞行服务站改造成为自动飞行服务站（Automated Flight Service Station，AFSS），另外还增加了3个飞行信息中心站（Hub Center）。

美国的FS-21系统采用"中心站+地面网络+远端站"的架构。"中心站"是自动飞行服务站（AFSS）和飞行信息中心站（Hub Center）；"远端站"采用的是遥控通信站（Remote Communication Outlet，RCO）和地面通信站（Ground Communication Outlet，GCO）；"地面网络"使用专用网络或租用电信网络。

通用航空器与"中心站"之间的通信主要利用甚高频收发信机经RCO/GCO中继实现。为保障地空通信质量，解决不同RCO站间的甚高频收发信机相互干扰、拥塞等问题，美国为RCO站网络分配了多个甚高频信道。美国飞行服务站系统负责服务1500米以上空域的飞行器，为确保对绝大部分国土有效覆盖，需要大量布设RCO/GCO站，以明尼苏达州为例，仅该州就有30多个RCO站。通用航空飞行分为目视飞行（VFR）与仪表飞行（IFR）。按目视飞行规则飞行的通用航空器不一定向飞行服务站提交飞行计划，但按仪表飞行规则飞行的通用航空器必须向飞行服务站提交飞行计划。甚至当通用航空器在空中由目视飞行规则变更为仪表飞行规则时，也要使用甚高频收发信机，经RCO/GCO站中继，向飞行服务站提交飞行计划。通用航空执行航空承运任务，特别是固定的班次飞行，都需按仪表飞行规则飞行。当通用航空器按仪表飞行规则飞行时，由空管监视雷达或ADS-B进行监视，飞行服务站系统不负责对通用航空器的监视。

此外，美国FSS具有完善的运行标准，航空气象与目视航图产品成熟。

（1）FSS运行标准　美国FSS的建设与运行参照FAA《FlightService》，该文件涉及广播程序、飞行员简报、飞行中服务、应急服务、飞行数据、国际化运营、目视飞行下的搜寻救援、FAA的气象服务、数据交互系统、机场照明及能见度援助、对讲机通讯等方面内容。例如在飞行中服务一章中，详细描述了数据记录、无线电通信、机场咨询服务、特别目视飞行（SVFR）以及航路飞行咨询服务（EFAS）等。该文件几乎涵盖了通用航空飞行的全部环节，为美国FSS的运行提供了标准。

（2）航空气象　在美国，为通用航空飞行提供气象服务是由多个部门联合完成的，包括了国家气象服务中心、联邦航空总署、国防部以及其他一些针对航空气象服务市场的商业公司和机构。服务机构/措施包括飞行服务站（FSS）、飞行监视站（FW）、气象数据库的用户检索终端检索系统（DUAT）、自动天气应答系统（RATWAS）、电话情报讲解服务（TIBS）、录制的气象广播（TWEB）等；服务方式有自动讲解、人工服务、电话服务、空中广播、气象数据链等。服务内容包括标准/简易天气讲解、天气展望、飞行方案设计等。

同时，美国联邦航空局建立了FSS为通用航空提供最广泛的飞行服务。在美国的每一个州，FSS都向遍及各地的用户提供服务，因此，它也就成了该州的气象服务中心。美国气象信息可以通过美国太空总署NASA气象资料查询网站（http：www.nasa.gov/）公开获得。

（3）目视航图　目视航图信息由美国国家航图办公室（NACO）提供。美国国家航图办公室是美国FAA航空系统标准化机构（AVN）的一个部门。主要为军队、航空公司及通用航空飞行员提供美国和世界其他地区的航图以及电子化产品。NACO的目视航图产品种类丰富、内容翔实，覆盖了各种不同的尺度和典型区域，主要包括目视导航图和目视飞行计划航图两大类。

美国目视航图制作系统的核心是NACO的三个数据库——基础数据库、空域数据库、障碍物数据库。基础数据库根据地理信息部门提供的数据更新（每4~5周更新）；空域数据库由FAA提供数据更新；障碍物数据库由障碍物所有人或者建造人向NACO通报确认后更新。NACO同时提供电子航图作为纸质航图的备份。

三、澳大利亚通航空管保障现状

澳大利亚国土面积与我国相近，人口稀少。每年通用航空飞行小时数约为186万小时。在过去的10年中，澳大利亚的通用航空年飞行小时数增长了5.7%。

1. 空域情况

从空域结构来说，澳大利亚大部分的低空空域为非管制空域——G类空域，多数机场的空域也属于G类空域，不提供空管服务。澳大利亚的G类空域上限是10000英尺（不含），澳大利亚的平均海拔1100英尺到G类空域上限之间的空域对所有注册的航空器开放。另外，有塔台的机场管制地带划为D类空域，但在塔台无人值守期间也将自动转化为G类空域。

澳大利亚的空管服务由澳大利亚空管公司AA独家提供，空管服务按照空域类型来确定。在同一个空域内，AA提供相同的空管服务，不区分通用飞行还是运输飞行（见图3-3）。

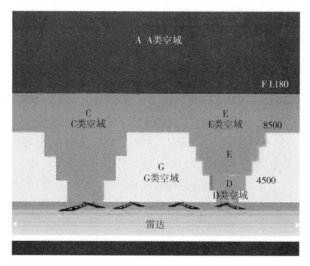

图3-3　澳大利亚空域分类

2. 飞行计划申请

澳大利亚为通用航空提供了公平的运行环境。一般情况下，AA建议飞行员通过NAIPS网站提前提交飞行计划，这样可以让管制单位掌握有关飞行情况，并减少临时性的陆空通话负担，但这一要求并不强制。通用航空飞行员可以在进入管制空域前，通过VHF联系相应空域的管制单位提出进入管制空域的申请，管制单位将根据申请尽快发布管制许可或通知等待时间。

澳大利亚没有设置专门的FSS，相关服务由AA提供。澳大利亚不强制通用航空飞行必须报批飞行计划，只是建议通用航空飞行报备计划以利于事故后的告警、搜寻援救，通用航空的航行情报、飞行计划报备、告警服务由AA提供，在VHF能够覆盖的低空空域，通用航空飞行可以根据需要联系相邻的AA寻求相关飞行情报及交通咨询服务。

3. 无线电通信

虽然澳大利亚民航局（CASA）不强制要求通用飞机装备和使用VHF，但飞行高度超过5000英尺的航空器被要求必须配备通信设备。飞行高度超过10000英尺的有动力航空器都必须获得书面批准并装配A/C或S模式的应答机。自2010年6月3日起，CASA要求在认证或注册的机场或军用机场（通常是有定期航班或包机的机场）运行的航空器必须装备VHF，并在公用交通咨询频率中保持联系。通常情况下使用的频率为126.7MHz，如果一个空域有多个机场相互影响交通咨询，CASA会指定其他频率用于不同的机场。

4. 航空气象

澳大利亚是WMO的世界天气中心之一，同时也是区域预报中心，负责印度洋及西太平洋飞行情报区内的国际航空气象产品制作和发布，公益性质回收成本。

澳大利亚航空气象服务由CASA与气象局（BOM）在法律框架下提供，BOM依据ICAO和WMO的标准制作航空气象信息。BOM总部在墨尔本，属于管理和运行一体化的联合部门，提供网络服务，包括高空SIG WX PROG、各高度层之高空风及温度预报图、格点预报图、机场天气预报及SIGMET。分为国家气象中心、区局和地方气象台三级。七个分局负责发布本地区的天气预报和水文产品，提供告警服务。

航空气象中心隶属于国家气象运行中心，它负责澳大利亚国内的天气图分析、制作天气预报、危险天气警报及航站预报等，并依据ICAO附件三制作国际航空气象产品，该产品通过信息系统分发到各区局后再转发到各地气象台使用。

BOM负责区域及机场的气象观测及预报，制作产品并对外发布（但航空气象产品仅提供给航空用户），航空气象产品主要包括 METAR、TAF、Significant Weather Prognostic、SIG WX PROG、SIGMET、火山灰预报、WAFS以及澳大利亚集合预报系统等。

澳大利亚航空气象服务没有对通航和运输航空人为区别对待，航空用户获取气象情报的方式有三种，一是登录AA的NAIPS网站获取；二是收听机场通播，无塔台机场的通播发射设备直接连接自动观测设备实时报告机场天气；三是可以通过AA提供的声讯服务电话获取。

5. 航空情报

AA负责所有航空情报资料的发布工作，飞行员以通过AA的NAIPS网站获取飞行前航行情报服务，它包含NOTAM数据库信息，还可以通过声讯电话获取（与气象情报服务电话为同一个，即1800805150，该电话仅提供航行情报和气象信息）。飞行情报服务分为航路和机场飞行情报，航路飞行情报可以通过澳大利亚14个甚高频自动信息广播服务站提供，该网络覆盖2000英尺以下。管制地带90海里内和通用航空控制区30海里范围内可通过ATIS服务获得飞行情报。

澳大利亚的低空气象和机场气象观测信息、机场航图及低空目视航图等相关资料可以在互联网获取和下载，基于IPAD与互联网的飞行信息平台已成为通用航空获取飞行相关资料与信息的主要方式。

第二节
我国通航服务保障现状

长期以来，我国实施严格的空域管理体制，低空空域不开放已经成为制约我国通用航空产业发展的瓶颈。开放天空是通用航空大发展的前提。空域使用要最大化，限制要最小化，是航空业发达国家所遵循的一条空域开发和使用的原则，也应成为我国空域管理和使用的目标。

一、我国空管体制的发展

1. 发展初期

20世纪40年代初期，我国空中交通量极小。1942年，中国航空公司和中央航空公司共载运旅客约3万人次，货物约4000吨，邮件约5.5吨。1947年1月20日，民用航空局成立，隶属国民政府交通部，专门负责民用航空事业的规划、建设、经营与管理。

空中交通管制方面的主要工作有：制定空中交通规则和管理程序；划设全国空中交通管制区和飞行情报区；设立管制机构；培训空中交通管制人员；设立飞航咨询室。1949年10月前，我国民航空中交通管制人员很少，并且多数人员都是1947年以后新培训的人员，富有经验者更少。当时我国的空管站台等设施及相关设备不齐全且不标准，整个空中交通管制虽然已有几年的历史，但仍未脱离雏形期，仍未有一个统一的、完整的空中交通管制系统来有效实施空中交通管制业务。

新中国成立以来，我国空中交通管制体制基本是军事管理体制，在民用航路上实施由民航当局统一管制的空中交通管制体制。20世纪50年代，我国的空中交通管制体制完全效仿苏联。1950年11月1日，毛泽东签发《中华人民共和国飞行基本规则》（简称《飞行基本规则》），它是规范我国空中交通活动的基本法规。该法规规定：中国人民解放军空军司令部是领导中国境内航行的中央机关，各部门飞行，包括军用飞行、在民航航路内飞行，受中国民用航空局（简称民航局）空中交通管制部门指挥，军用飞机在民航航路左右30千米范围内飞行，由各级空军司令部征得民航局有关空中交通管制部门同意后管制之。

2. 成长阶段

20世纪60年代，为使一切飞行统一由空军管制，我国对《飞行基本规则》进行了修改。修改后的规则规定：一切飞行由空军统一实施管制，由各航空部门分别实施指挥，我国境内一切飞行的指挥，应当在统一管制下由部门分别实施指挥。军用的飞机及其他航空器，由中国人民解放军空军和海军航空兵的各级司令部实施指挥；民用的飞机及其他航空器由其所属的民用航空管理局、航空站实施指挥。

1964年初，国防部签署颁发了新的《飞行基本规则》，在法规上确立了空军统一管制、分散指挥的体制。总的来说，此时我国处于以飞行组织为核心的调度指挥系统成长阶段，民航的空中交通管理工作总体上在空军的领导下，执行以军事斗争性质为主的工作。在政策和运行标准上，一方面执行国家对军队的管理政策，一方面按照苏联的技术管理体系和技术标准实施管理。在管理体系方面，设立了总调度室、管理局调度室、区域调度室、航空站调度室等4级调度室，形成了以组织和实施民航运输飞行为主要任务的生产组织调度系统，在空域管理方面形成了军队为主体、民航为辅助的空域和飞行指挥体系。

20世纪70年代以后，特别是20世纪八九十年代，随着中国恢复了国际民航组织成员国的地位，对外开放了许多条航线，国际飞行越来越多。我国先后从苏联、英国、美国、法国及后来的俄罗斯，引进了伊尔-62、"三叉"、波音系列、空客系列、图-154等高速的大型运输机，国内飞行也日益繁忙起来。此时逐渐暴露出国内空中交通管制体制的一些弊端，例如，有管制权的不了解具体飞行情况，了解飞行情况实施具体管制的单位没有飞行管制权，难以实施主动指挥调配，尤其是遇到特殊情况时须层层请示报告，费时费力，极不协调，容易引发事故。

1977年，我国再次修改《飞行基本规则》，并按苏联模式修改高度层配备规定，但执行时间由空军决定。由于空军一直强调国产飞机高度层指示不准，从那时起直至20多年后，这些规则才开始实施。1979年，民航全面归属国务院管理，成为国家民用航空的主管部门，至此，我国民航空中交通服务工作步入了双轨运行管理的新阶段，即在空域管理和技术政策管理方面，接受军队（总参谋部、空军）的领导和指导；在运行概念、规范和标准及实施服务方面，开始全面引入国际民航组织的要求。此阶段涵盖了整个20世纪80年代，直至1995年，我国确定实施第二步国家空管体制改革为止。

这个阶段的突出矛盾是：军民航在双轨运行中管制指挥方式上交叉，运行标准不一致，管理模式僵化，空域使用方面受限制，领导关系上不明确。1986年1月，国务院、中央军委下发了关于改革空中交通管制体制，逐步实现空中交通管制现代化的通知。邓小平批准成立国务院、中央军委空中交通管制委员会（简称国家空管委），由国务院副总理任主任，统一领导全国的空中交通管制工作，下设空中交通管制局，直属国务院，同时也是国家空管委的办事机构。

3. 改革阶段

20世纪末，实质性的改革正式开始，国务院、中央军委在充分调查研究的基础上，借鉴国外空域管理经验，对当时的管理体制进行有计划、有步骤、积极稳妥的改革。

改革分三步走。第一步，目标是认真搞好北京—广州—深圳航路交由民航指挥的改革试点工作，该步于1994年4月1日开始执行。第二步，目标是逐步实现在全国实施"一个特定空域由一个空中交通管制单位负责管制指挥"。在北京—广州—深圳航路交由民航指挥的改革试点取得经验的基础上，按照国际民航组织的标准划分空域，分期分批将全国航路（航线）交由民航空中交通管制单位指挥。凡是在航路（航线）飞行的航空器，由民航空中交通管制单位提供管制服务；凡是在航路（航线）以外空域飞行的航空器，由军航空中交通管制单位提供管制服务。1996年6月30日，完成了北京—上海—广州航路交由民航管制指挥的工作，这标志着空管体制改革第二步正式启动。第三步，目标是实现国家统一管制。在组织管理方面，设立中国民用航空总局（简称民航总局）和地区管理局两级空中交通管理部门；在设施建设方面，全面建立和完善空管基础设施，空管自动化水平得到根本性提高，标志性的设施包括京、沪、穗三大区域管制中心，各地的雷达和自动化系统、机场导航设施、陆空通信设施等。2007年9月，随着民航新疆空管局的揭牌，民航空管系统第三次改革完成。这次空管改革的基本思路是"政事分开、运行一体化"，即民航总局空管局、民航地区空管局的空管行业管理职能与运行职能实行分离，行业管理职能交由民航总局、民航地区管理局行使；民航总局空管局、民航地区空管局及所属空管单位主要行使业务管理与运行职能，实行垂直管理，并相应理顺管理关系，实行一体化运行。改革的主要内容有4个方面：实现政事分开，建立分级管理的民航政府空管管理体制；建立集中统一的民航空管运行系统；全面提升空管系统的保障能力；理顺管理关系。

二、我国通航服务保障现状

1. 华北地区通用航空飞行服务保障现状

（1）通用航空资格审批

① 机场运行审批　向华北管理局机场处和监管局提交申请，获批建设通用机场，机场使用许可证有效期为5年；向所属区域空军提交申请，获批为临时起降点，有效时间为1年期。

② 通用航空机构运营审批　向华北管理局通用航空处和监管局提交申请，通用航空公司营运许可有效期为3年；航空器运营适航许可证向民航局适航司申请。

运控人员执照管理：向华北管理局空管处申请考核，考核合格后，颁发相应执照（如管制、签派、情报执照等）。

（2）飞行计划申请

① 作业飞行　飞行任务经华北管理局和所属区域的空军军区批准后，于前一日向华北空管局运行管理中心上报飞行计划。

② 转场飞行　除应做与作业飞行相同的工作外，还应向所在区域的空制部门和空军申请。

（3）通用航空执行保障

① 作业飞行　根据作业性质，规划作业区域、明确作业任务、制定作业方案。以国网通用航空为例，其工作流程是：信息收集—绘图—选场—出图—任务上报—签订协议—方案制订—任务下达—飞行保障—实施监控。

② 航路飞行　依照情报中心出版的航行资料，申请飞行区域，提交飞行计划，其保障与运输航班飞行类似。

2. 华东地区通用航空飞行服务保障现状

华东地区通用航空保障服务呈现出多线条、多主体的格局。上海地区各专业运行单位均有各自同通用航空企业签订保障服务或者工作协议并开展服务的情况，也有为保障某个单项任务华东空管局同通用航空企业签订工作协议的情况；各分局（站）也同辖区内的通用航空企业签订协议开展服务。服务具体内容基本按照运输航空的要求来提供。

（1）飞行任务及计划

① 飞行任务审批　华东管理局通用航空处负责牵头各相关业务处室及军航单位进行任务审批。提交材料多，审批周期长。通用航空企业自行完成。

② 空域审批　军航管制单位同民航管制单位（运管中心）进行审批。不涉及民航空域的申请民航管制单位，主要以军航管制单位的批复为准。通用航空企业自行完成。

③ 飞行计划审批　军航管制单位同民航管制单位（运管中心）进行审批。由通用航空企业、通用机场或签订协议的管制单位来进行申报。

④ 放行许可　由相关空域的军民航管制单位负责。通用航空机组自行联系获取。

（2）航空情报服务　部分通用航空公司与航空情报服务机构签订协议，提供涉及民航空域或者使用民航航路、航线转场、调机飞行的飞行前资料公告（PIB）。通用机场资料由机场自行或委托有关单位制作，报华东管理局备案。制作标准各不相同。

（3）航空气象服务　由签订协议的航空气象部门提供。

主要是涉及民航空域或者使用民航航路、航线转场、调机飞行需要。

其他作业飞行的气象情报，通用航空企业会向当地气象部门索取。

（4）管制及告警服务　基本由民航管制部门提供，但在监视和双向通信方面均存在困难。

3. 中南地区通用航空飞行服务保障现状

① 基本均提供情报及气象讲解服务，三亚仅提供情报讲解服务，湖南仅提供气象讲解服务。

② 珠海、汕头、三亚、桂林、湖北、河南提供气象图纸质资料和情报纸质资料，湛江、海南、湖南仅提供气象图纸质资料。

③ 珠海、三亚、湖北、河南无上机服务，湛江、深圳、桂林、汕头提供上机服务，湖南通过电话讲解及发布邮件形式服务，广西其他地区采用机组到飞行服务室了解的方式。

三、我国通航空管保障改革方向

（1）细化空域分类。

（2）空域管理改革进一步推进。

（3）简化飞行审批程序。

（4）实施限制继续松绑。

（5）优化监管机制和职责分工。

（6）完善相关标准规范。

（7）提高保障能力。

第三节　我国通航服务保障发展思路与要求

我国通用航空空管保障体系的发展，要以通用航空的使用需求为导向，在国家空域分类管理使用的框架下推进低空空域的分类划设与管理，加大低空空域开放力度；进一步规范和简化申报程序，降低通用航空空域使用成本；探索建立以飞行服务站和网络为主体，面向通用航空的民航空管服务保障体系；建立通用航空空管保障程序；研究建立在通用航空固定作业区域内由作业组织单位实行低空空域保障服务的新模式；推动目视航图的编制工作，建立航空气象信息采集与发布渠道；推动低空空域空管技术的应用。

一、我国通航服务保障发展思路

1. 科学规划空域，建立低空空域类别划设标准规范

综合考虑我国军民航空域使用需求，在国家安全、飞行安全和运行效率之间权衡，参照国际空域划分标准，实现空域的科学分类，满足军事航空、公共运输航空、通用航空的空域使用需求。低空空域应当在国家空域系统分类的统一标准下进行类别划设，其核心是

借鉴ICAO的E、F、G这3类空域划设办法，放松对通用航空目视飞行的管制。

及时总结推广低空空域管理改革试点经验，实现真高3000米以下监视空域和报告空域无缝衔接，划设低空目视飞行航线，方便通用航空器快捷机动飞行。研究制定并组织实施空域分类标准，在国（边）境地带、空中禁区、全国重点防控目标区和重点防空目标等重要地区划设管制空域，包括航路航线、进近（终端）和机场管制地带等民用航空使用空域，确保重要目标及民航航班运行安全。

2. 简化通用航空飞行计划申请、审批和飞行报备程序

我国低空空域目前划分为三类：管制空域、监视空域和报告空域。在管制空域需要申报飞行计划，在另外两类空域需报备飞行计划。一套格式规范、内容明确、信息齐全的飞行计划能够保证空管部门对飞行的实时监控和及时救援。当飞行员进行飞行计划的报备时，空管部门应及时受理。飞行计划受理程序的简捷、高效将大大提升通航业务的效率。

因此，需要简化通用航空飞行任务审批、飞行计划申请和审批（备案）程序，明确程序规范，切实提高审批效率。原则上通用航空用户仅向一个空管单位申请或报备飞行计划；涉及管制空域的飞行活动，须申请飞行计划和获得空中交通管制许可，长期飞行计划只作一次性申请；仅涉及监视空域和报告空域的飞行计划，报备后即可实施。对执行应急救援、抢险救灾、医疗救护与反恐处突等紧急、特殊通用航空任务的飞行计划，应随报随批。

3. 提升通航气象、飞行情报、航行情报和救援能力

一次通航飞行周期包括飞行前、飞行中和飞行后，为保障飞行的安全有效运行需要多种低空飞行信息服务及通告信息，如气象情报、飞行情报、航行情报和救援信息等。我们可以借鉴美国、澳大利亚等通航产业发达国家在通航飞行服务方面的先进经验，完善基础性航空情报资料体系，研发针对通用航空的低空目视航图技术，研发面向通用航空的飞行情报资料产品，建立健全相应的情报信息提供和更新渠道，并按需向低空空域用户提供所需的航空情报资料，实时发布监视空域和报告空域的飞行动态、天气条件情况，提升低空空域航空情报、航空气象、飞行情报与告警服务能力。

4. 提升通用航空通信、监视能力

低空空域类通航飞行所使用的航空器种类多，具有机型小、速度慢、高度低等特点，机载通信、导航、监视设备落后，多数没有装备二次雷达应答机。目前，空管设施设备以保障运输航空飞行为主，远离机场和航路航线的低空空域缺乏有效的通信和监视信号覆盖。

对于监视空域和管制空域运行，都需要有监视技术的保障，尤其是监视空域，需要保证"看得见"，因此对监视技术提出了更高要求，需要ADS-B、雷达、红外等多源监视技术的支持。其中ADS-B技术基于精确导航源向地面广播监视信息，合适的地面接收设备可获取飞机的实时状态和其他监视信息；雷达则使用询问应答方式对进行飞机定位；红外探测属于被动的独立非协作监视技术，相对雷达监视手段，可以获得较低空监视雷达更精确的目标二维角度信息，可作为雷达手段的补充。管制空域除了达到监视空域的要求外，还需要提供管制间隔服务，这也对机载导航设备提出了更高的要求，需要达到IFR、VFR运行标准，配备通信、导航和高精度高度表、应答机以及其他设备。

参照ICAO、RTCA、ARINC制定的通信、导航、监视相关技术标准，特别是地空通信、ADS-B、FIS-B、TIS-B等相关标准，结合我国通用航空的特点和北斗二代的导航性能，应提出我国低空监视通信设施监控、低空飞行技术保障等标准规范，完善低空空域通信、监视等基础设施。

5. 建立全国飞行服务保障体系

由人工通过电话或电报的方式，为用户提供飞行服务信息，需要人工干预，成本偏高，效率偏低，造成了人力和时间的浪费。要建立全国FSS体系，通过 Internet，突破时间和空间的连接障碍，使得飞行计划的申报与审核更加流程化，从而降低沟通成本，简化手续流程，提高工作效率。当全国所有的FSS连接形成网络，各站点之间实现数据共享，将便于科学决策以及协同决策。

可以建立全国通用航空飞行服务四级体系，包括国家层面的全国通用航空飞行服务管理中心、地区级的区域通用航空飞行服务中心、省级行政区划通用航空飞行服务站以及作业区（临时）飞行服务站。

二、我国通航服务保障技术

（一）低空飞行服务站建设

1. 飞行服务站

飞行服务站（Flight Service Station，FSS）在美国各类民用及通用航空活动中担负着重要的功能和作用。FAA的飞行服务站为通用航空提供广泛的飞行服务，包括提供气象服务、飞行计划服务、飞行支援和其他需要的帮助。通用航空的经营者通常可以通过计算机网络的方式，向飞行服务站申报备案飞行计划。私人飞行可到飞行服务站当面申报备案，或以电话、空中传递、空地对讲等方式申请飞行计划。

通用航空飞行服务站向通用航空用户提供阶段性服务，包括飞行前服务、飞行中服务和飞行后服务。

（1）飞行前服务　包括飞行前讲解和飞行计划的申报。飞行前讲解提供气象信息、航空情报信息和对飞行计划的建议。飞行前讲解分为标准讲解、简化讲解和展望讲解。飞行服务站可以根据通用航空用户的需求提供适当的讲解类型和内容。通用飞行服务站应当及时受理通用航空用户申报的飞行计划并进行备案。

（2）飞行中服务　包括飞行中讲解和飞行情报服务、飞行中设备故障报告、飞行活动数据记录、飞行员气象报告、告警和救援服务，以及飞行计划实施报告。

（3）飞行后服务　包括飞行员报告、飞行活动统计和飞行计划完成报告。飞行员报告包括飞行后通用导航设施报告和飞行后气象报告。飞行后通用导航设施报告是通用航空用户飞行后对通用导航设施工作状态的报告；飞行后气象报告是通用航空用户提供航线、活动区域内相关天气的报告。飞行服务站应根据飞行计划的执行情况进行飞行活动的统计，接收航空器落地报告，确定相应飞行计划完成。

通用航空飞行服务站的适用和服务范围限定在报告空域和部分监视空域内。提供气象服务、飞行情报服务、飞行计划的报备，必要时，向通用航空的区域（地区）、分区（终端区）空管部门通告起飞和降落时刻。通用航空的区域（地区）、分区（终端区）负责对监视空域和部分报告空域提供包括监视服务、告警服务在内的更多服务。低空飞行用户自行组织飞行，并对安全负责。

2. 飞行服务站需要空管系统的业务支持

（1）人员支持　当前，飞行服务站缺乏相关专业人才，需要空管系统的支持、帮助和指导。空管系统应定期组织服务站业务人员进行空管专业理论知识、空管技术等培训，安排空管岗位见习，以满足局方通用航空飞行服务站人员上岗资质要求。

（2）信息接入　飞行服务站目前未能完全完成运行所必需的监视、语音、气象、情报、计划申报等信息接入，缺乏信息来源，只是一个孤岛，飞行服务站的五大功能无法实现。空管系统应按照民用航空空管业务规范为飞行服务站引接通用航空企业实施飞行计划所需的完整的民航空管信息。

（3）全方位的运作支持　作为一项新生事物，通用航空飞行服务站摸索成长的过程期待空管系统全方位的扶持和帮助。空管系统应参与到飞行服务站的运作中，定期组织管理人员和空管技术专家为飞行服务站提供运行管理和空管技术支持。以珠海飞行服务站为例，该飞行服务站成立后引进了大量先进的设备，与珠海空管站签订了框架协议，珠海空管站向飞行服务站引进了CNMS终端和气象信息查询终端，均只供飞行服务站查询操作。飞行服务站还引进了ADS-B动态监控设备，对通用航空实时动态进行监控。2013年5月，经珠海通用航空飞行服务站申请，获批珠海—阳江—罗定地方航线，供珠海通用航空飞行。目前珠海空管站仍主要承担了通用航空飞行计划的受理工作，飞行服务站仍未主要承担起具体的通用航空服务工作，但在未来发展规划中，意在由珠海通用航空飞行服务站收集整个珠海地区的所有通用航空飞行的飞行计划，并进行汇总，统一向空军申报，完成整个飞行计划的受理。但是，没有民航的情报、气象的支持，单是通用机场或者通用航空公司单个力量是无法解决根本问题的，这就需要空管部门牵头和全力参与，建立一个有实际用途的通用航空飞行服务站。

（二）目视航图

1. 目视航图的重要性

（1）目视航图是飞行员在目视飞行准则下，以地面环境作为主要导航手段实施飞行时的重要参考资料，主要为通用航空的低空目视飞行使用，是小型飞机能够安全低空飞行的重要条件，作为通用航空飞行的安全保障，是不可缺少的，是有关民用航空管理部门必须提供的。而到目前为止，我国还没有官方出版的目视航图。

（2）随着我国经济不断发展，抗震救灾等通用航空活动逐渐得到认可，发展通用航空已经迫在眉睫。而制作目视航图是通用航空发展的必然要求，目视航图不仅可以为空中紧急救援提供飞行参考，而且还可为紧急救援决策节省宝贵时间。

2. 目视航图编绘基本要求

（1）质量要求

① 及时更新数据，保证航图的及时性、准确性和完整性。

② 应按照相应的要求绘制VFR区域图和终端区图，以达到最佳运行效果。

③ 图内各要素的信息量应满足运行需要，最大限度保持地标位置的准确性和形状的

相似性。航图符号的中心和方位通常应与它所代表的实物相一致；所有的线状地物（如公路、铁路、电力线、河流）必须按真方位绘制，只要比例尺允许，应维持其实际格局和走势，除非要素彼此平行且较为接近而进行必要的偏移和调整（例如，为了用适当的符号表示地物要素，需要对其所处地区进行夸大处理，即以平行地物要素的真实中心为基准整体等量偏移，同时调整等高线），但应将偏移和调整控制到最小。

④ 尽量使邻接的航图要素和数据准确衔接，但不能为此改变要素的真实位置或采用任何使航图数据失真的手段。

（2）航图命名要求

① 应以图幅范围内最重要或较显著的城镇名称命名，无人居住区可以采用地理特征的名称命名。

② VFR区域图的名称：城镇名称或地理特征名称+区域图（VFR）。

③ VFR终端区图的名称：城镇名称或地理特征名称+终端区图（VFR）。

（3）覆盖范围和分幅要求

① VFR区域图应覆盖全部中国领土。

② 每幅VFR区域图由4个角的坐标限定其范围。

美国目视航图相关信息

美国航图制作是从目视航图开始的，至今已有70多年的历史。今天，虽然许多执行通用航空任务的航空器都安装了先进电子设备，但目视航图仍然是驾驶舱中不可缺少的文件之一。美国高度发达的通用航空，保证了目视航图制作的成本回收。

1929年，为了提供最精确地形数据，根据空中航图委员会的提议，美国海岸和地理测绘局开始研发一套区域图（共92张），1932年，出版了前31张。对航图的补充航行资料公布在当时的《国内空中新闻》上，后来《空中交通公告》取代了《国内空中新闻》，它就是今天使用的《机场设施手册和航行通告》（AFD/NOTAM）的前身。

从20世纪40年代中期开始，美国空军陆续出版了自己的仪表着陆图，并由美国海岸警卫队汇编成册。随着无线电导航设施的应用及发展，1947—1949年之间，美国海岸和地理测绘局又出版了一套覆盖全美的无线电设施图（共59张）。40年代，杰普逊机长首次出版了关于民用仪表进近程序的书。此前，民用航空仪表程序都是由营运人自己设计，在获得美国民航局（CAA，即后来的FAA）批准后自己使用的。1947年，杰普逊机长与美国民航局一起合作制定了许多标准进近程序，并授权给营运人使用，从而开创了航图出版业。1948年公布了第一张仪表着陆系统进近程序图，1949年年末，公布了第一个VOR进近程序。目前，FAA在7110.79D中对目视航图的制作做了相关的说明和规定。

③描述主要大城市的VFR终端区图的制图范围应满足飞行和管制的需要,并由制作单位与用户沟通后确定。

(4)图幅整饰要求

①VFR区域图和终端区图的印成品应符合相应的图幅整饰和样式。

②VFR终端区图的印成品应符合相应要求。

③VFR区域图和终端区图的封面应符合相应的封面页图示。

(三)航行情报服务

专业高效的通用航空服务应当包括提供航行资料汇编、航图、航行通告和实时航行资料等。但目前的情况是,基本上由现场管制员提供航行服务,在现有的空管架构下,变成管制员对通用航空负责和管制,管制一线负担加大,信息服务变成管制服务。但是管制席位的设置是针对高空高速度的运输飞机设置的,提供对运输飞机的雷达服务等,但是对通用航空作业等低空、路径多变的运行有时覆盖能力有限,分配的精力也不足,不能实时指挥,目前只是简单地划定运行区域和进出通报,由飞行员自行掌握。因此,急需建立通用航空有效的航行服务保障体系。

①我国低空空域管理改革有待进一步深化,健全通用航空政策法规体系,制定有利于鼓励通用航空发展的法规政策。

②加强通用航空基础设施建设。积极争取国家政策支持,以政府为引导,调动企业及社会力量,按照功能优先、集约节约原则,加快通用机场建设。促进中小机场对通用航空的开放。培育通用航空运营企业。积极引进通用航空器。引进先进的通用航空导航、通信、监视设施,使其在通用航空业运营上得到切实应用。重点建设固定运营基地(FBO)、飞行服务站(FSS)、维修站(MRO)等必要基础设施。

③通用航空的高端服务需要多样化服务,该服务需要情报的深度参与,形成差异化服务。此时需要由空管牵头,提供统一的通用航空服务,将管制员从通用航空服务领域解脱出来,将通用航空试点的实际掌握权从军航管制中逐步解放出来,由情报员完成对通用航空服务的相关ATS咨询工作。

④重点发展通用航空服务保障体系的建设。由空管主导,统一协调各方面有利资源,建设飞行服务站,统一提供专业的情报、气象服务、飞行监控、飞行问询应答、飞行指挥及飞行计划申请等一系列通用航空服务,采用ADS-B等先进的通信导航监视技术。

1. 空管系统包含哪些内容?
2. 美国空域是如何划分的?
3. 简述美国通航空管保障条件。
4. 澳大利亚的空域是如何划分的?
5. 简述我国空管现存体制。
6. 我国低空空域分类如何?

7. 我国民航华北局通航服务保障是如何进行的?
8. 我国通航空管保障的改革方向是什么?
9. 简述我国通航服务保障发展思路。
10. 简述飞行服务站的功能。

第四章

飞行组织与实施的一般程序

学习目标

1. 熟悉航空公司飞行签派机构及其职责；
2. 熟悉通航企业航务工作要求；
3. 掌握航务管理人员职责及任务；
4. 熟悉机场航行管理工作流程。

飞行的组织与实施是航空公司飞行签派机构、通航公司航务部门和空中交通服务报告室的主要工作之一。无论是航空公司还是通航公司，飞行计划是其为完成生产任务而安排的一系列的飞行任务。为完成飞行计划，航空公司或通航公司必须有步骤地组织与实施飞行的全过程，这个过程就是"运行控制"与管理。运行控制是指使用用于飞行动态控制的系统和程序对某次飞行的起始、持续和终止行使控制权的过程，在这个过程中就需要明确完成的工作程序和严格的分工职责；运行管理是对整个飞行活动及其相关活动的检查、调整、通报和调配。本章主要介绍航空公司飞行签派机构及其职责，重点掌握通航企业航务工作要求及航务管理人员职责和任务，从航务工作流程角度阐述通用机场航行管理工作流程。

第一节　航空公司飞行签派机构及其职责

航空公司经营人为保证本公司的飞行能安全、正常地运行，必须建立航空公司的"飞行签派机构"。飞行签派机构是航空公司组织与实施飞行的中心，是安全飞行的有力保障；飞行签派机构是负责放行航空器并实施运行管理的机构，是航空公司的运行程序、方针、政策的执行机构。

一、机构设立

航空公司的飞行签派机构，即飞行签派室，应根据航空公司本身的经营范围和规模进行编制设立，通常由总飞行签派室、地区飞行签派室和机场飞行签派室组成。

总飞行签派室大都设立在航空公司基地总部，如中国国际航空公司的总飞行签派室设立在北京。由于航空公司分公司分布在不同地方，在分公司的基地应设立分签派室，并明确规定其职责和授权范围。在航空公司基地以外运营业务较繁忙的地区，设立地区飞行签派室，负责这一地区的飞行签派业务。在各个机场，公司可根据情况分设驻外机构或代办处。对于一些小的航空公司或者经营范围单一的航空公司，除总部基地必须设立签派室外，可以在基地以外有关的起降机场与有关的飞行签派室签订签派业务代理协议来负责本公司的签派业务，并在签派业务代理协议书中以文字形式明确各自的职责和所承担的义务。

航空公司根据本身经营规模的大小，划分若干个飞行签派责任区。飞行签派责任区可以以航线划分，也可以按区域划分。

1. 总飞行签派室

总飞行签派室负责航空公司飞行的组织与实施并对飞行保障工作进行监督，掌握本公司航空器的全部飞行动态以及其他特殊飞行情况，负责本公司的航班申请并进行航班计划与管理，制定本公司的规章制度，组织与实施专机飞行任务，并对其管辖范围内的签派机构进行监督和检查，对违反规定的部门和个人进行处理。

2. 地区飞行签派室

地区飞行签派室负责所管辖区域内的日常业务，拟定飞行计划，掌握飞行动态，合理安排飞行任务，对飞行中发生的特殊情况协助处理并上报总飞行签派室，统计本区域内航班的正常率并上报有关部门。

3. 机场签派室

机场签派室是具体组织与实施飞行的单位，具体工作程序按组织与实施飞行的四个阶段，即飞行预先准备阶段、直接准备阶段、实施阶段和飞行后的讲评阶段来进行。

4. 驻外机构或代办

是指在本公司基地以外运营较为繁忙的机场设立的机构，它负责为本公司空勤组提供飞行文件和天气资料，督促地面服务代理人做好飞机的各项保障工作。在飞机发生故障和特殊情况时，通过有关渠道协助机组解决，并为机组安排膳宿。

二、机构的职责

航空公司的飞行，由航空公司的值班领导通过飞行签派室具体组织与实施，各级飞行签派室人员均应在公司经理领导下认真仔细地履行其职责，飞行签派机构的职责如下。

① 布置飞行任务，组织飞行的各项保障工作；
② 拟定公司航空器的运行计划，向空中交通管制部门提交飞行申请；
③ 督促检查并帮助机长做好飞行前的准备工作，签发放行航空器的文件；
④ 及时与空中交通管制、通信、气象、航行情报、机场等单位联系，取得飞行和保障飞行方面的情报；
⑤ 向机长提供安全飞行所必需的航行情报资料；
⑥ 掌握本公司航空器的飞行动态，采取一切措施保证飞行安全和正常；
⑦ 航空器遇到特殊情况时，协助机长正确处理；
⑧ 航空器不能按照原定计划飞行时，及时通知有关部门，妥善安排旅客和机组。

三、签派工作的任务

飞行签派机构在履行其职责的同时，各级签派人员要认真完成飞行签派工作的任务。飞行签派工作的任务是：根据航空公司的运行计划，合理地组织航空器的飞行并进行运行管理，争取航班正常，提高服务质量和经济效益。飞行签派工作一般分为四个阶段：飞行预先准备阶段、飞行直接准备阶段、飞行实施阶段、飞行讲评阶段。

1. 飞行预先准备阶段的签派工作

飞行预先准备是组织飞行的重要环节。飞行预先准备阶段的飞行签派工作应当充分准备，预计到可能发生的各种复杂情况，拟定飞行签派方案，保障飞行任务的顺利完成。

签派人员应于飞行前1日根据下列情况拟定次日飞行计划：①班期时刻表；②运输部门提出的加班和包机任务；③有关部门设置的专机以及其他飞行任务；④航空器准备情况；⑤飞行队空勤人员的安排情况；⑥气象情况、航行通告、航线和机场各种设备保障情况；⑦有关机场的燃油供应情况；⑧机长提出的飞行申请。

签派人员拟定的次日飞行计划应当报航空公司值班经理审定，经批准后，向有关空中交通部门申请并通知公司各有关单位。航空公司的飞行预先准备会议，通常于飞行前1

日进行,由值班经理主持。航空公司飞行预先准备的内容主要是汇报飞行的准备情况、研究和解决飞行中可能发生的问题、协调各部门之间的协作配合、制订特殊情况下的处置方案。

2. 飞行直接准备阶段的签派工作

飞行直接准备是在飞行预先准备的基础上,在起飞前所进行的飞行准备工作。飞行直接准备的内容是:研究天气情况、检查飞行前的飞行准备和地面各项保障工作、决定放行航空器。

签派人员应于飞机起飞前1小时30分收集以下情报:①起飞机场、航路、目的地机场和备降机场的天气实况以及天气预报;②航空器准备情况;③有关客货情况;④航路、机场设施和空中交通服务情况;⑤最新航线通告;⑥影响飞行的其他情况。

签派人员应当检查飞行人员是否按规定时间到达现场进行飞行直接准备,并了解准备情况是否合格。签派人员发现机组人员思想和健康状况不合适飞行,应当立即采取必要措施,决定推迟或者取消飞行,并报告公司值班经理。

签派人员应当根据飞行计划认真研究起飞机场、航路目的地机场和备降机场的天气实况和天气预报以及各项保障情况,在确认飞行能够安全进行后由签派员和机长共同在飞行放行单上签字放行。

签派人员应当认真及时计算携带油量和允许的起飞重量,并通知有关部门配载、加油。在未派签派员的机场,航空器的放行由航空公司委托的签派代理人负责;或者由公司指定的签派室将签派员签派的飞行放行电报发给该机场的交通管制部门转交给机长,并由机长签派放行;也可由公司授权机长负责决定放行。

起飞机场的签派员,应当根据需要与降落机场签派员或其代理人对放行事宜进行协商;降落机场签派员或其代理人如遇机场天气和设备不适航,应及时通知起飞机场签派员或其代理人。

为提高航班正常性,航空公司可以安排签派人员为机组填写飞行计划,领取飞行气象报文、航线情报资料,并办理离场手续。签派人员确认航空器可以放行后应通知有关部门。

3. 飞行实施阶段的签派工作

航空器起飞后,签派人员应按规定及时向签派系统有关单位拍发起飞电报。

签派人员应当随时掌握本签派区起飞机场、航路、降落和备降机场的气象情报。

签派人员应掌握本签派区所签派航空器的飞行动态,在公司频率上与航空器保持联络。在某些地区不能与航空器建立联络时,可委托其他部门代为联络,及时了解飞行动态。

降落机场的签派人员收到航空器起飞电报后,应计算预计到达时间并通知有关单位。

4. 飞行讲评阶段的签派工作

航空器降落后,降落机场的签派人员应当拍发降落电报,通知有关单位。

降落机场签派人员应当听取和收集机长关于飞行经过和影响飞行的不正常情况的汇报。对飞行中发生的事故、事故征候和不正常情况,签派人员应当将了解的情况报航空公司值班经理和有关部门。

签派人员应当进行航班的正常性统计,分析飞行不正常原因,向航空公司经理提出提高航班正常性的建议。

签派人员应当编写飞行情况简报,呈报航空公司经理,并抄送有关部门。

四、机构编制与人员职责

飞行签派机构设立后,航空公司应当根据本公司的飞行业务量和派出机构的多少,配备一定数量的飞行签派员。经营国内或国际航空运行业务的合格证持有人,应当在每一飞行签派中心安排有足够数量的合格飞行签派员,以确保对每次飞行进行合理的运行控制。

每个飞行签派室一般由飞行签派主任、飞行签派员和助理签派员组成。飞行签派人员的配备,应当保证在每个签派员满工作量的前提下有充分的休息时间。航空公司经理应当加强飞行签派工作的领导,重视飞行签派工作的建设。

飞行签派人员必须树立高度的政治责任心,严格执行有关的法律、法规和规章,服从命令,遵守纪律,钻研技术业务,不断提高组织和指挥水平。

签派人员在组织与指挥每次飞行时,必须从最复杂、最困难的情况出发,周密计划,充分准备。

签派人员在处理重大问题时必须严格执行请示报告制度,如遇紧急情况,来不及事先请示时,可边处置边报告。

1. 助理签派员的职责

助理签派员协助签派员组织航空器的飞行和运行管理工作。其职责如下。

① 根据签派员的指示,传达飞行任务,承办飞行组织保障工作;

② 拟定每日飞行计划,提交空中交通管制部门审批,并通知飞行、运输、机务等有关保障部门;

③ 计算航空器起飞重量、油量和载重,提请机长和签派员审定;

④ 根据航空器起飞时间,计算预计到达时间,并通知有关部门;

⑤ 及时收集和掌握气象情报、航行情报和机场、航路设备工作情况,并呈报给机长;

⑥ 向机长递交经签派员签字的飞行放行单,并要求机长在飞行放行单上签字;

⑦ 向空中交通管制部门申报飞行计划(FPL)。

2. 签派员的职责

签派员负责组织航空器的飞行和运行管理工作,其职责如下。

① 监督、检查和指导助理签派员的各项工作;

② 检查了解机组和各保障部门飞行前的准备情况;

③ 审核助理签派员计算的航空器起飞重量、油量和载重;

④ 研究起飞、降落、备降机场以及航线天气和保障设备的情况,正确做出放行航空器的决定,签发飞行放行单或电报;

⑤ 了解并掌握本签派区内天气演变情况、飞行保障设备情况以及航空器飞行情况;在机长遇到特殊情况不能执行原定飞行计划时,协助机长正确处置;

⑥ 航空器遇到特殊情况,不能按预定时间或预定计划飞行时,应采取一切措施,在保证安全的前提下,恢复正常飞行;

⑦ 听取机长飞行后的报告;

⑧ 综合每日飞行情况，编写飞行简报。

3. 主任签派员的职责

主任签派员除承担助理签派员和签派员的职责外，还负有组织、领导签派室当日值班工作的责任。

第二节 通航企业航务部门及其职责

与公共运输航空公司不同的是，公共运输航空公司承担飞行组织与实施任务的是其运控部门的签派人员，而通航公司承担飞行组织与实施任务的是其航务部门的航务技术人员。

一、航务部门设立

通用航空产业从功能性质及专业化分工大类来看，包含地面保障支撑系统、空中交通服务系统与通用航空运营系统等三个系统。其中，地面服务子系统包括机场、通用航空器维修和保养服务、油料设施供给等，主要是提供服务必需的设施设备；空中服务子系统包括航空气象服务、空中导航服务、空中交通管制服务等，主要是指人机工程结合的空管系统；通用航空运营子系统包括航空飞行、飞机租赁等运营服务。应该说，通用航空三个子系统是密不可分、互为支撑的：一方面，地面服务子系统和空中服务子系统围绕通用航空运营而展开，是通航飞行活动进行的基础；另一方面，通航运营子系统是通用航空系统中最为核心部分，也是地面服务子系统和空中服务子系统存在的理由。通过对通用航空产业系统和运行流程的深入分析，可以发现通用航空航务技术主要面向以下两大领域。

一是从属于通航运营子系统且直接为通航飞行活动提供航务保障的相关岗位，一般是指通用航空企业的运行航务部门的签派岗位。这些涉及通用航空航务的企业主要为通用航空公司或通用航空飞行培训院校。截止到2017年6月30日，获得通用航空经营许可证的通用航空企业有345家，其中有91部大型航空器代管资质的21家，135部运行的38家，141部运行的20家。这些通用航空企业按规模大小一般均设置有运行控制中心（图4-1）或航务部。

在进行运行合格审定时，通用航空公司一般会对航务人员的数量和质量提出要求。从数量看，一般一架飞机配备一名航务人员（对于很多新成立的通航公司来说往往只有2架飞机，也就意味着只需2名航务人员）。从质量看，根据各家通航公司业务运行的种类不同，对航务人员的资质和素质要求也不尽相同，如按135部规章运行的通航公司，其航务人员必须取得民航局签派员执照，按91部运行的通航公司或141部运行的航校则并无执照方面的硬性规定。

二是依附于地面服务子系统（一般指通用机场）的空中服务子系统相关岗位，具体来说是在通用机场提供空中管制服务、航行情报服务等空中交通服务的岗位。根据民航总局2017年4月发布的《通用机场分类管理办法》通知，通用机场根据其是否对公众开放分为A、B两类：A类通用机场即对公众开放的通用机场，指允许公众进入以获取飞行服务或自

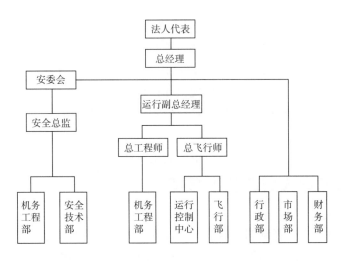

图4-1　通用航空公司一般机构设置

行开展飞行活动的通用机场；B类通用机场即不对公众开放的通用机场，指除A类通用机场以外的通用机场。另根据我国《通用航空机场空管运行保障管理办法》的规定，只要在通用机场开展的载人飞行一般都应提供机场管制服务和航行情报服务。《规定》要求：提供空中交通管制服务的人员应当取得相应的管制员执照；通用机场提供机场管制服务期间，塔台应当至少安排1名管制员值勤；通用机场航空情报服务可以委托其他航空情报服务机构提供，提供航空情报服务的人员应当取得相应的执照。事实上，通用机场的管制服务根据其基地驻地情况各有不同，有些归民航空管部门统一指挥，有些是民航空管部门派出空管员协助机场指挥，民营资本投资的通用机场则由其自己负责指挥管理。由于现行民航规章并没有对通用机场空管人员资质做出硬性规定，因此通用机场空管人员能否胜任岗位由自己说了算。

二、航务工作技术流程

从通用航空航务技术工作服务领域及其岗位特征来看，通用航空航务技术人员的主要工作任务是保障通用航空飞行的组织与实施。任何通航飞行活动都必须以飞行任务计划为前提开展，为完成飞行计划，通航公司和通用机场有关单位必须有步骤地组织与实施飞行的全过程，这个过程就是"运行控制"与管理。一般来说，通用航空航务技术岗位的核心工作任务如图4-2所示。一是向空管部门制作和提交飞行计划，进行日常飞行管制协调；二是识别和处理气象、管制和告警等航行通告服务；三是基于保障情况，结合航空器性能状况做出正确分析和判断，与机长共同正确作出放行决定；四是与空军、管制、机场地面、机组成员等多方面协调沟通，保障运行实施；五是应急救援等特殊情况的保障处理。

图4-2　通用航空航务核心工作任务

从上述核心任务的阐述中我们可以得到通航航务技术的技术内涵应该包含以下方面。

① 飞行计划制作：能根据具体的气象、机场和飞行状况，按照有关的限制和规定，计算确定可带的业载及完成该次航班飞行所需的飞行时间和燃油量。

② 航空气象服务：能及时获取气象现报和预报信息，并能识别气象报文。

③ 航行情报服务：能收集和汇编航行资料，向机组提供飞行前和飞行后航行资料服务。

④ 陆空通话：能熟练进行地面与空中的陆空对话。

三、航务管理人员职责及任务

1. 航务工作主要内容

① 向军民航空中交通管制部门申报飞行计划，并向公司有关部门下达飞行任务书；

② 按照空中交通管制部门批准的飞行计划，组织飞机按照批准的飞行计划实施；

③ 督促并帮助机长做好飞行前准备工作；

④ 及时与空中交通管制、通信、气象、航行情报、机场等单位联系，获取飞行和保障飞行方面的相关信息；

⑤ 掌握飞行动态，采取一切措施保证飞行安全和正常；

⑥ 在飞机遇到特殊情况时，及时报告值班领导和有关单位，协助机长正确处置；

⑦ 及时向值班领导和有关单位通报情况，当公司飞机不能按照原定计划飞行时，及时通知有关部门；

⑧ 填写值班日记，做运行记录。

2. 航务人员职责

（1）通航公司航务管理

① 根据运行任务，制作和呈报飞行计划，进行日常飞行管制协调；

② 检查了解飞行前准备情况，协调处理作业现场的突发情况，并适时进行报告；

③ 根据起飞、着陆、备降机场以及航路天气和保障设施、设备以及飞行器、机组准备情况，与机长共同正确作出放行决定；

④ 监控飞机当天运行情况，及时根据运行实况调整当日运行计划，保障正常运营；

⑤ 综合每日飞行情况，填写工作日志，协调处理机长反映的问题。

（2）通用机场航务管理

① 负责向本场管制区域内活动航空器提供空中交通管制服务；

② 负责向航空器发布放行许可、开关车、滑行等指令，通报本场天气实况；

③ 负责飞行计划的申报、变更或取消，向有关管制单位通报管制协调与移交的意见；

④ 及时通报有关影响航空器运行的情报，协助机长处理不正常情况，并提供告警服务；

⑤ 负责机场地面运行保障的指挥与协调工作；

⑥ 定期统计飞行架次与时间、飞行科目、任务类型、管制指挥内容等情况。

第三节
机场航行管理工作

机场是航空器飞行的起点和终点，是航空器起飞和着陆的重要场所。为了保证执行民用航空的各种飞行任务的飞行正常，在机场内需设立航务管理机构、机场管理机构、航空油料供给机构和各航空公司或其他驻场机构等单位。航空器的每一次飞行，飞行的计划、组织、保障和空中交通管制工作都需要由上述各单位共同配合完成。

机场空中交通服务报告室负责机场内的航行管理工作，审理进、离本机场航空器的飞行预报，申报飞行计划，办理航空器离场手续，向有关的空中交通管制室和本场的各飞行保障部门通报飞行预报和动态，掌握和通报本机场的开放和关闭情况。

航空器的每次飞行应当事先向空中交通管制单位提出飞行申请，未经批准的飞行预报不得执行。新型航空器首次投入航班飞行前，航空器经营人、所有人应当向空中交通管制单位提供航空器的有关性能数据。

航空器的所有人、经营人或者航空器的驾驶员，应当于飞行实施前1日15时前，向当地机场空中交通服务报告室提交飞行预报申请。抢险救灾等紧急飞行任务，可以随时申请，但应当在得到批准后，方可执行。驾驶员或其代理人应当不迟于起飞前1小时向起飞机场的空中交通服务报告室提交飞行计划，其内容应当包括：飞行任务性质、航空器呼号、航班号、航空器型别、特殊设备、真空速或马赫数、起飞机场、预计起飞时间、巡航高度层、飞行航线、目的地机场、预计飞行时间、航空器国籍和登记标志、航空器携油量、备降机场等。

空中交通管制单位应当根据飞行流量和机场、航线保障设备等情况，在航空器预计起飞时间5小时前批复飞行预报。如果在规定时间内未收到批复，视为该计划已被批准。对临时飞行任务，不论是否同意其飞行计划，都应当及时批复，未经批复不得飞行。

机场航务管理工作是按照飞行的四个阶段来进行的。

一、飞行预先准备阶段的航行管理工作

1. 拟订飞行计划

拟订飞行计划的依据如下。

① 班期时刻表；
② 各飞行签派部门和过夜航空器机长的飞行申请；
③ 其他机场报告室发来的飞行预报；
④ 飞行流量控制的要求；
⑤ 有关机场的航行通告；
⑥ 天气情况。

2. 申报飞行计划

将拟订好的次日离场飞行和本机场内的航班以外的飞行计划，经单位领导同意后，编

写飞行预报,于飞行前1日15时前按照飞行动态固定格式电报的传递规定,发给有关的报告室、区域管制室、管调、总调和有关管制部门。

空中交通单位应当根据飞行流量和机场、航线保障设备等情况,在航空器预计起飞前5小时批复飞行预报。如果到规定的时间未收到批复电报,即表示被批准。对临时飞行任务,不论是否同意起飞行计划,都应及时批复,未经批复不得飞行。

3. 登记飞行计划

将本室拟定并发出的飞行计划和收到的其他报告室发来的飞行计划,按照飞行时刻或任务性质,依次编排填写在飞行动态(计划)纸上。

4. 通报飞行计划

将所有飞行计划登记完毕后,填写飞行计划(动态)通知单,通知机场管理机构和本航务管理机构的有关保障部门和有关的协议单位。

二、飞行直接准备阶段的航行管理工作

飞行直接准备阶段的航行管理工作是飞行预先准备阶段的延续,是在预先准备的基础上进行的。这个阶段的一切工作都是为保证航空器能够按预定计划运行。它是关系到飞行安全和正常的重要"关口"。因此,机场报告室值班人员必须详细了解所有飞行计划,掌握准确的飞行情报和影响飞行安全与正常的一切因素,及时发布有关情报,使有关保障部门及时完成保障飞行的各项工作。

1. 起飞机场报告室的准备工作

起飞机场报告室值班员,应根据飞行计划中的预计起飞时间提前1小时30分钟到达报告室,做好以下工作。

① 研究本场、降落机场、备降机场和航路上的天气实况和天气预报;

② 听取各保障部门关于保障飞行准备的情况和报告,特别是对机场道面、通信导航工作状况应详细地了解或督促检查;

③ 及时发布空中交通指令和有关航行通告;

④ 受理航空公司飞行签派员或航空器机长起飞前提交的飞行计划,并向有关管制室进行通报;

⑤ 根据飞行计划办理航空器离场手续;

⑥ 根据飞行计划和机场流量控制规定通知有关单位关于旅客登机事宜;

⑦ 当航空器延误、取消或改变飞行计划时,及时通知有关单位,并说明原因。航空器延误时应注明再次起飞的预计时间。

2. 着陆机场报告室的准备工作

着陆机场报告室值班员,应根据飞行计划中的预计起飞时间提前1小时30分钟到达报告室,做好以下工作。

① 研究本场天气情况,收集有关台站的天气情报;

② 听取各保障部门关于保障飞行准备情况和报告,特别是对机场道面、通信导航工作状况应详细地了解或督促检查;

③ 当机场因道面、灯光、导航等技术原因不能保证航空器安全着陆时,请示值班

领导同意后,及时发出机场关闭的电报;当设备恢复正常工作时,应立即发出开放机场的电报;

④当接到来本场的航空器延误、取消电报后,应迅速通知有关保障部门。

3. 关于关闭机场的规定

机场因跑道道面、通信导航设备、灯光设备及其他技术原因不能保证飞行安全时应关闭机场。

机场关闭不能超过24小时,由机场所在地的航务管理单位的值班领导与机场当局协商决定,并报民航地区管理局和民航总局备案。关闭24小时以上,必须报民航总局批准。

机场关闭和重新开放,由机场报告室发出机场关闭和开放电报,并通知有关单位。

机场关闭后,禁止航空器起飞和着陆。

三、飞行实施阶段的航行管理工作

飞行实施阶段是保证飞行安全和完成飞行任务的关键阶段。在这个阶段中,航空器从原来的静止状态进入到了运动状态,因而随之可能出现各种情况均可干扰正常飞行,因此,飞行实施阶段的航行管理工作,应依照各种规章制度,严格执行管理职责,保证航空器从起飞至着陆过程中的飞行保障工作稳妥可靠。

1. 起飞机场空中交通服务报告室值班管制员工作程序

① 在航空器预计起飞前1小时向气象部门了解天气;

② 听取机场管理机构和通信导航部门关于保障飞行准备情况的报告;

③ 受理并发出驾驶员或者其代表提交的飞行计划;

④ 收到塔台管制室管制员通知的航空器起飞时刻后,发出起飞电报;当飞行延误、取消时,通知有关单位,并发出延误或者取消电报。在可能的情况下,应当注明延误后的预计起飞时刻。

2. 着陆机场(备降机场)空中交通服务报告室值班管制员工作程序

① 在航空器预计起飞前1小时研究本机场天气,取得本场天气预报和实况;

② 了解机场管理机构和通信导航部门关于飞行保障准备的情况;

③ 收到起飞电报后,将航空器预计到达时刻通知有关单位。

四、关于起飞、着陆和飞行时间的规定

时间和时刻的计算和记录对空中交通管制工作至关重要,也是其他航空部门进行相关记录和统计计算的依据。

① 飞行时间是指从航空器为准备起飞而借本身的动力自装载地点开始移动时起,直到飞行结束到达卸载地点停止运动时为止。

② 起飞时刻是指航空器开始滑跑轮子移动的瞬间。

③ 着陆时刻是指航空器着陆滑跑终止的时刻。

④ 直升机飞行时间是指旋翼开始转动的瞬间。起飞时刻和着陆时刻是指主轮离地和接地的瞬间。

五、飞行结束后的航行管理工作

飞行结束后，航行管理工作主要是对飞行保障方面的工作进行总结讲评，听取机组对航行情况的汇报，统计飞行正常率和飞行架次，并填写工作日记。

1. 讲评

① 报告室在每日飞行结束后应进行工作讲评；

② 当发生飞行事故和严重事故征候时，应由值班领导组织专门讲评。

2. 机组汇报

飞行结束后，如飞行中出现不正常情况，机长应到报告室汇报上述有关情况，并对飞行或飞行保障工作提出建议和要求。

3. 飞行架次和飞行正常率统计

值班人员于每日工作结束时，应按照机场班机放行正常率统计的规定，对当日于本场离场的航班进行统计，并对当日在本机场起降的所有航空器的起落架次进行统计。并填写航空器起降、停场及使用其他服务的清单。

1. 简述航空公司飞行签派机构的设置及其职责。
2. 简述空中交通服务报告室的职责。
3. 简述通航企业航务工作的主要任务。
4. 简述航务管理人员的职责和任务。
5. 在飞行预先准备阶段，拟定飞行计划的依据是什么？
6. 在飞行各阶段，报告室如何工作？
7. 简述起飞、着陆和飞行时间的规定。

Chapter 05

第五章

通航飞行的组织与保障

 学习目标

1. 熟悉通用航空飞行的一般规定;
2. 重点了解几种农林航空作业实施技术与程序;
3. 重点了解几种工业航空作业实施技术与程序;
4. 掌握空中游览组织实施要素;
5. 熟悉航空医疗救援实施。

航空服务的提供者在以客货运输服务为主营业务外，同时还经营为工业、农业、林业、牧业、渔业生产服务的作业飞行和医疗救护、抢险救灾等飞行业务，以满足社会对航空业的全面需要。这些通用航空飞行的组织与保障与一般的运输飞行的组织与保障有较大的差异，为此，本章首先介绍通用航空飞行的一般规定，进而重点了解几种农林航空作业和工业航空作业的实施技术与程序；并就空中游览组织实施要素和我国航空医疗救援实施条件和程序展开了探讨。

第一节 通用航空飞行的一般规定

在我国通用航空飞行主要是指为工业、农业、林业、牧业、渔业生产服务的作业飞行和医疗救护、抢险救灾等飞行。其特点是：种类繁多、远离基地、流动分散、设备简单、飞行条件和操作复杂；在执行任务期间，人员、航空器往往在外地工作时间较长，给工作人员在工作和生活方面带来各种困难，从而使完成任务时遇到的困难和复杂性进一步增加。因此，从事通用航空的各单位在执行任务时应严密组织、精心准备、周密安排、细心实施，保证飞行安全和作业服务质量。

组织与实施通用航空飞行活动，必须按照有关规定履行报批手续，并向当地飞行管制部门提出飞行申请。飞行申请的内容包括：任务性质、航空器型别、飞行范围、起止时间、飞行高度和飞行条件等。各航空单位应当按照批准的飞行计划组织实施。

在申领任务以前，经营人应根据本单位所拥有的机型、设备和人员的情况严格界定自己的经营范围。向工商管理部门申领营业执照，并向民航主管部门申请办理通用航空企业经营许可证。

一、通用航空飞行实施的基本程序

通用航空接到生产任务后，如何操作与实施，是完成生产任务的核心。通用航空的操作与实施，一般包括飞行前的准备工作、作业中的工作和作业后的工作。

1. 飞行前的准备工作

通用航空在组织飞行前，需要进行大量的准备工作。准备工作做得好，是保证飞行任务完成的前提。准备工作具体包括以下几个方面。

（1）通用航空飞行任务的确定　通用航空的飞行任务，一般由通用航空公司生产管理部门来确定。通用航空公司在确定任务之前，生产管理部门要召集有关部门开会，共同研究本次飞行属于何种性质的任务，与以往飞行有哪些特点和不同，在飞行过程中有哪些技术要求，飞行的地区属于哪家通用航空所管辖的区域，飞行区域地形地貌有哪些特点，作业区的机场在哪里，是否具有飞行条件，离作业区多远。此次飞行飞机的状态如何，当地的气象条件如何，哪个飞行队具有完成此次任务的能力，以及各种保障措施等。这些都要统筹安排，全盘考虑。飞行部门要根据任务安排好机组和飞行人员；机务维修部门要准备好飞机；航务部门要联系好机场和有关空域；财务部门要做好飞行的预决算。在安排通用航空任务时要留有余地，当对此次任务的地形、机场或其他条件没有把握时，必须与飞行中队共同研究，确定飞行方案，必要时还要派出有经验的飞行干部、技术人员进行现场勘察和空中视察，确定可以保证飞行安全时，方可承担任务，签订合同。

通用航空如果承担的是国境线附近或其他特殊地区的飞行任务，在进行作业之前，必须上报民航总局和中央军委有关部门，由民航总局和有关部门经过协商批准后，方可实施。

对于作业飞行时使用新药剂、剧毒药剂及新作业项目的试验，必须按照有关规定和程序，报民航总局或地区管理局。

（2）临时机场的选定和布置　临时机场是指为某一特定目的、任务需要在短期内使用且符合有关修建规范的机场。临时机场的选址应本着安全、方便且不影响其他机场和航线飞行的原则，并应不影响附近公众的生产和生活，同时对环境无害。临时机场宜选在开阔、无障碍物（或少障碍物）的平坦地带，同时还要避开行人行车的道路、山洪行洪道及架空的线路等。跑道方向、进离场方向的确定要考虑气象因素和机场与日出日落的关系。尽可能利用现有的基础条件，如废弃的机场、废弃的公路或农村的场院。临时机场布置的主要工作是场道的整备和标志的设置。场道的整备质量应根据作业的机型要求进行，同时考虑季节等因素。设置的标志主要是跑道方向、进离场方向和滑行路线的标志。机场的通信导航设备安装调试也属于机场布置的一项重要工作。

临时机场经验收后方可正式使用，验收工作应在调机前三天完成。临时机场在使用前应制定机场使用细则，其主要内容如下。

① 机场的地理坐标，与附近城镇及其他显著地标的位置关系；
② 机场标高和距跑道中心半径7000米以内高大障碍物的位置；
③ 跑道方向、长度、硬度及安全道的资料；
④ 最低天气标准、气象特点和盛行风方向；
⑤ 通信导航设备情况；
⑥ 机场的位置和管理规定；
⑦ 特殊情况的处置方法和备降机场资料；
⑧ 标画的起降地带和跑道、场界标志的规格、间距、颜色；
⑨ 特殊要求和规定的说明。

（3）调机飞行　通用航空的作业飞行多数在临时机场和作业区进行，航空器通常需要从基地机场调机到临时机场。由于临时机场的场道、设备条件比较差且周围的环境条件比较复杂，不为机组所熟悉。因此，由基地调往临时机场前，必须进行认真准备。

执行通用航空任务的航空器，在具备下列条件后方准调机：机组的飞行准备工作已经完成，有关的航行资料和其他文件及备用物品携带齐全；航空器及专业设备情况良好，并且准备好必要的工具设备和备份器材；临时机场已经修建完工，机场标志已经画好，并且取得可靠资料；油料已经运到临时机场；临时机场电台已经开放；使用单位准备工作就绪。

2. 作业中的工作

作业飞行任务的环境与条件大多数是比较复杂的，飞行人员对地形地物往往不了解。作业的种类和科目也随用户的不同而不同。况且，低空飞行时航空器受地表影响，飞行中常常颠簸，难以保持飞行高度；额外的设备降低了飞行性能，给飞行人员操纵航空器增加了难度，因此，完成任务比较困难。

（1）作业前的工作　机组到达临时机场后，应进行下列工作。

① 机长亲自检查机场的修建质量和场面布置是否符合规定的要求；了解航路、作业区有无靶场、射击和爆炸作业场所；使用航空器单位的作业准备工作是否就绪等。

② 在熟悉场地飞行时，了解机场附近的地形和障碍物；根据机场附近及跑道延长线上的明显地标，确定低能见度进场方法，修订机场使用细则，检查无线电高度表是否准确。

③ 视察飞行时，校对作业区地形图和障碍物的位置、高度，选择低能见度条件下进场可以利用的明显地标和可供迫降的场地。

④ 视察飞行后，拟定作业飞行方案；对不符合安全规定的地区，应放弃飞行。如果机长认为需进一步摸清某些地段的情况时，还应进行地面视察。根据视察结果，制定保证飞行安全的措施。

（2）作业飞行　通用航空作业飞行是极具艰难且有挑战性的工作，它涉及的面极宽，每一方面出现的问题都有可能使任务进行不下去。因此，必须做好可能发生各种情况的准备，从最困难的情况出发，朝最好的方向努力。

① 在安排作业飞行时，应尽量做到有两套计划：天气稳定时，在复杂地区或较远地区作业；天气不够稳定时，在简单地区或近距离地区作业。根据作业区距离、地形和天气特点，研究确定飞行计划和作业飞行方法。

② 作业飞行的开始和结束飞行的时间应根据任务性质、作业地区地形确定。只有在能够清楚看到地标和能够目视判断作业飞行高度的情况下方可起飞，但不得早于日出前30分钟（山区日出前20分钟）；着陆时间不得晚于日落时间（山区日落前15分钟）。

③ 作业飞行中，密切注意天气变化，当出现危险天气或在超低空飞行有下降气流时，应立即停止作业。清晨在沿海、湖滨多雾地区作业时，应保持有足够去备降机场的油量。如果作业区距离机场较远，必须与机场电台保持联络。

④ 两架以上航空器在同一地区作业飞行时，如果作业区邻近，必须制定安全措施，及时通报情况，正确调配间隔；在飞行中，航空器之间必须保持通信联络。

⑤ 在国境地带作业飞行时，必须严格按照飞行计划实施；准确报告进入、飞离国境地带的时间和方位；未经批准，禁止飞越国境线。

3. 作业后的工作

通用航空作业完成后，还要对通用航空作业的质量进行检验，看是否达到了通用航空作业质量的要求。通用航空作业的质量检查主要包括两个方面的内容：一是看作业区域是否达到了作业要求，二是看对其他不需要作业的区域是否产生了危害。对没有达到质量要求的作业还要进行重新飞行。对产生危害的作业还要进行赔偿。通用航空任务完成后，还要与生产单位的人员办好交接手续，清理好所带的物资和设备，最后返回通用航空的基地。

二、通用航空飞行的管理和管制

通用航空飞行与航空运输飞行相比有许多不同之处。通用航空飞行一般使用小型航空器,其飞行高度多为低空或超低空;作业区往往局限于某一地区或某一作业点;作业飞行与航线飞行的航空器冲突较小。因此,对通用航空飞行的管理和管制,从其特点和实际情况出发,可采取与航线飞行相比较为灵活的管理和管制方法。

1. 飞行申请

(1)飞行申请的提交

① 航空公司从事通用航空飞行时,必须在飞行开始前3天,向有关空中交通管制部门提交飞行申请。飞行申请的内容如下。

  a. 机型、机号;

  b. 机组成员;

  c. 机场最低天气标准;

  d. 任务性质;

  e. 飞行航线和作业区范围;

  f. 飞行高度;

  g. 飞行起止日期;

  h. 通信联络方法;

  i. 特殊地区和特殊任务的飞行,还应当提交有关部门的批准文件。

② 遇有抢险救灾或紧急飞行任务时,可在飞行前提出飞行申请;如事先来不及申请并经有关军区同意,临时机场负责人或机长可安排航空器边起飞边报告。

③ 航空器在临时机场停留遇到危及航空器安全的情况,事先来不及申请时,临时机场负责人或机长可以根据具体情况将航空器调往其他机场,直升机可飞往安全地区野外着陆。但临时机场负责人或机长应及时向有关的空中交通管制室报告。

(2)飞行申请的批复

① 航空公司提交的飞行申请,有关的空中交通管制部门应不迟于飞行开始前1日21时前给予批复。

② 抢险救灾或紧急任务飞行的飞行申请,有关的空中交通管制室应根据具体情况及时答复,并优先提供各项服务。

2. 飞行管制工作

(1)航空公司在临时机场从事通用航空飞行时,其空中交通管制责任由所在地的区域管制室确定。航空公司可以指定飞行员、签派员或聘请的管制员担任管制工作。担任管制工作的飞行员必须熟悉航空器的性能和管制规定;担任管制工作的签派员必须经民航地区管理局主管部门认可,必要时可进行理论考试和实践考核。在通常情况下,按照下列原则实施管制。

① 临时机场和作业区的飞行与其他飞行没有冲突,区域管制室可将管制责任授权执行任务的航空公司负责;

② 航空器的作业范围和飞行高度与其他飞行有冲突时,由有关的区域管制室统一管制。

（2）两个（含）以上航空公司在同一临时机场飞行或不在同一临时机场而在同一作业区或在相临的作业区飞行时，由所在地区的区域管制室协调或指定其中某个航空公司负责统一协调。

如果作业区跨两个（含）以上管制区，管制室之间应当相互主动进行协调，共同商定管制方法。

（3）通信联络规定

① 临时机场或作业基地必须与有关的区域管制室保持平面通信联络；

② 由区域管制室负责管制的航空器，在作业飞行时，必须与区域管制室保持陆空通信联络；

③ 由航空公司负责管制的某些地区内的飞行，经有关管制室的同意，作业飞行的航空器可不与区域管制室保持陆空联络，但必须与临时机场保持陆空联络，并按时报告飞行的开始和结束时间。发生飞行事故、事故征候或危及飞行安全的情况，应及时报告区域管制室。

3. 临时机场管制工作程序

① 飞行前1日15时前，向有关的空中交通管制室发出飞行预报；如在数日内执行同一任务时，可发长期预报；

② 不迟于航空器预计起飞前1小时（调机飞行1小时30分钟），按照相应管制室的工作程序进行工作，取得飞行区域、着陆机场（调机飞行时）的天气预报和天气实况；

③ 制定航空器往返作业区的飞行航线和高度；

④ 两架（含）以上航空器在同一机场飞行时，必须使用同一起飞线，规定好航空器的起飞次序和通信联络方法；

⑤ 将飞行的开始时间和结束时间报告有关的管制室。

第二节　农林航空作业飞行

一、农林航空概述

1. 农林航空概念

农林航空是我国通航运营领域的特有概念，通常包括农业航空、航空护林和人工降水三大方面，其中，农业航空占有主体地位，且增长速度相对稳定。农业航空（Agricultural Aviation），是使用民用航空器从事农业、林业、牧业、渔业生产及抢险救灾的作业飞行，如农作物化学除草、叶面施肥、喷施微量元素、防治病虫害、草原播种、防治森林害虫等飞行活动（图5-1、图5-2）。农业航空可以极大地提高劳动生产率，在防御自然灾害和防治有害生物、改善人类生活环境和生态平衡方面发挥重要作用。尤其对于我国北方大面积露地农业，航空作业是保障土地能够真正实现规模化生产的必要条件，更是提高土地规模

图5-1　农业喷洒

图5-2　航空护林

化生产效率的保证。

2. 农林航空发展概况

航空器装上喷撒（洒）系统，可进行森林、草地和农作物的病虫防治、施肥、除草。装上播撒系统，可飞播造林、植草、播种（如播水稻、大豆）等，还可进行护林防火。早在1911年，德国人就提出了用飞机喷撒化学药剂，以控制森林害虫的计划。1918年美国用飞机喷药防治牧草害虫取得成功，随后加拿大、苏联等国相继将飞机应用于农业。

第二次世界大战后，各种杀虫剂、杀菌剂和除草剂大量问世，要求用高效能的喷撒机具来满足工作的需要；与此同时，大量军用飞机和驾驶员转向农业，遂使农林业航空迅速发展。20世纪50年代开始设计制造专用和多用途农业飞机。50年代末，直升机也加入农业航空行列。至1983年，全世界拥有农用飞机约32000架，作业总面积56.25亿亩，约占世界总播种面积的25%。

我国农林航空作业始于1952年，60余年来农航作业获得了长足的发展。2013年，我国农林航空作业飞行时间为3.2×10^4小时，占通航飞行作业总时间的6%，农化作业面积285×10^4公顷。农林航空作业领域从单一的治蝗扩展到水稻、小麦防病，美国白蛾、旱蝗统防统治，草原播种、灭鼠，森林消防等多个业务种类，是我国通用航空产业中最重要的组成部分。但是受到我国农业经营者规模小、经营分散的影响，农林航空作业的增长速度不高，处于一个持续稳定增长的状态。

截止到2016年底，我国处于经营状态的189家通航企业中，具备飞行运行资格的企业129家，其中拥有农林作业资质的企业42家，处于常规运行状态的37家。农林作业是我国通用航空企业重点业务来源之一。

二、农林航空作业实施

按照先后顺序，农林航空作业实施按下列三步完成：农艺准备、作业飞行和作业后维护保养。

1. 农艺准备

农艺准备包括机场选择、作业区划、作业地图、气象条件、地面组织等。

（1）机场选择　农业作业机场一般设在作业区中心或近于中心，交通水源方便的地区，每架次作业时间不超过25分钟，作业半径10～20千米为宜。作业范围较大地区，应设置临时机场。机场要配备足够的消防设备，并对器材进行检查维修，过期的要重新更换。对跑道、停机坪要及时进行维修，水泥道面起层部分进行修补，跑道上的石子、水泥碎块、沙粒等杂物清扫干净。将侧、端安全道刮平压实，插好安全旗，画好复飞线。临时土跑道要在飞机进场前重新对跑道和停机坪压实，并在飞机停靠位置、螺旋桨下方准备一块大铁板，防止飞机试车时将沙粒旋起打坏螺旋桨。加油、加药设备必须进行启封维修，使之处于完好状态。将作业时加药用的水罐、水池、加药管等清洗干净，注入清水待用。对加油管路、油罐进行检查清洗，并接好地线防静电打火。调机前航空部门要派专业人员或安检人员到作业基地，对机场进行全面检查验收，双方验收合格后方可调机。

（2）作业区划　以作业区分布面积、地块数目、作业项目、气候差异、地理位置以及每架次作业面积为依据，选择经济合理的飞行路线和作业方法。在年初作种植计划和地号设计时，要统筹安排飞机作业地号，将计划航化作业的作物按种类连片种植。作业前要认真研究和全面安排作业区。

（3）作业地图　飞行员在农业航空飞行作业中，最重要的依据就是作业地图，因此准备作业地图是农艺准备的重要内容。绘制作业地图要根据地形、地物、作业项目、渠道、林带等情况，将作业区划分为若干个作业小区，并标出作物种植面积、地块长、宽，附近敏感作物种类、作业顺序和架次，以便安排作业。作业时要打破地块和生产队的界限，作业小区长度1000~2000米，如小地块可考虑套喷、串联法等作业方式。作业地图由机场农艺师准备。对于除草作业，在准备作业地图时应注意忌避作物。忌避作物是指在农业航空除草作业中对所用除草剂敏感的作物。

（4）气象条件　作业前，要了解当天的气象情况。对于除草作业，当出现风速超过5米/秒、下风头有忌避作物、空气相对湿度低于60%、大气气温高于28℃、4小时内有降雨等情况时，就要取消当天的作业。

（5）地面组织　包括作业田间信号安排、信号员培训、机场加药的组织及培训、人员安排、地号区划、作业安排、药剂配方、通信联系、作业质量监督、检查及善后处理等项工作。

2. 作业飞行

不同的作业类型，对飞行高度、作业喷幅、飞行速度等有不同的要求。农业航空作业飞行通常在低空或超低空飞行，飞机距离农作物、林木高度较小，欧美国家一般为4~5米，甚至低于4米，我国作业高度，大田作业为5~7米，林区和地形复杂地区为10~15米，超低空飞行受地面障碍物（山坡、山丘、电线杆等）威胁，安全问题至关重要。农药毒性对操作人员健康有害。农药喷洒漂移，会造成环境污染，农药对飞机结构和施药设备会产生严重腐蚀，为了保证飞行安全，减少农药的负面影响，应严格遵守相关操作准则。

一般来说，各机组每日飞行不得超过7小时，每月不超过80小时，任务紧急可增加到100小时。连续5个飞行日，飞行时间超过30小时，应休息一日。在能看清障碍物和目视判断作业飞行高度的情况下，准许在日出前30分钟（山区20分钟）开始作业，通常在日落前30分钟着陆。如果次晨不飞行，有照明设备，能在夜间检修飞机，准许作业至日落时（山区日落前15分钟）着陆。当大气温度高于35℃（气象台百叶箱或者室外背阳处温度）和湿度低于60%时不准作业，以减少药剂蒸发和漂移损失。在作业飞行时，禁止飞入药物形成雾带或在雨区内作业。

在狭长地段上作业，采用分段穿梭法，将所载的药物一次喷完，如果作业地段过长，可以分若干地段喷洒。在宽度不小于1200mm或者在两个位置大致平行、面积基本相等的地段上作业，应采用包围作业法。在小块地段分散作业时，如果两个地段在一条直线上，可以串联喷洒作业（三种方法分别见图5-3）。侧风喷洒农药，飞机作业方向和风向垂直，第一个喷幅在下风头作业，然后顶风移动到下个喷幅。

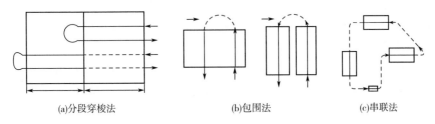

图5-3 农林航空作业飞行方法

3. 作业后维护保养

作业结束后，飞机和相关机具内部和外表面都必须再进行清洗。清洗飞机和喷雾机具所得的废液应该喷洒到该农药登记注册的作物上。

常规喷雾作业结束后，采用"少量多次"办法进行清洗，即每次用少量的清水清洗3~4次。如果喷洒超低量油剂，就不能用水清洗，必须用适量的溶剂来清洗喷雾系统。

喷雾作业完成后，必须做好施药机具存放的准备。喷雾药液箱的内部和飞机的外表面都必须彻底冲洗，对于整个喷雾系统必须充分地清洗，以保证所有的管道和软管干净清洁。为避免飞机部件的损坏，对飞机构件的清洗特别重要，所有飞机控制部件表面都必须要干净，适当时还要加润滑油润滑。

对于喷雾机具和飞机都要参照生产厂商的有关操作说明，安装喷雾机具的飞机通常在喷雾作业结束后要卸下喷雾机具，以便飞机执行其他任务。喷雾机具在最后存放前应保持干燥，这更适合于机具在阴暗环境中存放，更加安全可靠。在存放前，喷雾机具和飞机必须彻底清洗干净（清除残余药液）并晾干。飞机的存放要依据当地的法规。飞机应该在覆盖下存放，并且做到绝对安全可靠。

三、农业航空防病作业技术

农作物病害的发生，特别是突发性病害，如小麦赤霉病、水稻稻瘟病、大豆灰斑病等，如不能及时防治，将会使农作物大幅度减产甚至造成绝产。采用人工地面防治往往会造成延误最佳的防治时期，而农业航空作业以其速度快、效率高的特点，能够抓住最佳的防治时期，使农业损失减少到最低。采用飞机作业，雾化性好，并能利用飞机涡旋气流吹动叶片，使叶片正反两面着药，并利用小雾滴的高渗透性，提高防病的效果。

（1）作业喷幅　M-18型飞机农业航空作业喷幅为45米，Y-5B型飞机农业航空作业喷幅为50米，N-5A型飞机农业作业喷幅为35米。

（2）作业速度　M-18型飞机作业速度180千米/小时，Y-型飞机作业速度160千米/小时，N-5A、Y-5B型飞机作业速度170千米/小时。

（3）喷液量 喷液量为20升/公顷，雾滴直径采用中雾滴直径要求在200微米左右，雾滴密度25～30个/平方厘米。

（4）防病作业适期 各种农作物病害的防治最佳时期都很短，特别是农作物防作业，只有在病害的病原体未侵入植物体内前进行防治，才能有效防治病害，错过这一时机防效降低，农作物损失增加。因此，抓住防治病害的时期，发挥飞机作业的优势。

小麦赤霉病和叶枯病的防治可以结合叶面施肥同步进行。小麦赤霉病的防治在小麦抽穗扬花期，小麦叶枯病的防治在小麦抽穗期，这两种病害的防治时期大致相同，可以结合叶面施肥一起作业。

大豆灰斑病的防治时期在大豆的花荚期，一般在7月20日至8月15日进行。

水稻稻瘟病防治分几个方面：防治水稻叶瘟应在稻瘟病点片发生时，而且气候适宜，水稻生长繁茂地块进行防治；防治水稻穗茎瘟的最佳时期应在水稻始穗期至齐穗期。水稻褐变穗（粒）防治，此种病害是由多种病原体侵染所致，如叶鞘腐败病、细菌性褐斑病、稻瘟病都可引发褐变穗（粒），它的防治时期可以与防治稻瘟病同步进行复式作业。防治褐变穗的最佳时期应该在水稻孕穗期至齐穗期。防治油菜菌核病应该在油菜初花期进行。

四、农业航空灭虫作业技术

植物虫害的发生，特别是突发性虫害，给植物造成极大损失。近年来，由于气候条件适于害虫的发生，突发性农作物虫害、林业虫害、草原蝗虫发生普遍，采用其他作业方式往往达不到防治效果，而采用飞机进行防治，则可达到预期的防治效果。

1. 农作物灭虫作业技术

农作物虫害每年都有发生，给农作物造成不同程度的损失，特别是近年来突发性水稻虫害、草地螟、玉米螟等虫害，采用人工地面防治往往会造成延误最佳防治时期，而采用飞机航空作业，能抓住最佳防治时期，使损失减少到最低。目前，各作业农场都采用复式作业方式，即几项作业同时进行。例如，叶面施肥灭虫、叶面施肥防病等，在喷洒技术方面与叶面施肥相同，作业时可参照执行。下面主要介绍单纯飞机灭虫作业技术。

（1）作业喷幅 由于机型不同，作业喷幅也不同，如M-18、Y-5B、Y-11型飞机作业喷幅为50米、N-5A型飞机作业喷幅为35米。

（2）喷液量 灭虫作业采用的是小雾滴直径作业，喷液量为10～15升/公顷，雾滴直径150微米左右，雾滴密度25～30个/平方厘米。

（3）作业高度 农业灭虫作业飞行高度（距作物顶端）5～7米。

（4）药液配制 农业航空灭虫作业采用的是低容量喷雾作业，小雾滴直径，高雾滴密度，为了防止雾滴挥发和漂移，在配制药液时，应适量加入航空沉降剂或植物油助剂、好施助剂。

各种农作物病虫害的最佳防治时期都很短，只有在此期防治效果好，错过这一时机防效降低，农作物损失增加。例如，小麦黏虫草地螟、油菜小菜蛾等虫害防治的最佳时期在幼虫3龄前进行作业；大豆食心虫的防治在大豆的结荚期，一般在7月25日至8月10日进行；玉米的防治在幼虫钻进作物体前进行防治。水稻潜叶蝇的防治在水稻移栽后7～10天。

注意事项：如果下风头有牧场、蜂场、鱼塘、蚕场、鹿场、营区应停止作业，特别是喷洒杀虫剂时尤为注意，待安全风向时再进行作业；作业地内除信号员外，其他人不能留在田间，作业后田间留有警示标牌；配制杀虫剂时，配药人员要配备好必要的保护设施，防止人员中毒；信号员必须在下风头向上风头引导飞机作业，防止信号员在药雾中引起中毒和飞机在药带中穿行。

2. 草原灭蝗作业技术

（1）作业喷幅　M–18、Y–5B、Y–11型飞机草原灭蝗作业喷幅为50米；N–5A型飞机草原灭蝗作业喷幅为40米。

（2）作业高度　M–18、Y–5B、Y–11、N–5A型飞机草原灭蝗虫作业飞行高度为5~7米。

（3）作业速度　M–18型飞机作业速度180千米/小时，Y–5型飞机作业速度160千米/小时，N–5A、Y–5B型飞机作业速度170千米/小时。

（4）喷液量　草原灭蝗虫采用小雾滴作业，药液以水为介质，喷液量为5~10升/公顷，雾滴直径要求在150微米左右，雾滴密度20~25个/平方厘米。喷洒原液采用超低量喷洒，喷液量为1.5~3升/公顷，雾滴直径要求在100微米左右，雾滴密度15~20个/平方厘米。

注意事项：草原灭蝗作业特别注意在药剂选择上应选择高效、低毒、低残留、残效期短的药剂。在飞机灭蝗虫作业前应发布公告，作业期间和作业后药剂有效期内禁止放牧、采集野菜等，并设置明显的标志牌，防止人畜中毒。为了防止药液挥发和飘移，可在药液中适量的加入航空添加剂、植物油、好施助剂或尿素等。

五、农业航空叶面施肥作业技术

叶面施肥是提高作物产量、品质和促进早熟的有效途径，是平衡施肥的重要手段。叶面施肥的最佳时期是作物生长的中后期，即生殖生长期，此期作物生长茂盛，地面机械作业很难完成。使用飞机航空作业是最佳的选择，农业航空作业不但可以提高作业效率，而且可以在最佳的时期最短的时间内完成作业，提高施用效果。

1. 叶面施肥优点

叶面施肥不受土壤因素的影响，提高肥料的利用率，其有效率是土壤施肥的6倍以上。由于肥料直接施在作物叶片表面，避免了养分被土壤吸附和固定、微生物降解和流失等损失。

叶面施肥可快速补充作物生育所需养分，可解决某些作物生理性营养问题和对某种肥料的特殊需要。

叶面施肥可以增强作物体内代谢功能，促进根系吸收养分。在作物生育后期根系吸收能力弱时，叶面施肥可避免作物因脱肥早衰而减产。

叶面施肥施肥量小，经济有效，用量一般是土壤施肥的10%~20%，可大大减少肥料的投入，尤其对一些微量元素，可避免因用量过大或施用不匀而造成作物受害。

叶面施肥可避免土壤中大量肥料淋溶后造成地下水污染问题。叶面肥在施用时可以与防病、灭虫等药剂混合施用，节省人力和物力。

2. 飞机作业叶面肥选择标准

在农业航空作业过程中，使用的叶面肥种类较多，产品质量良莠不齐，特别是有些低含量劣质叶面肥，溶解性差、沉淀杂质多，容易堵塞喷嘴。有些叶面肥腐蚀性很强，对飞机和喷洒设备腐蚀严重。因此，在叶面肥的选择上应该注意以下事项。

叶面肥产品首先要有农业部注册登记证，注明有效含量，注册登记使用范围、时间、用量，并应在正规实验、示范证明有肥效的基础上推广应用。

必须含有植物能直接利用的养分形式，如Fe^{2+}、Cu^{2+}、Zn^{2+}、Mn^{2+}、SO_4^{2-}等，并且它们不应结合在大量的螯合物载体或螯合剂中。

必须对作物安全，养分在载体中分布均匀。必须含有展着剂和渗透剂，施用于叶面有较好的覆盖层，并能有效地被植物吸收。

应尽可能含有植物所需的各种养分，大量元素含量要高，微量元素含量要低，且配比合理。为适应不同条件和作物的需要，专用性要强。

与常用杀菌、杀虫、除草等药剂有亲和性，可混用。固体制剂不能含有过量水分，有效成分含量高并且溶解性好。

3. 作业时期

在进行叶面施肥之前应对土壤和作物叶片养分含量进行分析，在没有叶片测试手段的地方，至少应进行土壤分析，明确各种养分含量及要达到某一预期产量指标各种养分需补充数量（还要根据以往的实验数据），其中土壤中应补多少叶面应补多少。根据不同作物种类及各种作物的不同生育期叶面施肥的最佳时期如下。

小麦分蘖期、拔节期要注意氮肥的补充，灌浆期着重磷钾肥的补充；大豆的初花期、鼓粒期应该增大磷、钾肥的供应比例；玉米喇叭口期应加强氮肥的供应，乳熟期满足磷、钾肥的需求；水稻分期以氮肥为主，拔节孕穗期是水稻的需肥高峰期，应该根据水稻的长势重点补充，始穗期至齐穗期应以磷、钾肥为主；油菜初花期至盛花期以补充磷、钾肥为主。微量元素的补充宜早不宜晚。调节剂类与生物制剂类产品可根据作物生长情况和使用的目的具体应用；在进行叶面施肥的同时还要考虑到灭虫、防病、促早熟等作业项目同时进行。在作物的整个生育期作业的次数，要根据用户的经济条件及作物的生长状况来选择。一般情况，大豆、水稻整个生育期叶面施肥两次为最佳方案，增产效果最显著。

4. 作业技术要求

作业喷幅：M-18型飞机作业喷幅为45米；Y-5B型飞机作业喷幅为50米；Y-11型飞机作业喷幅为45米；N-5A型飞机作业喷幅为35米。

各机型喷液量为20升/公顷，采用雾滴直径200~250微米的中雾滴喷雾，雾滴密度不少于25个/平方厘米。

作业飞行高度：飞机叶面施肥的飞行高度为5~7米。

5. 注意事项

农业航空作业所使用的农药、化肥、微肥、生物制剂等必须具备"三证"，并且经过联网实验达到大面积生产推广及绿色食品药物使用原则的有关要求。

作业期间，机场必须配备专职技术人员，负责制订作业计划和作业地图，严格执行标准要求配制药液，保证使用的品种和用量准确无误。

尽量选择气象条件好的情况进行作业，提高作业质量。

叶面施肥作业与防病、灭虫、除草等作业同时进行时，必须在作业前进行混配实验，防止出现药液沉淀或发生化学反应，降低或影响药效和肥效。

六、农业航空除草作业技术

主要农作物杂草防除采用的工具、作业方式及其工作效率，对于杂草的防除效果和时机都起着重要作用。农业航空喷洒除草剂，由于雾化良好，覆盖均匀，使用的药剂浓度高，能够充分发挥除草剂的触杀和内吸性作用。国内外实践已经充分证明，航空化学除草不仅速度快、效率高效果好、保证农时、节省农药、保证质量，而且能够完成由于气象条件的影响地面人工和机械难以完成的除草作业。农业航空除草作业是农业航空作业中的一个主要项目，特别在草荒严重年份尤为重要。

1. 农艺准备

农业航空除草作业，不同于其他农业航空作业，因为它喷洒的是除草剂，它能够杀死杂草，但也能够杀死对该药剂敏感的作物，所以飞机作业前的农艺准备很重要，是保证作业质量和防止发生药害的重要措施，实施作业务必注意以下环节。

忌避作物：在农业航空除草作业中，对所用除草剂敏感的作物都称忌避作物。例如，小麦除草的忌避作物是大豆、甜菜油菜、向日葵、瓜类等阔叶类作物及水稻；大豆除草的忌避作物是小麦、水稻、玉米等禾本科作物。使用的除草剂不同，它的忌避作物种类也有所不同，这一点在农艺准备过程中尤为重要。在选择作业地号、使用何种除草剂等时特别注意，防止其他敏感作物受害。

（1）作业地图　飞行员在农业航空飞行作业中最重要的依据就是作业地图，所以机场农艺师在准备作业地图时，要把作业地块周围的忌避作物标记清楚，提前一天交给机长。

（2）气象条件　作业前，要了解当天的气象情况出现风速超过5米/秒、下风头有忌避作物、空气相对湿度低于60%、大气气温高于28℃、4小时内有降雨等情况，就要取消当天的作业。

（3）地面组织　包括作业田间信号安排、信号员培训、机场加药的组织、培训、人员安排、地号区划、作业安排、药剂配方、通信联系、作业质量监督、检查及善后处理等项工作。

2. 作业技术

（1）飞行高度　农业航空除草作业高度应根据作业区的风向、风速修正，作业高度应掌握在3~5米。飞行高度过低易出现喷幅过窄，喷幅达不到设计要求，出现条状漏药带；过高易出现药剂飘移，造成药害和防效降低。

（2）作业喷幅　作业喷幅的确定，一般根据防治目标、飞行高度和雾滴密度来确定，为了有利于作业和作业组织，一般在每一个防治目标和不同的机型上都有一个固定的喷幅，不同的喷洒作业项目有不同的喷幅。农业航空作业喷幅的确定，是根据地面多次测试得出来的，要求很严格，不得随意增大或缩小。农业航空除草作业，土壤处理喷施除草剂与茎叶处理喷洒除草剂喷幅也有不同，如M-18型飞机土壤处理喷幅是35米，茎叶处理喷幅是40米；N-5A型飞机土壤处理25米，茎叶处理30米。

（3）喷液量　土壤处理除草剂喷液量要大，茎叶处理苗后除草剂喷液量可小一些。土壤处理，包括秋施药、大豆播前及播后苗前处理，每公顷喷液量为25升，茎叶处理苗后除草每公顷喷液量为20升。

（4）喷洒设备　农业航空除草作业，要求不使用旋转式雾化器，原因是它可产生部分小雾滴，易造成部分药剂飘移和挥发，目前参加除草作业的飞机全部使用喷嘴。

（5）飞行速度　各种机型的作业飞行速度有所不同，如M-18型飞机的作业飞行速度为180千米/小时、N-5A型飞机的作业飞行速度为170千米/小时；根据作业喷幅、每公顷喷液量、作业飞行速度可计算出飞机每分钟喷洒量。

（6）雾滴密度　保证雾滴的覆盖密度是保证作业质量、提高杂草防除效果的关键技术之一。低容量喷洒技术不要求药液在植物表面形成药膜，只要求单位面积内达到一定的雾滴密度。在单位面积喷液量已知的情况下，经过多点的地面雾滴测试，土壤处理喷液量25升/公顷，雾滴直径250微米左右，雾滴密度20～30个/平方厘米；茎叶处理喷液量20升/公顷，雾滴直径200微米左右，雾滴密度25～30个/平方厘米。

（7）补充喷洒　在飞机进行作业过程中，喷洒的药液不可能正好喷到地头，也不可能飞机一进入地块药门一打开就能喷洒到预定位置，特别是地头有防护林的情况下，更不能将药液不漏地喷到头，飞机进地和出地拉起都会有一定距离的空白区。为了保证作业质量，要求飞行员作业时必须做好补充喷洒，具体的喷洒往复，由留出的空白区距离而定。

七、航空护林作业的组织与实施

航空护林是通用航空飞行的重要组成部分，航空护林就是利用航空手段保护森林资源，主要利用飞机预防和扑救森林火灾的方法。航空护林飞行具有种类繁多、流动分散、远离基地、设备简单、机动灵活、飞行条件和操作复杂等特点，这些特点给飞行的组织与实施带来一定的难度。随着林业自建机场，航空护林站地面保障能力逐步加强，提高了航空护林飞行的保障能力。

1. 航空护林站场站保障的建设

目前，各自建航空护林站（以下简称航站）的场站建设投资渠道不一，人员及设备条件不同，这就决定各航站建设标准不一。接收地面保障的航站，应按民航要求配备必备设施设备。航站航行保障人员必须执有民航相关证书才能上岗。

2. 飞行计划的申报（以东航航空护林中心为例）

东航航空护林中心（以下简称东航中心）总调度室负责受理航空护林飞行计划的申请与批复，每日定时上报次日飞行计划，通过网络、电台、电话报送，对飞行计划给予答复，火情飞行计划可随时申报。每次飞行前请示。

随着《通用航空飞行管制条例》发布施行，航空护林飞行的计划申请应按此条例第十六、十七、十八条执行，以便提高航空护林飞行的组织与实施。

3. 航站飞行空域的划设与使用

各林业自建航站应按飞行活动的要求，由民航管理局划设飞行空域，各航站的空域划设后，航站负责本空域的飞行指挥，相临机场交叉飞行由东航中心总调度室负责空域的调配,航站要及时通报飞行动态。

4. 飞行预先准备阶段的组织与实施工作

航管部门在每次开航前检查验收跑道、检修设施设备,确保机场具备条件开放后,报请站长批准开放机场。

航站站长或航管负责人召开航空护林机组的机长、机务及保障人员协调会议,宣读通用航空飞行规章制度、东航中心飞行管制规定,听取机组飞行准备情况汇报,提出航空护林作业要求,制定特殊情况下飞行处置预案。

5. 飞行直接准备阶段的组织与实施工作

航站必须将第二天的飞行计划在前一日及时报给东航中心总调度室,将飞行任务下达给机长,紧急火情计划在飞行前向机长下达任务。机长应了解作业区域的天气、地理情况,了解作业区域飞行活动情况,认真做好飞机的飞行准备工作。

机长在飞行前1小时到航管室了解航路、本场实况,航管室应提供航路、本场实况、飞行任务及要求,签派员同机长共同在飞行放行单上签字,放行飞机作业。

6. 飞行实施阶段的组织与实施工作

航管人员应根据飞行任务,按照总调度室及防火部门的要求,安排放行飞机,及时拍发起飞、落地电报,及时掌握飞行动态;飞机和航管室要始终保持双向通信联络;飞机要按照飞行计划和航管员要求飞行,飞行计划如需改变时要经过总调度室和航管员的批准。

机降灭火飞行时,飞机要注意降落场地的地形、火场发展情况、火场飞机飞行情况,确保无误后再降落。

化学灭火飞行时,要指派作业指挥机;指挥机有权指挥火场飞机的进出,火场飞机要避让化学灭火飞机;化学灭火飞机要先侦察火场情况,掌握火场进出程序,按照通用航空作业规范标准,确保准确无误后方可进入。

吊桶飞行作业时,机组首先要检查吊桶质量,确保无误后才能参加作业飞行;机组要配备安全员,飞行中注意风向、风速及作业高度,防止疲劳飞行。

发生森林大火时,火场需要调入多架飞机飞行;航管人员要靠前指挥,制订飞行预案,合理调配飞行,及时掌握火场飞行情况;各类保障人员也要靠前保障;机组要做好野外飞行的飞行预案,保证飞行安全。

7. 飞行作业后的组织与实施工作

站长或航管负责人召集各类人员进行作业讲评,总结飞行经验,制定改进经验(机组要反馈飞行作业情况,提出整改要求);布置第二天飞行任务。

机长召集机组人员进行作业讲评,查找安全隐患(机务人员要做好航后准备,填写飞行记录清单、飞行安全日记及有关资料向公司领导汇报有关情况),安排第二天飞行任务。

航管负责人召集航行保障人员进行作业讲评总结经验,提出要求,填写值班记录,检查设施设备,保证第二天飞行准备,及时向站长汇报当日飞行情况。

第三节 工业航空飞行

一、工业航空概述

1. 工业航空概念

工业航空是使用航空器进行与工业生产相关的,如航空摄影、航空物探、航空石油服务、航空遥感、航空巡线、空中吊装等各种飞行活动的总称,它是通用航空飞行作业的重要组成部分。工业航空在高空进行作业,能够进行人类在地面无法完成的各种生产活动,因而在工业生产建设中发挥着重要作用。

2. 工业航空的功能与优势

工业航空飞行的首要任务不是将乘客或货物以固定航班的形式从A点运送往B点,而是完成与工业生产有关的航空活动。工业航空活动有如下四个功能。

(1)探测功能　具体包括航空探矿、航空遥感等。

(2)巡视功能　具体包括航空巡线、环境监测、海洋监测等。

(3)服务功能　具体包括为城市建设提供帮助、引水作业、石油航空、广告宣传等。

(4)生产功能　具体包括空中吊装、航空测绘、带电作业等。

利用航空器进行工业生产活动有以下诸多优点。

① 高空作业可以完成人类在地面无法完成的各类生产活动,如航空摄影、航空拍照等。

② 能够降低生产成本,提高工作效率。例如,利用航空器快捷、机动性高的特点从事航空探矿、航空遥感,其工作的效率和准确性可以是在地面进行这类工作的几十倍甚至上百倍。

③ 能够提高安全生产的水平。例如,通用航空在危险性比较大的海上石油开采中的应用,充分发挥了通用航空提供便利快捷的交通、安全的服务以及紧急救援的作用,有效地提高了安全水平。

二、海上石油服务

海上石油服务简称为海上飞行,是指使用直升机担负海上石油钻井平台、采油平台、后勤供应船平台与陆地之间的运输飞行(见图5-4)。其主要任务包括运送上下班的职工、急救伤病员、运输急需的器材、设备及地质资料、在台风前运送人员紧急撤离、发生海难事故后进行搜索与援救、空中消防灭火等。海上飞行具有如下特点:飞行区域离海岸较远;导航设备较少,缺乏气象资料,天气变化不易掌握;着陆平台面积小,距障碍物近,给领航和起飞、着陆带来一定困难。

为了保证海上飞行的安全,从事海上石油服务还有一些特殊要求,例如:海上飞行,必须安装浮筒,飞机上必须携带可供飞行人员、工作人员使用的救生衣、救生艇、药剂、驱鲨剂、应急电台、信号枪等防备物质;飞行人员必须达到规定的飞行标准,飞行时间不

图5-4　海上石油作业飞行

得少于20小时，有一定的海上飞行经验。海上飞行一定注意天气的变化，按照规定的飞行标准飞行。海上飞行要带好充足的油料等。

1. 飞行前准备工作

相对陆上石油服务，海上石油服务飞行条件更为复杂，风险更高。因此，在执行海上飞行之前，必须做好充分的准备工作，主要包括以下几项。

① 了解着陆点的天气实况和天气预报，与调度员研究飞行方案，进行领航计算，提出需要的导航设备和开放时间，办理离场手续。

② 根据航程，检查携带油量是否符合规定，飞机的设备是否齐全，并对飞机进行认真检查。

③ 检查和校对各种飞行文件是否齐备。

④ 装载货物时，分配一名驾驶员检查货物固定情况和重心位置。

⑤ 了解移动式钻井船平台的位置、面积、距水面的高度以及船平台与障碍物的位置，研究在不同风向的起降方法。

⑥ 了解海岸着陆点的情况和飞行方向。

⑦ 在航图上标出基地、海岸着陆点至各船平台的航向、距离以及各检查点与着陆点的无线电方位，到备降机场的航向与距离。

⑧ 了解本机场、海域和备降机场的有关规定等。

2. 海上飞行实施

空勤组在飞行过程中，必须严格遵守规章制度和操作规程，确保安全高效地完成任务。

① 开车、起飞前的检查，必须严格按照检查单进行。当能见度小于5千米时，应收到导航台信号后方可起飞。

② 除有培训计划外，起飞、着陆都应由机长操纵。高度到达50米后方可交给副驾驶操纵。

③ 进入海上飞行前，应对飞机、发动机工作情况进行检查，确信其工作正常，做好进海准备后方可进入海上飞行，并向基地指挥调度部门报告。

④ 在低空或超低空飞行时，应当使用无线电高度表。

⑤ 在船平台着陆前，应询问降落条件。在没有通信设备的船平台着陆时，要根据风向袋或海面上的波浪、浪花判断，按风向建立起落航线，尽量逆风着陆。

⑥第一次在船平台着陆前，应大于经济速度通过平台，看清平台情况后方可着陆。当两架飞机在同一船平台着陆时，前机应尽量靠一边着陆，并要特别注意旋翼与障碍物的距离。

⑦当需要在船平台关车加油时，应按操作程序进行，特别要注意燃油质量。关车后，风速超过10米/秒时，应系留旋翼、尾桨。

⑧船平台起飞重量要严格遵守规定。飞机离船平台后，必须经过悬停检查，确信飞机、发动机工作正常后再增速。船平台起飞按无地面效应操纵，禁止增速掉高度。

⑨在整个飞行中，应建立可靠的通信联络，通常每隔15分钟向基地报告一次飞行情况。

3. 海岸着陆点的保障工作

当基地离海岸线较远时，为保证飞机载量，应在海岸线附近设固定着陆点，以补充燃油。海岸着陆点的保障设备应有导航台、通信电台、风向风速仪和风向袋、贮油、加油、灭火以及系留设备和飞机启动电源。当使用海岸着陆点时，还应根据需要配备气象员（按要求将天气实况报告基地和着陆船平台）、无线电机务员和通信员、油料员（负责保管油料和给飞机加油）。必要时，还需配备负责维持场面秩序的警卫人员。

三、航空物探遥感

航空物探遥感是以航空器为平台，采用遥感及电磁、能/光谱、重力等地球物理/化学方法对基础地质、地质资源、生态环境等进行调查和监测的通用航空应用领域。航空物探遥感典型应用包括：①基础地质调查；②矿产资源勘查；③地质灾害调查与监测；④土地资源及生态环境的调查与动态监测；⑤水文地质与工程地质调查与监测；⑥海洋及海岸带资源调查与动态监测；⑦城市资源调查与数字城市等。航空物探遥感所用的航空器平台主要为小型桨状固定翼飞机和直升机，如运系列（Y-12、Y-11、Y-8、Y-5）、Cessna208（塞斯纳）、DHC-6-300（双水獭）、An-30等固定翼飞机和AS350B2、米-8等型号直升机。

航空物探作业尤其适用于地形复杂地区的勘查测量工作。重要矿区及其外围大多地形复杂，地面物探工作效率很低，施工困难，多数地面物探测量工作区分布面积偏小，在一定程度上影响了物探深度和外围物探效果。而以飞机和直升机为平台，则可充分利用它们的飞行性能，沿地形起伏飞行进行勘查和测量工作，具有速度快、测量面积大、信息完整丰富等优点。

在航空物探领域，直升机平台相对于固定翼飞机，测量精度和异常分辨率更高。直升机物探测量系统分为吊舱式和硬架式两种（图5-5和图5-6）。其中，吊舱式直升机测量系统一般由电磁系统、磁力仪、数据收录系统、GPS导航定位系统、高度测量系统、模拟记录仪、电源系统等组成。硬架式直升机测量系统由航空磁力仪、行磁补偿仪、GPS导航定位设备、GPS差分定位设备、数据显示设备等组成。

无论采用直升机还是固定翼作为平台，航空物探测线飞行都是沿地形起伏飞行，测量总精度取决于测线距、导航定位精度、飞行高度、测线偏航距。相对于固定翼，直升机在爬升率允许的范围内升降自如，非常适合目的性比较强的小规模精细探测。另外，由于直升机转弯灵活，也可以多次重复飞行，因此可以直到得到满意结果为止。在一些地形陡峭

图5-5 吊舱式

图5-6 硬架式

的地区,甚至可以利用慢速和悬停功能,精细获取航空物探测量数据,更是固定翼飞机无法比拟的。

即使在海拔高度2500米以上的高原地区,直升机爬升率降至2.5米/秒左右,远低于通常的5米/秒,但是直升机水平飞行速度低的特点,使得其在相同的距离上赢得了更充足的爬升时间,一般可以赢得比Y-12等固定翼飞机多一倍的爬升时间,因此直升机航空物探系统在山前和山后飞行高度可以明显降低,真正实现随地形起伏飞行。

图5-7是硬架式直升机航空物探系统飞行高度(过山头高度50米)曲线和固定翼飞机最大低飞理论曲线对比图。固定翼最大低飞高度理论曲线按飞机低速7.5米/秒、爬升率5米/秒、过山头高度100米设计。由图可知,直升机航空物探系统在山前和山后等地区降低飞行高度方面具有明显的优势。2005年,中国土地资源航空物探遥感中心在湖北黄石地区进行的测线间距为100米的硬架式直升机物探(磁)测量工作显示,导航定位精度好于1米,平均飞行高度144米,测线偏航距小于11米,测量总精度小于2nT。

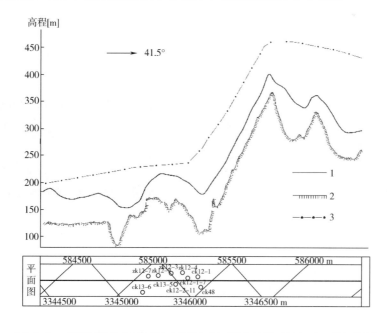

图5-7 直升机实际与固定翼飞机理论的飞行高度对比曲线

1.直升机飞行高度曲线;2.DTM曲线;3.理论计算的固定翼飞机飞行高度曲线

四、航空摄影

航空摄影（aerial photography）是指借助架设在通用航空器（飞机、气球等）上的摄影设备对地面景物进行航空拍摄的通用航空作业，又称航拍（见图5-8）。航空摄影不仅大量用于地图测绘，而且在国民经济建设、军事和科学研究等许多领域中得到广泛应用。

航空摄影始于19世纪50年代，当时从气球上用摄影机拍摄的城市照片，虽只有观赏价值，却开创了从空中观察地球的历史。1909年美国的W. Wright第一次从飞机上对地面拍摄像片。此后，随着飞机和飞行技术，以及摄影机和感光材料等的飞速发展，航空摄影相片的质量有了很大提高，用途日益广泛。

1. 航空摄影分类

按相片倾斜角分类［相片倾斜角是航空摄影机主光轴与通过透镜中心的地面铅垂线（主垂线）间的夹角］，航拍可分为垂直摄影和倾斜摄影。倾斜角等于0°的是垂直摄影，这时主光轴垂直于地面（与主垂线重合），感光胶片与地面平行。但由于飞行中的各种原因，倾斜角不可能绝对等于0°，一般凡倾斜角小于3°的称垂直摄影。由垂直摄影获得的相片称为水平相片。水平相片上地物的影像，一般与地面物体顶部的形状基本相似，相片各部分的比例尺大致相同。水平相片能够用来判断各目标的位置关系和量测距离。倾斜角大于3°的，称为倾斜摄影，所获得的相片称为倾斜相片。这种相片可单独使用，也可以与水平相片配合使用。

按摄影的实施方式分类，航拍可分为单片摄影、航线摄影和面积摄影。单片摄影是指为拍摄单独固定目标而进行的摄影，一般只摄取一张（或一对）相片；航线摄影是指沿一条航线，对地面狭长地区或沿线状地物（铁路、公路等）进行的连续摄影；面积摄影（或区域摄影）是指沿数条航线对较大区域进行连续摄影。

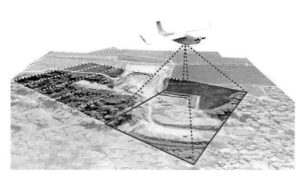

图5-8　航空摄影

2. 航空摄影基本准备

航空摄影的准备工作至关重要，直接关系到飞行安全、拍摄成本和质量。一般来说，准备工作包括如下内容。

① 起飞前，摄影者要与飞行员、领航员、地面指挥员到现场观察地形，对要拍摄的景物作详尽了解。有条件者可先试拍一次，将照片放大，使空勤人员了解拍摄意图，确立拍

摄方案。

② 掌握天气动态，随时与气象台（站）保持联系，对风向、风速、能见度都要做到心中有数。

③ 重视航拍时的通信联络。飞机在航行中噪声大，除了按地面协同、规定的航线外，要改变角度时，就要及时与飞行员沟通联系。使用报话机、对讲机最理想，还可以采用写纸条、标牌的方法来代替。

④ 在飞机上拍摄，紧张而又忙乱，乘坐直升机时，经常是打开舱门拍照，风力随着飞机的速度不断加大。在南方盛夏季节还会遇到气流使飞机颠簸。摄影者必须系好安全带，摄影器材要分类固定好，确保人身、器材的安全。

⑤ 航拍时，摄影者身体不能紧靠在飞机上，应与发动机保持一定的距离，以免震动过大影响照片的清晰度。

⑥ 在升空前，用酒精棉球把飞机窗玻璃擦拭干净，以免影响照片的清晰度。

五、直升机吊挂

直升机吊挂飞行（包括吊运和吊装），是通用航空的一种特殊科目，吊挂重量不等，形状各异，要求定点释放或准确对接，飞行难度较大，操纵要求严格，特别是山区飞行，地形及天气条件复杂。在组织与实施吊挂飞行中，必须遵循积极、稳妥的方针，在确保飞行安全的前提下，满足用户要求，提高服务质量，总结吊挂飞行经验，使之不断完善提高，更好地为工农业建设和能源开发服务。

1. 训练内容

凡开展直升机吊挂飞行的单位，必须组织飞行人员对吊挂飞行进行严格训练。
训练包括以下内容。
① 直升机外载吊挂的理论知识；
② 吊挂设备的熟练使用；
③ 装载吊挂物的正确方法；
④ 机组与地面指挥人员的正确配合；
⑤ 正常的起飞和着陆；
⑥ 悬停时航向操纵性以及由悬停开始的加速；
⑦ 工作空速下带吊挂物的飞行；
⑧ 外载吊挂物的调动和准确释放；
⑨ 如果使用吊挂绞车，则训练绞车的正确使用；
⑩ 根据使用单位的要求和吊挂物的不同以及施工现场情况，进行模拟工程训练。

未单独执行过吊挂飞行任务的正驾驶，经上述训练和生产带飞，并经公司（飞行大队）检查批准，取得吊挂飞行标准后，方可单独执行吊挂飞行任务。已经取得吊挂飞行标准的正驾驶，在执行吊挂飞行前要进行必要的熟练飞行。

凡首次执行吊挂飞行作业的单位（或较大的吊挂飞行任务）在接到使用部门要求后，必须将任务情况、作业地点、作业时间、使用机型、机组人员、机组技术水平、地面准备情况等统一上报民航局，必要时需经民航局检查认为合格后，方可执行任务。

2. 天气标准

吊挂飞行（不含往返作业基地的调机）的天气标准，按目视飞行规则进行。

（1）丘陵、山区作业天气标准

① 云高　不低于作业山头及往返航线最高点400米；

② 能见度　5公里（或自作业基地可见作业山头）；

③ 风速　按各型机飞行手册执行。

（2）平原作业天气标准

① 云高　不低于吊挂释放点或构筑物300米；

② 能见度　3公里（或自作业基地可见作业点）；

③ 风速　按各型机飞行手册执行。

载有吊挂物的直升机，禁止在云中飞行。

3. 其他要求

① 直升机在执行吊挂（含拉线）飞行任务时，必须认真计算吊挂重量和重心位置，检查吊挂物的紧固情况以及是否影响应急释放装置，认真分析飞行吊挂物有可能产生的摆动、旋转和其他危险姿态，采取相应措施。严格按机型飞行手册的要求，禁止超载吊挂。未经特殊批准，执行吊挂飞行任务的直升机不得乘坐无关人员。

② 直升机进行吊挂作业前应进行空中或地面视察。根据视察结果，空勤组、地面施工人员以及指挥人员要共同制定飞行方案、安全措施以及特殊情况下的处置方法。未经空中或地面视察的地段禁止进行吊挂作业。

③ 吊挂飞行往返作业地点的飞行高度应根据飞行距离、天气情况和地形条件决定。在平原地区吊挂物距障碍物不得少于50米；在丘陵、山区和较大的水面、森林、城市上空，吊挂物距障碍物不得少于100米。

④ 凡两架以上直升机，使用一个作业基地往返作业点进行吊挂飞行时，均必须保持目视飞行和直升机之间的通信联系。往返作业点采取统一制定的同方向运行的圆圈航线。两机在同一航向时必须保持一分钟以上的纵向飞行距离。

⑤ 吊挂飞行的临时作业基地，其场地要求按《中国民用航空直升机近海飞行规则》中直升机作业机场的选建原则进行。吊挂飞行路线必须认真研究，合理选择，一般应避开人口稠密区、拥挤的航路和繁忙的机场附近。如任务需要必须经过上述地点，要采取严密措施并经过特殊批准后，方可执行。

⑥ 各单位在执行吊挂飞行中，必须搞好空、地通信联络，密切协作配合，要利用小型通信设备，辅助手势、旗语等协调动作。执行任务前对手势、旗语要做统一规定，并进行必要的演练。

⑦ 吊挂飞行遇有特殊紧急情况，允许机长应急投放吊挂物和临时选场着陆。但机长应对其正确性负责并应在紧急投放吊挂物和临时选场着陆前，向作业基地报告，尽可能降低飞行高度，选择合适的投放场地，保证地面人员或财产的安全。

六、直升机巡线

直升机巡检高压输电线路是指直升机装备陀螺稳定的可见光检测仪与红外热成像仪，

由一名航检员操作对线路进行检查和录像,另一名航检员操作防抖望远镜对线路进行检查。它具有高效、高科技、不受地域影响、可靠等优点。20世纪50年代,美国、加拿大、西欧很多国家开始采用直升机巡线。随后,苏联、日本、瑞典等国家也开始了直升机巡线作业。1979年,美国的Michael Kurtgis先生首先进行了直升机等电位作业的尝试。20世纪80年代,美国、加拿大和随后的澳大利亚由输电线路巡线、检修发展到直升机等电位带电作业,使直升机电力作业技术又向前迈进了一大步。西欧、日本、韩国、以色列等国虽广泛采用了直升机电力作业,有的采用了直升机带电水冲洗,但他们只把直升机作为运载工具使用,没有进行直升机等电位带电作业。

目前国外直升机电力作业采用的仪器设备包括CEV电子巡线系统;高速可见光摄像机、红外热像仪、电晕探测仪、X射线探测仪、导线损伤探测仪、接触电阻检测仪、绝缘子检测仪;绝缘子带电水冲洗设备;直升机等电位带电作业工具设备(包括导地线损伤开断压接工具;激光三维空间扫描设备)等。

1. 直升机巡线分类

航巡作业检查项目分两类:红外成像检查和可见光检查。

利用红外成像技术航检项目:利用红外成像仪对线路上的导线接续管、耐张管、跳线线夹、导地线线夹、金具、防震锤、绝缘子等进行拍摄,分析数据,判断其是否正常。

利用可见光技术航检项目:在航巡中运用望远镜、照相机、机载可见光镜头检查记录基础杆塔、导地线金具、绝缘子等部件的运行状态,线路走廊内的树木生长、地理环境、交叉跨越等情况。

2. 直升机电力巡线的优势与不足

直升机航巡作业的优越性主要有以下几方面。

① 随着今后电网的快速建设,维护电网的安全稳定高效运营已成为电网运行的当务之急。依靠这一具有国际一流水平的高新技术及先进设备,将对电网运行质量的改善和经济效益的提高提供强有力的支持。

② 直升机作业大大提高了电力维护和检修的速度和效率,使许多工作能在完全带电的环境下迅速完成。

③ 传统的巡线作业方式科技含量少,工作效率低。与之相比,利用直升机作业便显出巨大的优势。

④ 直升机机载设备较多,能够同时利用多种设备对线路进行检查,提高了巡线的可靠性。

⑤ 使用直升机作业,可使作业范围迅速扩大,且不为污泥和雪地所困扰。直升机可以到达地面人员无法接近的山谷地带,可以迅速跨越两个工作地点,不仅速度快,而且不会像汽车那样破坏庄稼、轧坏土地,这在日益重视环境保护的今天,具有深远的意义。

直升机航巡有它的优点,但也存在一定不足。一是它受天气的制约要比地面人工巡线要多,在大风天气、雨雪雾天气、夜间均不能巡线。二是受飞行时间限制不能在每基铁塔处长时间悬停检查,造成对铁塔下部塔材螺栓丢失的缺陷不能检查到位。

3. 规程及标准

目前国内仅华北电网有限公司正式实施了直升机巡线项目。经过3年的实施过程,已经编制了一整套完善的导则手册，因还未在全国开展，所以仅作为企业内部使用。此套导则手册经过多次修订，目前已经完全满足飞机巡线的技术、安全要求。

导则手册明细如下。

①《直升机巡检高压输电线路导则》——华北电力集团公司（企业标准）

②《航巡作业操作手册》——华北电力集团公司（企业标准）

③《直升机巡检高压输电线路标示牌安装手册》——华北电力集团超高压检修公司（企业标准）

④《直升机航巡作业管理制度》——华北电网有限公司北京超高压公司（企业标准）

⑤《EC120B型直升机电力巡线作业运行手册》——北京首都通用航空有限公司（企业标准）

⑥《BELL206型直升机航巡作业运行手册》——北京首都通用航空有限公司（企业标准）

⑦《直升机航巡作业地面保障手册》——北京首都通用航空有限公司（企业标准）

我国电力巡线应用情况

我国从20世纪80年代初即开始进行直升飞机对高压、超高压架空输电线路进行巡检和施工作业的尝试。但当时由于技术、经济等多方面的原因没能继续下去。当今随着我国经济技术实力的加强，全国各地又逐步将直升机电力应用提到了研究日程上。2002年华北电网有限公司率先正式将直升机巡线应用于生产领域，其他多家电力公司也正在紧锣密鼓地开展研究和准备工作。

1999年10月至2000年11月，华北电网有限公司与北京超高压公司、北京首都通用航空公司、中国航空技术进出口总公司联合组成了项目论证工作小组，研究直升机用于华北地区电力作业的可能性。2000年2月该组到法国、美国进行了考察；2000年9月26日进行了一次直升机巡线试飞。2000年11月17日华北电网有限公司召开了《直升机用于输电线路可行性研究》项目评审会。评审小组一致认为：直升机在电力系统生产的应用是技术的发展方向和趋势，应尽快推广该项技术的应用。但在实施中应本着循序渐进的原则，从易到难逐步实施。

华北电网有限公司公司决定与首都通用航空公司合作，委托北京超高压公司用租机形式开展直升机电力作业，投资500万元启动直升机巡线工作。2001年4月，项目开发组已到瑞典洽商购买红外热像仪及直升机巡线培训事宜。2002年3月27日正式开始实施。至2004年12月31日共航巡线路24467公里，飞行1526小时。发现线路大小缺陷1200余处，为保障华北电网的安全稳定运行作出了一定贡献，得到了相关线路运行单位的一致肯定。在此基础上，2005年华网公司决定新增航巡线路2011公里，再增加一架航巡直升机。所以2005年直升机巡线项目达到

29 条线路 4725 公里，同时有两架直升机开展航巡作业。

在巡线过程中，北京超高压公司与首都通航共同研究，针对华北电网的地理气候情况及航空管制情况及飞机、航巡设备等多方面因素，不断调整、改进，逐渐摸索出一整套适合电网的巡线方式方法，并制订了相关的规章制度，使这一新的作业方式实现了正规化。这为今后的直升机航巡作业提供了保障。通航公司连续 5 年被民航总局评为安全飞行先进单位，多次受到民航总局和民航华北局的表扬。

华北电网公司直升机机载检测系统包括陀螺稳定吊舱、红外成像仪、可见光摄像机、机内操作平台四大主要部件。其余设备还有陀螺稳定望远镜、长焦数码相机等。

该系统通过将红外成像仪与可见光摄像机内置在陀螺稳定吊舱内，利用吊舱陀螺的防抖及随动功能，可基本消除直升机飞行中所带来的抖动及方向变化，吊舱安装在飞机外部，操作平台安装在机舱内。操作平台由遥控手柄、笔记本电脑、显示器、DV 录放像机、GPS 仪、电源与信号控制箱组成。巡线员在机舱内通过操作平台可方便地控制红外成像仪与可见光摄像机对输电线路进行检测。

第四节　空中游览

一、空中游览的界定

民航局飞标司《空中游览》咨询通告（AC-91-FS-2017-33R1）分别对空中游览从定义、飞行前准备、人员要求、航空器适用性、运行场地等方面做出了要求。

1. 空中游览

空中游览是指以取酬为目的，在航空器中实施的以观光游览为目的的飞行活动，包括异地短途观光。局方在判断某一飞行活动是否属空中游览时，会同时考虑以下因素。

① 是否是出于个人意愿实施的以取酬为目的的空中游览飞行；

② 是否为参加空中游览飞行的乘客提供解说，解说应包括飞行路线所涉及的地面（或水面）上有观赏价值的区域或地点；

③ 运行区域和游览路线；

④ 运营人实施此类飞行的频次；

⑤ 空中游览飞行是作为团体或个人观光内容的一部分；

⑥ 是否因为旅游景点附近的能见度太差，无法达到观光游览目的而取消已计划的游览飞行；

⑦ 是否允许乘客对航空器进行飞行操纵体验；局方认为适用的其他任何因素。

2. 异地短途观光

是指以空中观光游览为目的，载运乘客从 A 起降点到 B 起降点的飞行，此飞行活动可视为空中游览的一种形式。异地短途观光需满足下列条件。

① 在实施异地短途观光时应以空中观光游览为目的，不得向公众传递短途运输的任何信息或误导公众认为此类飞行即为短途运输；

② 不得对外公布固定的起飞降落时刻；

③ 两个起降场地的距离在 40 公里之内；

④ 实施异地短途观光的航空器应为飞机和直升机，且适航审定的旅客座位数（不含驾驶员座位）少于 9 人；

⑤ 旅客应在当日内返回出发地点。

3. 体验飞行

是指在航空器中实施的飞行活动，但不以观光旅游为目的，而是以熟悉、体验航空活动，特别是驾驶舱感受为目的，是弘扬航空文化、普及航空知识的常见活动形式。

二、飞行前准备

1. 安全简介

在起飞前，机长应确保每位乘客已获悉下列安全简介内容：固定和解开安全带的程序；禁止吸烟；不得在飞行期间抛撒物体；打开出口和离开航空器的程序；灭火设备的位置及使用方法。

（1）在起飞前，机长应确保每位乘客已获悉下列安全简介内容。

① 固定和解开安全带的程序；

② 禁止吸烟；

③ 不得在飞行期间抛撒物体；

④ 打开出口和离开航空器的程序；

⑤ 灭火设备的位置及使用方法。

（2）对于超越海岸线的水面上航段飞行，机长对乘客的安全简介除上述内容外，还应包括下列内容。

① 水上迫降的程序；

② 救生衣的使用；

③ 在发生水上迫降时，紧急出口的位置以及从航空器上撤离的程序。

（3）以上安全简介的内容可以通过视频或图片的形式告知乘客，机长应确认所有乘客已理解相关内容。

2. 水上救生设备

（1）从事空中游览的运营人和机长在远离海岸线的水面上飞行时，在起飞前或飞行中应确保每位乘员身穿救生衣直至飞离水面上空。

（2）在满足下列情况之一时，从事空中游览的运营人和机长在超越海岸线水面上飞行时，乘客可以不穿着救生衣，但应确保救生衣随时可用，并便于每位乘客使用。

① 航空器上配有漂浮装置；

② 当在水面上飞行时，航空器到海岸线的距离在其无功率滑翔距离以内；

③ 多发航空器在其关键发动机失效时，按照飞机或直升机飞行手册规定，在特定重量下，该航空器可以在当地海拔高度300米（1000英尺）以上，以至少每分钟50英尺的垂直速度爬升。

（3）如果仅在起飞或着陆阶段涉及跨水运行则不需要配备水上救生设备。

三、人员要求

1. 驾驶员的资格和权限

从事空中游览飞行的驾驶员应符合不同的运行规章对于驾驶员执照和体检合格证的不同要求，对于运动类，驾驶员还应满足CCAR-61部第61.120条相关飞行经历的要求及限制。

（1）对于运行旅客座位数（不含驾驶员）10人（含）以上航空器实施空中游览的驾驶员，遵循下列条件。

① 对于热气球，驾驶员应具有至少100小时热气球机长经历；

② 对于其他机型，驾驶员应具有至少100小时本机型机长经历。

（2）驾驶员训练的特殊规定

① 空中游览运营人应根据法规要求的安全简介内容对驾驶员进行培训；

② 从事空中游览飞行的驾驶员应了解乘客所要游览的区域或地点，并能进行讲解；

③ 空中游览运营人应对驾驶员每年进行应急撤离训练，并由运营人进行记录和考核。

2. 对乘客的要求

（1）航空器运营人须在飞行前告知空中游览乘客包括但不限于下列内容。

① 告知乘客安全简介；

② 对于患有心脑血管疾病、精神疾病、严重平衡器官功能异常等不适合空中飞行的疾病，以及受酒精、药物影响的乘客不得进行空中游览；

③ 乘客的登机、离机应遵照空中游览运营工作人员的引导；

④ 在航空器运行期间，不得殴打、威胁、恐吓或妨碍在航空器上执行任务的机组成员，不得擅自触碰航空器的操纵系统或其他设备开关；

⑤ 航空器运营人认为应告知乘客的其他事宜；

⑥ 乘客登机前须向运营人提供身份信息并进行登记；

⑦ 提供体重信息（如需要）。

（2）乘客登机时应遵守下列要求

为了简化安检手续，乘客登机时不得携带任何行李；乘客不得携带任何运营人认为可能干扰运行安全的设备，运营人负责对乘客携带的个人物品进行检查。

四、航空器适用性要求

1. 飞机

飞机应持有标准适航证。不建议使用符合CCAR-25部《运输类飞机适航标准》要求的飞机实施空中游览飞行。在从事空中游览前，机长应完成性能计划的制定，并检查准确度，在飞行时遵守性能计划。应依据飞机飞行手册中该架航空器信息，同时考虑到飞行的最大密度高度制定性能计划，以确定下列信息。

① 在短窄跑道最大起降重量和重心的限制；

② 最大有效载荷起飞越障速度及襟翼的限制；

③ 重量、高度和温度的最大组合，该高度/速度信息符合飞行手册相关限制；

④ 阵风过大对载重的重量和重心限制；

⑤ 正常越障和正常爬升的限制及要求。

2. 直升机

符合CCAR-27部《正常类旋翼航空器适航规定》或CCAR-29部《运输类旋翼航空器适航规定》要求的持有标准适航证的直升机。在从事空中游览前，机长应完成性能计划的制定，并检查准确度，在飞行时遵守性能计划。应依据直升机飞行手册中该架航空器信息，同时考虑到飞行的最大密度高度制定性能计划，以确定下列信息。

① 有地面效应悬停时最大重量和重心（CG）的限制；

② 无地面效应悬停时最大重量和重心（CG）的限制；

③ 重量、高度和温度的最大组合，该组合应符合直升机飞行手册中的高度—速度图表的限制要求；

④ 风的影响；

⑤ 正常越障和正常爬升的限制及要求。

除了以起飞或着陆为目的进入悬停和从悬停中改出，在起飞和着陆过程中，或基于必要的飞行安全考虑，机长应制订合理的计划，并操纵直升机避免触发提示、警告和避免进入高度—速度限制图表中应规避的区域。

3. 自由气球

持有符合《载人自由气球适航规定》（CCAR-31部）规定的标准适航证的气球可用于空中游览飞行。

4. 不得用于空中游览和体验飞行的航空器

① 持有初级类航空器特殊适航证、限用类航空器特殊适航证、运动类航空器特殊适航证的航空器；

② 滑翔机；

③ 仅持有特许飞行证的航空器。

五、运行场地

1. 有跑道的机场

指可以起降飞机的一般国际运输机场、一般国内运输机场，以及A类和B类通用机场。机场应当具有至少一条跑道或者起降地带，可以允许运行中的航空器在满足既定风速（不大于2米/秒）、温度、飞机结构和越障余度等条件下，以最大审定起飞全重进行正常起飞和着陆。

2. 直升机场

直升机场建设标准具体见《民用直升机场飞行场地技术标准》（MH5013）。

3. 水上机场

水上起降的区域，应符合航空器飞行手册要求。航空器降落在远离岸边的水面期间，如无乘客登机和离机，可视为空中游览的一部分。

4. 野外场地

在空中游览飞行中，直升机和自由气球可以选择野外场地实施起降，但由于野外选址进行飞行的运行环境复杂，应须满足如下要求：获取当地的气候条件以及盛行风向风速等相关信息；实施空中游览时需配备对空电台，用于地面指挥人员与机组的通信联络。

5. 游览区的场地要求

根据《中华人民共和国民用航空法》第六十一条规定，对可能影响飞行安全的高大建筑物或者设施，应按照规定设置障碍灯和标志，并使其保持正常状态。运营人应充分评估实施空中游览场地的标准符合性。

第五节 航空医疗救援

一、相关概念与分类

1. 基本概念

根据民航规章CCAR-290《通用航空经营许可管理规定》对航空医疗救护的定义，航空医疗救护是指"使用装有专用医疗救护设备的民用航空器，为紧急施救患者而进行的飞行活动"。狭义的航空医疗救护包括四种情形：①投放医护力量到达事故现场进行抢救；②从事故现场将病患者运送到医院；③将得到一定救治的病患者从一个医院移送到另一个医院之间院际的转运；④通过航空器紧急运送器官、血液、药物或医疗器材等。

这里列出航空医疗救援几个英文中常用的表达。Air transportation主要表示航空转运；HEMS（Helicopter Emergency Medical Service）则是指用直升机开展医疗救援的业务；Air Ambulance Service可译为空中救护车或者空中"120"；用的比较广泛的是 Air Medical Service，涵盖院前急救和院际转运。

2. 航空医疗救护与应急救援

航空医疗救护是我国应急救援体系的组成部分，二者之间既有联系又有差异。航空应急救援是指发生大面积自然灾害、重大事故或重大公共事件时，利用航空器进行的救援活动，一般由政府主导，参与主体多元化，政府能够调动各种社会资源实施救援；而航空医疗救护主要针对的是常态化的救护，主要服务于高速公路事故、野外搜救、病患救助等其他日常情形，参与者为机构或个人。因此，应急救援一般定位为公共物品，由政府主导承担，而航空医疗救护在很多国家定义为准公共品，存在商业化运作的空间。

3. 分类和特点

按救援任务发生的阶段不同,常态化的航空医疗救护主要可以分为"院前急救"和"院间转运"。"院前急救"是指通过航空器将医护力量送达现场并采取一些必要措施,直至通过地面交通工具或航空器将病员送达医院急诊室之间的这个阶段;"院间转运"则指病患在一个医院经过救治稳定后,通过航空器向其他医院转运的活动。

按使用航空器不同,又可以分为固定翼、旋翼机及使用较少的热气球或其他航空器的救援,其中固定翼主要用于转运,旋翼机可广泛用于各种类型的救援。旋翼机以直升机为主,5座及以下直升机由于空间限制,不太适合改装和执行常态的医疗救护任务,而重型直升机由于成本高,不经常用于医疗急救。现在常用机型包括H135、BELL407、AW139、MD902、S-76D、Ka-226和国产的AC311。直升机体积小,机动性强,又不需要与民航客、货机共用专门的跑道,一般是在低空执行任务,因此,适用于第一现场的抢险、救灾以及应急救援类等院前急救的任务。不足的是直升机航程受限,一般一次飞行的距离在500公里左右,对于长途转运会有很大影响。

固定翼航空医疗救护飞机则能满足长距离的转运要求,既有常见的通过运输航空上的固定位置来实现医疗转运功能,也有将普通的小型飞机进行专业的医疗改装,将一些常用必备的医疗设备装到飞机上,以满足病患及医疗需求,来执行中短程、跨国甚至洲际转运任务。使用固定翼航空飞机转运的大部分为病情相对稳定的危重病患。固定翼医疗转运飞机涉及的机型很多,因为国情不同,各国的固定翼机队组成差别较大。以美国为例,其固定翼的医疗飞机机队构成是多元化的(2014年底,活塞、涡桨、喷气飞机分别为195、276、177架),以满足不同层次、不同类型的需求,主要机型包括皮拉图斯PC-12、比亚乔P-180、比奇国王350ER、赛斯纳系列、达索猎鹰2000X等。澳大利亚的则以经济适用型为主,主要包括皮拉图斯PC-12、国王系列、塞斯纳208、豪客800XP等。

二、航空医疗救援主要运作模式

虽然我国全国性的空中医疗救护体系与发达国家仍有一定差距,但已经有一些开展模式值得关注。

(1)以医院为基础的联盟模式 如北京红十字会的999急救中心,成立了国内第一家空地救援合作联盟,首批联盟单位52家,涵盖通航企业、各大医院、国内外救援公司和保险公司,联盟自2014年正式启动以来,共飞行数百小时,目前在京津地区的起降点达89个,拟扩展至200余个。这种以医院为基础来开展医疗救援的模式在国外应用得比较广泛。

(2)通航企业独立运营商模式 以华彬的天星和亚盛为代表,专注于医疗救护市场,仍处于培育阶段,但取得了良好的社会效应。在寻求与外界广泛合作的同时,也在积极谋划,提升自身能力,拟引进2架全构型改装贝尔429,将在京津冀及周边地区构建救援体系。

(3)健康服务集成商模式 以国际SOS(北京)为代表,是针对客户需求,提供全套整合的解决方案,从而将国际健康管理和医疗安全救援整合成一个新的产业,将航空医疗转运作为其产业链中的一个重要环节来实现。

(4)关联产业的价值链延伸模式 以山东九九九空中救护公司为代表。该企业的母公司为山东麦特集团,主要业务为服务于汽车后市场,在国内拥有众多汽车会员。山东九九九利用其强大汽车的会员渠道，拓展价值链，为会员提供更好的增值服务，专注于道路交通空中救援，正在进行7架飞机的引进，并在山东设立六个基地，会员缴纳不同的年费就能享受到相应的航空医疗救援服务。

三、区域航空医疗救援网络布局

1. 航空医疗救援的流程

典型的院前救援可分为6个阶段（见图5-9），一是病患呼叫后接入调度中心，通过询问确定是否需要安排直升机救援，并根据地点将任务分配至相应的直升机备勤点；二是经过航前准备和空域航线申请，救援直升机从备勤点出发，起飞并飞向救援点；三是在救援现场寻找合适的降落地点，特殊场地还需要悬停和索降；四是伤病员情况确认，直升机降落后随机医生对伤病员进行初步处置，对伤病员情况进行评估与稳定，分辨出哪些伤员需要通过直升机进行转运，将需转运的伤员固定并转入直升机；五是起飞并飞回医院，完成伤病员转运；六是降落在医院，将伤病员移交至医院并开始初步处理。

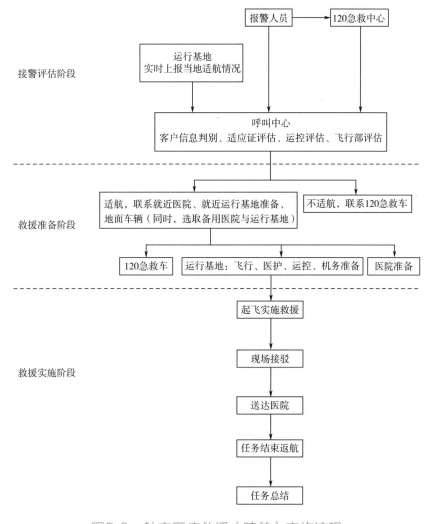

图5-9　航空医疗救援（院前）实施流程

为完成上述工作，一个航空医疗救援系统至少需要一个呼叫中心、若干救援场点以及救援航空器的起降场。

2. 三级救援构架

以一个典型的区域直升机医疗救援网络为例，说明航空医疗救援的三级网络架构。

中心救援场点。中心救援场点负责指挥、调度和协调各个救援场点救援工作，以及飞行保障、飞行员训练、航空器及配套设施的维修、医护人员及救助人员的培训等工作，设立呼叫中心，负责受理辖区内呼救信息、指挥调度、医院协调和救援的组织实施。一般在一个区域内设立一个中心救援场点。

救援场点。救援场点是救援服务基本节点，由飞行区、办公区和相应的勤务保障、通信设施、目视导航设施等组成。配备飞机和救援人员值守，其功能是对所辖区域范围内的各种事故灾害实施救助。救援场点分布广，数量相对较多。

直升机起降场。直升机起降场一般仅配备固定目视导航标志，具体的数量和分布根据需求确定，力争实现对重点交通道和人口聚集区的全覆盖。起降场的布局和建设应充分利用已有设施，在一些有条件的医院、操场以及开阔地带布设；在高速公路、国道、省道等重要交通线路沿线的服务区布设直升机起降点；还应建立起降场手册，标注具体位置和基本条件，方便在援时使用查找。

四、开展航空医疗救援的基本条件

1. 对运营企业资质的要求

由于航空医疗救援一般在两点或多点间飞行，一般要求运营企业具有135部资质并在经营许可中有"医疗救护"项目。

2. 对起降场的要求

院前急救一般使用直升机起降点，既包括专门的楼顶高架直升机场，也包括以操场、停车场、公路等改造的临时起降点。从布局上，既包括以医院为基地的模式，也包括以人群集中的社区为基地的模式。根据国外经验，单一基地可服务半径在60~90千米范围内的区域。由于医疗救援需求的突发性，往往对夜航能力提出要求。

院后转运一般使用固定翼医疗专用飞机，转、接诊医院所在地都需要设有机场，一般使用运输机场、公务机专用机场或跑道级别较高的通用机场。

3. 对飞行计划与航线的要求

一般情况下，医疗救援飞行不需要办理飞行任务审批。在飞行计划审批方面，目前没有专门的文件规范，采用一事一批的做法，但医疗救援的飞行计划一般会优先受理和得到审批。

对于市内的院前急救飞行，突发任务多涉及临时航线审批，需要由飞行组织单位向民航空管部门与军方提出申请，避免对民航运输航线与军方活动造成干扰；对于固定起降点之间的飞行，需要提前与军民航沟通，设定固定飞行航线。

对于院后转运飞行，多使用运输机场，根据飞行的起落地点，按照包机向管调或总调申请飞行计划，使用运输航线飞行。

4. 对航空器的要求

航空医疗救援主要使用直升机和固定翼两类航空器，其中院前急救主要使用直升机，院后转运主要使用固定翼飞机。具体来说，在航空器选型方面主要考虑以下几个方面。

（1）性能与安全　良好的性能与较高的安全性是任何航空器选型都重点考察的内容。

第一是高度、速度和航程，决定了可以使用的航路、机场、可供航空医疗使用的急救时间，这些因素最终决定了医疗中心的辐射范围以及医疗网络的布局。

第二是发动机结构，活塞直升机由于不具备救援所需的性能，极少在医疗救援中使用。涡轴直升机是院前急救的主力，轻型、单发轻型、双发和中型双发直升机在救援中更为常见，需要注意的是单发机型在医疗资源更为集中的城市上空运行可能会存在障碍。涡桨与涡扇飞机均可用于院后转运，涡桨飞机航程短，适用于500公里左右的转运，涡扇公务机则可用于千公里级的长途转运。

第三是舒适性。噪声、震动均会对病人造成影响，决定了能否给转运创造良好的环境，这一点在长途转运中更为重要。此外稳定的供水、供电和环控也是转运飞机必须要注意的因素，如颅脑出血患者要求稳定的舱压，因此需要使用增压舱。

其他还包括宽阔的视野便于处理复杂情况、夜航仪表设备的配置等。

（2）空间与设备　一是空间的充裕性，一般使用5座以上直升机进行改装，客舱长度超过2米以容纳担架。

二是设备与载荷，适用、易用、易维修是对设备的基本要求。参考NASEMSO（美国各州急救协会）标准，直升机通常配备满足1小时内急救的基本设备，包括担架/病床、负压吸引器、便携式或固定式供氧呼吸设备、气管插管及气管切开设备、病患者监控评估设备、创伤救治设备器材、输液及其监控设备、必要的药物器械存储、新生儿运输设备等（图5-10）；而固定翼转运飞机内所配备的ICU设备可参考《中国重症加强治疗病房建设与管理指南（2009）》，包括：病床监护系统（便携式监护仪），可监护基本的心电、血压、脉搏、血氧饱和度、有创压力等体征，呼吸机，输液泵、微量注射泵、肠内营养注射泵以及必要的医药、设备存储设备，一般在300千克左右。

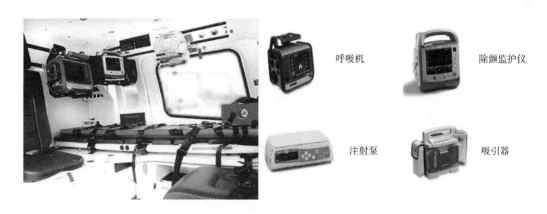

图5-10　直升机医疗救援设备

三是合理的构型，如滑橇结构能保证直升机在多数地面降落、尾门设计则更方便病人的装卸。

四是可改装性强，目前主流机型可进行模块化改装以降低成本、扩大用途。

（3）经济性　价格与成本也是重要因素。如大型双发直升机主要用于复杂搜救任务，医疗转运中则很少出现。转运公务机多由低值老旧飞机改装，以控制成本。

5. 对专业人员的要求

按照135部要求，运行单位需要配备商照驾驶员，如果审定可开展夜航，还需要配备航线照驾驶员。对于驾驶员飞行经验，国内目前尚没有资质要求，德国要求飞行达到1500小时，美国则要求至少飞行1200～1500时或10年，NASEMSO标准为飞行在3000小时以上。

对医疗人员资质，国内目前暂无标准要求。德国DAC对航空医疗救援人员有专门的培训，比如飞行员培训、客舱人员培训、医护人员培训、地面人员培训，并有相关资质证书。目前国内航空医疗救援的专业人员主要通过外送进行培训。

航空医疗救护的发展

1. 军用阶段

航空医疗救护的发展已有超过百年的历史。热气球最初被用于军事中的通信联络和侦察。在1870—1871年的普法战争中巴黎被围，法国人曾用气球将人和信件送出包围圈，同时，也有160名法国士兵乘坐热气球被送回法国就医，引起了世人的关注。1903年，莱特兄弟试飞成功后，固定翼飞机开始应用于医疗救护领域。1910年，美国在佛罗里达州改装了世界第一架航空医疗救援飞机，并在海拔100英尺的高度进行了第一次试飞，不幸失败。但这次飞行试验，引起了官方注意，并给予了该计划支持，一定程度上推动了航空医疗救援的发展。

航空器规模化用于转运，是从军事救援开始。第一次世界大战中，美国开始使用航空器从战场上转运伤员，发现使用未经专业改装的航空器转运病患很困难，机舱太小，只能开放驾驶舱使病患暴露在外面。1917年，法国军医尤金沙桑（Eugene Chassaing）完成一架全构型医疗飞机的改装，他将Dorand ARBreguet和XIV飞机进行了内饰和医疗器械的改装，随后法军大规模应用医疗急救飞机，在20世纪20至30年代北非和中东殖民地战争中，救护了数千名士兵。

与此同时，航空医疗救护理论和方法也开始得到了重视。1922年，美国陆军上校阿尔伯特鲁比（Albert Truby）提出了系统的医疗急救飞机应用理论。美军在二战中建立起了一套庞大、复杂的军用航空医疗急救系统。1950—1953年（朝鲜战争期间），直升机执行了2.2万人次的急救任务。因具有垂直起降、悬停等特性，直升机开启了航空医疗急救直达急救现场和医院的新时代。随着直升机技术的成熟和成本下降，航空医疗救援开始大规模使用，并逐渐在民用急救领域普及。

2. 民用阶段

随着航空器在军事救护和转运的应用显著效果，航空医疗救护也开始推广进入普通百姓的生活。1928年，约翰弗林牧师（John Flynn，1880—1951）在澳大利亚率先成立了"皇家飞行医生"，是世界上最早的以飞机来运送医生、为边远地区的病患或伤员提供紧急救护服务的民用医疗机构之一。由于澳大利亚幅员辽阔，皇家飞行医生用了几十年的时间，发展成今天共拥有20余个基地、63架医疗专用飞机的规模。

差不多同一时期，劳蕾塔（Lauretta.Schimmoler）护士于1930年在美国建立了航空护士队。1934年，作为轰炸机飞行员和护理人员的玛利亚（Marie Marvingt），在非洲摩洛哥开始建立第一个民用航空医疗救援服务，为边远地区和特殊地形中的急症病患提供服务。

美国的航空医疗救护逐步建立起了以医院为基地的商业模式。1947年，美国第一家民用的航空医疗救援公司成立，但早期的航空器成本高，运营比较困难，商业模式尚未成型。1970年，马里兰州警察局成为最早提供民用直升机医疗服务的机构，1972年在科罗拉多州丹佛市建立了第一个附属于医院的专职空中急救站，标志着以医院为基地的航空医疗救援模式出现。到1977年，美国、加拿大才相继建立以医院为基地的直升机空中救援商业模式。

3. 普及阶段

进入20世纪70年代后，随着航空医疗救援的培训、患者救护标准快速更新，民航监管政策、法规也逐步系统化出台，航空医疗救护进入规范化、规模化的发展阶段，迅速向民用普及。

1970年的11月1日，德国的一架名为克里斯托夫（Christoph，为旅行者的守护神）的直升机开始在慕尼黑哈拉青医院服务，航空医疗救援服务理念开始在德国传播。1975年，Christoph 10开始服役，目前大约有百架直升机在德国服役，每个分队均以圣克里斯托夫命名。值得一提的是，1903年成立的拥有百年历史的德国最大的知名救援公司ADAC（Allgemeiner Deutscher Automobil-Club），在1973年开始发展空中救援服务，目前已发展成为德国最大的航空医疗救援机构之一。

1980年，美国Air Methods（空中麦特医疗救援）成立于美国中部卡罗拉多州，开始时主要以滑雪事故和车祸频发、多山区地点救援为主，并开创了一个独特的营运模式——以社区为中心（Community Based Model）和以医院为中心（Hospital Based Model）开展空中救援。目前已发展成为北美最大的航空医疗紧急运送服务的上市公司，总资产14亿美元，在北美3亿人口中占有45%的市场。

1987年，英格兰开始开展航空医疗救援。一年后，伦敦HEMS（Helicopter Emergency Medical Service）开始投入运作。1989年，在英格兰东南部Kent，Surrey & Sussex Air Ambulance成立。在接

下来的几十年里，航空医疗救援社会已扩大为超过20架直升机的规模，为全国16个慈善团体运营。

今天，飞速发展的航空医疗救援服务，已经成为一个遍布全球性的行业，很多国家都在积极推进航空医疗救援体系的构建。随着医学技术的进步和医疗设备的发展，航空医疗救护将为挽救人类的生命、减少财产损失做出了更大贡献。

1. 简述通用航空飞行实施的基本程序。
2. 简述农林航空作业实施程序。
3. 简述各类农林航空作业技术需要注意哪些方面。
4. 简述海上石油飞行服务前准备。
5. 简述直升机吊挂飞行注意事项。
6. 直升机电力巡线的优劣势。
7. 空中游览飞行前准备工作有哪些？
8. 请阐述区域航空医疗救援网络布局。
9. 简述开展航空医疗救援的基本条件。

第六章

复杂气象条件与特殊情况下的飞行组织工作

 学习目标

1. 熟悉复杂气象条件下的飞行组织与实施；
2. 了解发动机故障等特殊情况下的飞行处置与处理；
3. 掌握搜寻和援救有关信号、程序和措施。

复杂气象条件是指影响飞行安全与正常的恶劣天气。遇有复杂气象条件时，管制员和签派员应当掌握天气情况和演变趋势，通知在本管制区内运行的航空器，使之避免恶劣天气对飞行的影响。飞行中的特殊情况是指在飞行过程中突然发生的一些直接或间接威胁飞行安全的情况。对飞行中特殊情况的处置，应当根据当时发生情况的性质、飞行条件和可供进行处置的时间确定。

飞行和飞行的组织与实施及各类保障飞行的人员，对飞行中特殊情况的处置必须预有准备。各类保障飞行的人员在任何情况下都应恪尽职守，使各种保障设施经常处于良好状态，随时能为飞行人员、空中交通管制员、飞行指挥员正确处置特殊情况提供有利条件。对飞行中的特殊情况的处理，应当根据特殊情况的性质、条件和可能而定。但不管情况和条件如何，处理特殊情况主要是空中机组，他们亲临其境，有足够的发言权。因而，在处理过程中，应尊重机组意见。作为飞行的组织和空中交通的管理部门，应为机组正确处理提供方便，协助机组战胜困难，转危为安。

第一节
复杂气象条件下的飞行组织与实施工作

复杂气象条件是指雷雨、结冰、颠簸、风切变、低能见度等影响飞行安全的恶劣天气。遇有复杂气象条件时，管制员和签派员应当了解本管制区内的天气情况和演变趋势，及时通知在本管制区内运行的航空器。

一、雷暴（雨）天气

1. 雷暴

雷暴是指伴有阵风骤雨、电闪雷鸣的积雨云系统的统称，是由强烈的大气对流引起的中小尺度天气系统。强烈的雷暴可以引起暴雨冰雹和大风，有时还会引起龙卷风。一个雷暴单体的水平范围为几公里到十多公里，在某些情况下可以将多个雷暴单体结合成强雷暴。

2. 雷暴对飞行的危害

雷暴可带来冰雹、严重颠簸、暴雨、闪电、电击、阵风、风切变及结冰等多种破坏性的危害。

（1）下冲暴流和微下冲气流　能引起地面产生大于18米/秒的雷暴大风的突发性强下降气流称为下冲暴流。在下冲气流的整个直线气流中，还带有一些小尺度辐散性气流，这些小尺度外流系统称为微下冲气流（图6-1）。微下冲气流出现在下冲气流中，水平尺度为400~4000米，地面风22米/秒以上。下沉气流主体的直径不到1英里，然而，其强度能达到600英尺/分钟。大约离地1000~3000英尺，下沉气流开始横向流动，到达地面时，能以45海里/小时速度向四周扩散。因此，穿越微下冲气流中心的飞机会遇上达到90海里/小时的风切变。一旦飞机进入微下冲气流，可能会遇到增加的顶风，并伴有相应的能量增加，当飞机进近接近地面时，可能要减小发动机推力保持在下滑道上。然而，当穿越微下冲气流中心时，飞机会进入到增强的顺风区，并伴有相应的性能降低，如果飞行员不知道这一现象的话，那么在接近地面、小推力的情况下，会导致空速的迅速减小。

图6-1　下冲暴流和微下冲气流

（2）雷击　雷暴能对飞机产生雷击，造成飞机损坏（击穿飞机蒙皮，损坏气象雷达磁罗盘的永久误差）和人员伤亡。

（3）高度表　使气压式高度表指示产生误差，雷雨天气下气压的迅速变化，可使高度表指示产生高达100英尺以上的误差。

（4）能见度　雷雨天气强降水的情况下使能见度变差，滂沱大雨会降低飞机风挡玻璃的清晰度，造成视觉上的错觉，影响驾驶员对飞机距跑道地平面高度的判断；容易误低为高，或盲目拉高，造成着陆失误。

（5）风切变　雷雨天气常常形成风向风速的急剧变化，起飞和着陆易遭受到风切变；跑道上湿滑加上不定风或阵风影响，飞机极易冲滑偏出跑道，酿成重大事故。

3. 雷暴天气下飞行必须遵守的规定

机场有雷雨或雷暴覆盖时，禁止飞机起降，或试图起飞和进近着陆。机场仅存在降雨的条件下，禁止在昼间强降水、夜间中度以上（含）降水条件下起降。禁止飞入积雨云或浓积云中或试图从云下绕飞雷雨。

起飞爬升航路上或着陆进近航路上有雷雨封闭无法绕行；雷雨大面积封堵目的地机场进离场航路，无法绕行；目的地机场附近有大面积雷暴天气系统，且雷雨前锋向机场移动趋于覆盖机场，预计飞机起飞爬升或着陆进近将遇到雷雨覆盖；雷暴主体移动至距机场起飞航路5海里、着陆航路3海里，对正常运行严重影响；当雷暴主体移离机场，或覆盖机场的雷暴处于消散阶段，但机场仍存在强降水现象。当以上情况存在时飞行机组应根据雷暴的位置、移动的速度方向，雷暴的强度和风向风速对机场运行的影响，及早进行等待、绕飞和备降决断。

在起飞爬升离场或进近着陆进场飞行时，必须正确使用气象雷达，选择绕飞航路，遵守绕飞规定；必须注意飞机的高度，防止低于安全高度飞行，防止与其他飞机危险接近；同时要注意满足稳定进近的要求；飞机进近着陆到达DH/DA或MDH/MDA时，如果遇到大雨严重影响飞行机组视线和正常着陆操作，必须立即执行复飞程序；只有确信着陆机场五边和一边起飞航径没有雷雨降水影响正常着陆和复飞时才能决断进行进近和着陆。

4. 雷雨天气条件下的飞行前操作程序

飞行准备时，要根据所飞航路的特点、季节特点及南北方的天气特点，重点研究遇雷雨时的绕飞方法和绕飞的注意事项，查阅相关的飞行资料（禁区、危险区航线安全高度、备降场等）。飞行前，机长和航务人员应根据气象情况，特别是最近天气报告，分析雷雨性质、发展趋势、移动方向和速度，选择绕飞雷雨区的航线和备降机场，共同研究决定航空器的放行。当天气预报或天气实况有雷雨时，证实机载气象雷达处于完好状态。当航站区域被雷雨覆盖时，不要进入或从该区域起飞，除非有不受已知雷雨影响的航路，并可以沿该航路飞行；当无法避开本区域和航路上的雷雨时，不得放行。

5. 误入雷雨时的飞行操作程序

当飞机陷入雷雨无法返航以致被迫在云中穿越时，机组必须沉着、集中精力进行仪表飞行，切忌惊慌失措，一旦进入雷暴就不要尝试返航，如果不可能垂直穿过雷雨区，就应该保持原定航向，沿直线穿过雷暴区可能在最短的时间内脱离危险，另外，转弯机动也会增加飞机所承受的载荷；在强气流中会使压力改变并可能导致1000英尺的高度误差；避免在靠近0度等温线附近的高度上及10000~20000英尺高度接近雷雨，因为在这个高度上最可能出现强湍流、冰雹、结冰和雷电；发动机推力的变化应尽可能减少，因为大量的进水会造成一台或多台发动机熄火或损坏。

6. 穿越后的检查

在穿越雷雨活动区后，对飞机系统进行功能检查的项目：飞行仪表及发动机仪表；空速管加温系统；无线电及导航设备；罗盘读数；电器系统，包括跳开关。

二、低空风切变

1. 概述

低空风切变是指在低高度上风向和/或风速迅速变化导致指示空速变化大于15海里/小时，垂直方向速度变化大于每分钟500英尺。如图6-2所示。机场附近的对流性雷暴或锋面系统是造成低空风切变的主要原因。低空风切变常出现在雷暴中心周围15海里外沿区域。锋面移动的速度决定了风切变的强度。在相应机型的驾驶员训练课程中，使用经批准的飞行模拟机对装备有风切变系统的飞机的驾驶员进行低空风切变飞行程序和动作的训练，使飞行员在进入风切变后能够采取有效措施，及时安全地脱离风切变区域。

2. 飞行中判明风切变

指示空速变化量±15海里/小时以上；垂直速率变化量±500英尺/分钟以上；俯仰姿态变化量±5°以上；起飞离地后，高度表发生异常停顿或悬持；进近中±1个点以上的下滑道偏移量；进近中某一时刻明显出现异常自动推力变化；起飞滑跑过程中，空速表出现明显加速、减速或滞动；风切变警告。

3. 处置风切变的基本原则

（1）避开　起飞前了解沿预计飞行轨迹的风切变情况；起飞或进近中避开雷雨主体和严重降水区；已知存在严重风切变，推迟起飞或中止进近。

（2）预防　如存在或怀疑风切变，飞行组应警戒其种种迹象；起飞时应使用最大推力（禁止使用减推力起飞）；使用全跑道起飞；如可能，选择较大角度的起飞襟翼；增加VR速

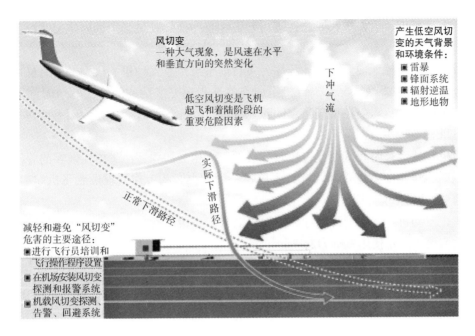

图6-2　低空风切变

度；不迟于1000（AGL）英尺建立稳定进近；在空速变化剧烈时，避免大幅度变化功率或配平；增加进近速度，但最大增加到20海里/小时；如允许，进近时应依据跑道长度等要求选择尽可能小的着陆襟翼使用自动飞行系统。

（3）风切变的改出　起飞、进近和着陆过程中遇到风切变时应尽量保持飞机稳定状态，迅速脱离风切变区域；风切变改出程序和动作应遵守机组操作手册中的相关要求。改出风切变后，飞行机组应将所遭遇的情况报告空中交通管制部门和公司签派室。

三、寒冷天气

1. 概述

在寒冷天气下运行，主要涉及低温以及飞机、停机坪、滑行道和跑道上的冰雪。由于缺少准备或不易察觉，某些天气条件下可能会在机翼、机身和操纵面迅速产生附着物。例如，当机翼温度等于冰点或以下，而相对湿度较高时持续低温会使机翼表面形成冰霜；长时间在低温区飞行使得燃油持续受冷，飞机着陆后在油箱区域的下表面也会形成冰霜。

寒冷天气运行主要包括：飞机地面除/防冰程序、结冰道面滑行、积雪跑道起降、发动机防冰、机翼防冰标准与程序、严重结冰区飞行等。飞行机组必须严格遵守飞机除防冰使用标准及跑道积冰、积雪限制。

2. 运行要求

当机长或者飞行签派员认为，在航路或者机场上，预料到的或者已遇到的结冰状况会严重影响飞行安全时，任何人不得签派或者放行飞机、继续在这些航路上飞行或者在这些机场着陆。当有霜、雪或者冰附着在飞机机翼、操纵面、发动机进气口或者其他重要表面上时，任何人不得使飞机起飞。不符合经批准的公司《除冰防冰大纲》并且其签派或者放行、起飞都不符合该大纲要求的禁止放行和禁止飞机起飞。

跑道覆盖有雨、雪或雪浆时，在飞机起飞和着陆前驾驶员必须询问跑道状况。严禁超过机型限制起降。

飞行机组应监控地面人员除冰程序。飞行前重点检查发动机、机翼、所有静压孔和操纵面的积雪和结冰清除情况。飞行机组应在除冰程序完成后的除冰液有效时间内完成起飞。在起飞前，飞机需要在机场指定的除冰区进行除冰程序时，应与地面人员建立联系，以确保飞机起飞时外部表面无冰、雪、霜。

当飞机在地面长时间待命或过夜时，必须完成相关的程序：飞机在地面的等待超过其保持时间时，机组应考虑重新除冰；飞机在外站过夜时的工作要求参照飞机航后工作单；各类除冰液保持时间。

为防止发动机喷气尾流降低除冰液保护效果，飞机滑行时应与前机保持足够距离；在被污染的跑道，禁止使用减推力起飞。

飞行机组在飞行中必须监控燃油温度，如出现燃油温度不正常应依据机型《机组操作手册》处理。如燃油温度探测故障，在飞行时间超过3小时的巡航航段上，实际的燃油温度等于大气全温，应依据大气全温确定油箱燃油温度。飞行机组成员初始训练、复训必须依照大纲要求完成除/防冰训练科目。

3. 结冰对飞机的影响

（1）污染效应　冰、霜、雪的污染会改变飞机的空气动力性能，而且总是向坏的方向转化，受污染影响的飞机部件一般有以下几类：增升装置；操纵面；发动机整流罩及导向叶片；起落架；传感器以及其他部分；机翼部分。

机翼上附着冰、霜、雪产生的影响：升力减少，失速速度增大；失速迎角小；阻力增加、重量增加；升力中心变化。

（2）结冰对飞机系统的影响　发动机进气口结冰时，发动机进气受影响，会减少可用的动力；如果操纵面的主要区域没有很好地清除冰、霜、雪，操纵面会冻结在原有位置或运动受阻；起落架装置上的冰，会在收轮时损坏起落架装置或设备，积聚在起落架上的冰雪在起飞时会脱落，从而损坏飞机；如果飞机外部传感器探孔或探头，或者传感器附近区域有污染的话，飞行仪表、发动机仪表或其他仪表以及自动系统会收到错误的信息。

4. 除/防冰

正确的除防冰是保证低温安全运行的重要措施；在结冰天气条件下，飞机在起飞前应使用除冰液完成正确的除冰程序；完成除冰程序后，应在飞机的外表面使用可提供一定有效时间的防冰液。但飞行机组应知道由于大气湿度、附着物的水汽含量、风及飞机表面温度的影响，该有效时间是一个大约的估计值。

① 除/防冰后的目视检查项目。除/防水后的目视检查项目包括：机翼前/后缘，上下表面区域；操纵面；发动机进气道；天线；机身；迎角探测器、空速管和静压孔；燃油油箱通气口；空调系统和辅助动力装置进气口；起落架。

② 完成除冰检查后应在有效的持续时间内尽快起飞，特别是在连续降雨（雪）或高湿度天气环境下；起飞前5分钟之内，飞行组应从驾驶舱或客舱目视（夜间时接通机翼照明）检查机翼表面是否积有霜、雪或冰。驾驶舱风挡结构的结冰可作为机翼、机身积雪、结冰的目视参考；在结冰天气条件下，刹车效应会明显变差，减速板和反推的使用尤为重要。

但在干雪道面上，使用反推时，可能会形成雪雾而使能见度降低。

如果已超过除冰液的有效期，必须经过合格的地面人员对飞机外部检查，确认符合放行标准方可起飞，否则应重新进行除冰工作。

四、恶劣天气下管制工作处理

机场管制塔台管制员应当利用目视和塔台的仪表观察机场的天气变化，当认为其与气象部门提供的气象情报有差异时，应当及时通知气象部门。如果情况紧急，可以先通知航空器，但应当说明是塔台观察到的。

管制员接到航空器报告的恶劣气象情报时，应当及时通报气象部门和本区内运行的航空器。

管制员接到本区内飞行的航空器报告有复杂和恶劣天气时，应当及时向航空器提供所掌握的气象情报，提供无恶劣天气的机场、航路和高度，开放有关的导航设备，协助其避开恶劣天气、返航或飞往备降机场。签派员应根据天气条件与机长一起决定放行航空器。

管制员根据需要，可以要求航空器报告下列气象情报。

① 现在位置的飞行气象条件；
② 沿航线的飞行气象条件；
③ 某点与某点之间的气象条件。

有雷雨活动时，管制员应当采取如下措施。

① 根据天气预报、实况和雷达观测等资料，掌握雷雨的性质、范围、发展趋势等；
② 使用雷达掌握航空器位置；
③ 将驾驶员报告的雷雨情报及时通报有关的其他航空器；
④ 了解着陆机场、备降机场和航路天气情况；
⑤ 驾驶员决定绕飞雷雨时，要及时提供雷雨情报和绕飞建议，申请绕飞空域，调配其他航空器避让。

当航线上有结冰时，管制员应当采取如下措施。

① 根据天气预报和驾驶员的报告了解结冰的高度、范围和强度；
② 向驾驶员了解航空器结冰情况和脱离结冰区的意图，提供空中交通情报、有关天气情报和建议；
③ 及时开放有关通信导航设备，使用雷达掌握航空器位置；
④ 调配有关航空器避让。

第二节　特殊飞行情况的处置与处理

特殊飞行情况是指航空器或飞行环境发生了直接影响正常飞行或飞行安全的特殊变化。不管是航空器或飞行环境的变化都需要飞行员和管制员根据具体的情况做出反应，每种特殊飞行情况都有自己的特点和处理方法，在此我们一一进行介绍。

一、起落架系统故障与处置

起落架是支撑航空器在地面停放、滑行、起飞和着陆等活动的装置。起落架系统有故障时，会严重威胁航空器安全着陆。起落架系统故障可分为：起落架收不上、起落架放不下、起落架放下后锁不住、起落架信号系统故障、液压系统失效等。在组织与实施飞行中遇到起落架系统故障时，塔台管制员和签派员必须采取措施，协助空勤组正确处置。

1. 起落架信号系统故障

当起落架收上或放下后没有信号指示，或者指示不正确，或者几种信号指示不一致，机组应当认真检查信号系统。如更换保险丝（灯泡）、检查机械指示牌（指位杆）是否有故障、有关开关是否在正常位置。经过检查后，确系信号指示错误，而且收起落架的收放感觉正常，可以按正常情况飞行或着陆。如果不能确信是信号故障，可在低高度上通过塔台或起飞线塔台上空，由塔台管制员目试查看起落架是否在正常位置。例如：1976年10月4日，波音707-2412号机在首都机场着陆前起落架放下后前轮指示灯不亮，在机场上空转了八圈进行检查，找不到原因，经机组和地面再三观察，确认为前轮已放好，最后允许正常着陆后经检查系前轮微动开关线路断开所致。

2. 起落架收不上

航空器起飞后起落架收不上，应再次做收起动作。如果无效，应检查起落架锁销是否取下、液压系统是否正常、上锁是否故障等，经过检查后，如果空中无法排除，起落架仍不能收上时，应回场着陆。如果小型航空器飞行短途航线，也可以放着轮子飞回基地站。

3. 起落架放不下，或放下后未收好

① 如果液压正常，应多次重复收放起落架，如果无效，可根据不同机型分别用打手摇泵或其他紧急放起落架的办法将起落架放下。

② 采取上述办法后，起落架仍放不下时，如果前起落架和主起落架均是从后向前收的航空器，可将起落架的上锁打开，利用起落架自身的重量和迎风的应力放下起落架，或者在300~1000米的高度，增大飞行速度，做俯冲猛拉升或大坡度盘旋，用离心力和冲击力将起落架甩出。大型航空器主起落架的重量都较重，将起落架舱门和上锁打开，起落架即可放下。

③ 主起落架已放下，但未锁好，如果起落架是从前往后收的中小型航空器，可采取不放襟翼，保持平飞速度通过跑道，使轮子轻微触及道面后复飞，利用机轮撞击地面的力量，将主起落架锁好。复飞后不收起落架，按正常着陆。

④ 对怀抱式收放起落架的航空器，无论是靠重量放下，还是使用紧急系统放下，都应利用应急上锁装置或人工机械措施锁定起落架。遇有起落架系统故障的航空器着陆时，只要时间允许，应请对该机熟悉且有经验的驾驶员和机务人员到塔台或起飞线协助处置，争取放下起落架。

当起落架系统发生故障，采取一切措施后仍不能全部放下时，可根据起落架系统的故障情况、着陆情况、本身技术情况等条件，全面考虑航空器以哪种方式着陆安全程度最高，收轮迫降或利用放下的起落架着陆。塔台管制员应尽一切努力为航空器着陆创造条

件，做好各种保障工作，如组织力量迅速清除着陆地带的障碍物，组织消防、救护工作和组织有关车辆听候使用，指示有关航空器避让等。

4. 起落架有故障的航空器着陆的处置

① 尽量减少航空油量。

② 让不直接参加实施着陆的机组成员到客舱去。

③ 密封增压舱的航空器，在规定的高度释压。

④ 前轮放不下或放下未锁定的航空器着陆，应让航空器上的旅客后移，使航空器的重心尽量靠后，主轮接地后应尽量使前轮后着地。

⑤ 一边主起落架放不下或放下后未锁定的航空器着陆，应在放好主起落架着地后即让前轮接地，尽量保持有故障起落架一边的机翼稍稍上抬（驾驶员应向起落架的一边压杆），增长滑跑时间，使故障起落架一边的机翼尽量在小速度的时候接地，并在机翼下沉的时候，使用紧急刹车，使航空器尽快停下来，减少机翼与道面的摩擦。

⑥ 起落架如果是由后向前收的航空器，起落架放下锁不住时，可按正常着陆，在接地后滑跑结束时，加大油门，踩住刹车，由地面人员叉上锁销，如一边起落架已经失去支撑能力，可用汽车将机翼托住。

⑦ 当采取一切办法后，起落架仍然放不下去时，应使用机腹着陆，也就是迫降。

⑧ 组织好地面的消防和抢救，及时把航空器拖离跑道。

⑨ 机长应把旅客在航空器迫降后的紧急疏散工作准备好，保证着陆后万一发生火灾时，旅客可以很快撤离。

⑩ 有条件的机场应在跑道上从"T"灯前500米喷洒长1500米的灭火剂，使航空器着陆后进入泡沫道面，防止发生火灾。

对于起落架系统发生故障的航空器的着陆和迫降，应当根据故障的具体情况而定。采取的方法，应当按照机长的技术条件及对执行某种方法的信心程度和航空器所属单位的规定来考虑。因为习惯做法在处置特殊情况时起着重要的作用。目前在处理方法和要求上不尽统一，各国的规定也不一致，但总的来说应按以下原则为好。

如果起落架为半收式的，收轮后部分轮胎还露在外面，当起落架发生故障时，收起起落架迫降要比放下起落架着陆更为安全，因虽将起落架收上，但外露部分仍可以起到一定的支撑机体作用，而且可以在无刹车的情况下转动，能保证安全着陆，仅对螺旋桨航空器的螺旋桨有所损坏。起落架全收式航空器，除所有起落架无法放下的情况外，均应使用能够放下的起落架着陆，哪怕是只有前轮可以放下，也不应收起起落架着陆，尤其是大型航空器更应如此，因为航空器由空中降落到地面，在接地的一瞬间机体与地面产生巨大的撞击。我们可以比较，是起落收上用机腹与道面直接撞击所产生的危害大，还是先用1组或2组起落架与道面撞击后，起落架的缓冲机构吸收一部分能量，再由机腹与道面相接触所产生的危害大呢？显然，前者大于后者。因为放下的起落架起着缓冲的作用，即使是有可能因负荷过重而折断，但这种作用是存在的，它可以减少航空器的损害程度，尤其对于机腹油箱中的燃油无法耗尽和放掉的航空器更是如此。

关于起落架无法放下收轮迫降的问题，究竟在迫降地带有利，还是在跑道上有利，应根据机型的轻重来决定。一般的说来，如果航空器较小，重量较轻的机种，在迫降地带较在跑道上迫降好。但大型的航空器重量很重，如果在迫降地带很可能因地面承受的压力不足而使航空器下陷，造成严重的事故。如果在采取措施的跑道上迫降，虽航空器会造成严重的损伤，但安全可以保证。

二、刹车失效与处置

刹车装置的作用是利用安装在起落架轮子上的刹车盘的摩擦作用，把航空器的动能转化为热能，从而使航空器减速或停下。

1. 刹车装置失效的危害

其危害就是航空器无法在滑行过程中减速，致使机长不能按照需要操纵航空器转弯，易偏出跑道或滑行道；在起飞和滑跑着陆过程中，不能使用刹车保持方向，对无前轮操纵方向的航空器在产生偏转时，无法进行刹车修正，易偏离跑道造成事故；遇有跑道短、速度大等情况时，容易使航空器冲出跑道；当一边刹车失效，一边刹车良好时，易形成偏转而损坏航空器。

2. 刹车失效的处置方法与措施

① 航空器在停机坪试车时发现刹车失效，排除故障后再滑行。

② 航空器在滑行时发现刹车失效，应停止滑行，根据情况就地排除故障或拖停机坪排除。

③ 航空器如一边刹车失效，在道面宽阔的机场，可用油门修正来改变或保持滑行方向。

④ 航空器刹车失效着陆时，应在跑道中线上用全襟翼着陆，着陆速度要小，进跑道就接地，充分利用全跑道长度，在滑跑前半段用舵保持方向。

⑤ 航空器刹车失效着陆时，建议机长在航空器活动半径内，选择跑道较宽较长、起降地带开阔的机场着陆。着陆时，应注意清除着陆地带可移动的障碍物；尽量安排航空器向上坡方向着陆；航空器着陆后，用拖车拖回停机坪。

三、发动机失效

发动机是航空器飞行的动力装置，它是航空器的动力来源，一旦部分或全部失去动力，航空器就无法产生足够的推力来保持速度、高度进入到缺失动力或无动力状态，一旦无动力，飞机即进入滑翔状态，而直升机的螺旋桨进入自由风车状态，直线加速下降。

1. 发动机失效的判断

在飞行过程中，机组负责对发动机的状态进行监控，一旦航空器的发动机失效，机组应做出正确的判断。及时发现发动机失效并做出正确的判断，对保证飞行安全是极其重要的。飞行签派员和管制人员如果能够协助机组对发动机失效的判断做些有益的工作，对飞行安全也是很重要的。这里介绍一些主要的判别要素，供飞行签派员和管制人员在组织与实施飞行中使用。

① 可根据人体惯性和目视航空器向坏发动机方向急剧偏转并倾斜；

② 活塞式发动机发出异常声音或放炮声，涡轮式航空器发生喘振（出现爆音和抖动）；

③ 仪表板上显示：发动机转数降低；扭转力矩下降；活塞式航空器发动机气缸头温度降低；涡轮式航空器尾喷口温度增高或降低；燃油压力下降；滑油压力下降；滑油温度剧

增;滑油消耗量超过标准;发动机振动指示器超过规定范围,警告信号灯亮。

上述因素是判断发动机失效的线索,判断过程中必须综合分析,不能只根据某种现象作出结论,防止因判断失误而人为地造成发动机失效。

2. 发动机失效的处置方法

(1) 起飞时发动机失效的处置

① 单台发动机的航空器 航空器起飞后,高度在100米以下发动机失效时,机长应在前方迫降。若高度在100米以上,只要条件许可,机长应选择场地,判明风向,准确地进行目测着陆。

② 两台发动机的航空器 起飞过程中,活塞式航空器在收上起落架以前,涡桨或涡扇航空器在速度小于V1一台发动机失效时,机长应中止起飞。

两台活塞式发动机的航空器在起落架已经收上后一台发动机失效或两台涡桨、涡扇式发动机的航空器在起飞速度大于V1时一台发动机失效,应立即将失效发动机顺桨(涡扇式发动机将失效发动机全关),继续起飞,并保持好方向直线上升。高度在100米以上方可进行转弯,最好向工作的发动机方向转弯,如必须向失效发动机方向转弯时,一定要遵守该种机型规定的转弯数据。

③ 三台发动机以上的航空器 装有三台以上涡桨或涡扇发动机的航空器,在起飞时部分发动机失效,是中止起飞还是继续起飞,取决于发动机失效时的速度,速度小于V1时应中止起飞,速度达到V1及其以上应继续起飞。

若中止起飞,涡桨航空器机长应将发动机油门收回全关,立即平桨,全刹车减速。涡扇航空器机长应将发动机油门收回全关,工作的发动机使用反推装置,将减速板放出,并使用刹车等使航空器减速。

若继续起飞,机长应保持好方向,同时涡桨式发动机的航空器姿态在自动顺桨后还应重复顺桨。在规定的高度或速度上收起起落架和襟翼,爬升至200米以上转弯回场着陆。

对部分发动机失效后起飞成功的航空器,尽管航空器有继续飞行的能力,也不准继续加入航线飞行。

在起飞过程中,驾驶员报告发动机失效时,管制员应当及时调配其他有关航空器避让,立即通知有关保障单位做好航空器着陆的援救工作。

(2) 航线飞行中发动机失效的处置 航路飞行中,驾驶员报告部分发动机失效时,管制员应当采取如下措施。

① 了解驾驶员意图;

② 提供就近机场的资料和有关的飞行情报;

③ 如果航空器不能保持原指定高度继续飞行,及时调配有关航空器避让;

④ 航空器不能保持最低安全高度,又不能飞往就近机场着陆,驾驶员决定选择场地迫降时,应当按照搜寻援救的程序进行工作。

(3) 发动机失效的航空器进入着陆的管制 发动机部分失效的航空器进近着陆时,管制员应当采取如下措施。

① 在航空器着陆前,通知机场管理机构做好援救准备工作;

② 空出该航空器占用的高度及其以下的高度,禁止其他航空器和与援救无关的车辆在

机动区内活动；

③ 允许航空器在有利的高度飞向着陆机场。

对发动机失效的航空器的进入着陆，应引起足够重视，尤其是双发航空器单发着陆和一边机翼上的发动机全部失效，或后置式发动机多数发动机失效情况下的进入着陆，应作为一种复杂情况来处置。

遇有上述情况时，管制员应做好以下工作。

① 清除着陆地带可移动的障碍物；

② 做好消防、救护的准备工作；

③ 做好灯光、导航、气象等保障工作；

④ 指示正常飞行的航空器避让，安排发动机失效的航空器优先着陆；

⑤ 五边进近时，注意提醒航空器下滑姿态，发现目测过高、过低或未对正跑道时，及时提醒机长；

⑥ 维持机场秩序，避免因人为原因造成航空器复飞。

（4）发动机失效的航空器的复飞条件　部分发动机失效的航空器进入着陆时，应尽量避免复飞，地面保证应使航空器一次进入着陆成功。只有在迫不得已的情况下才能进行复飞，并需具备下列条件。

① 符合该航空器所规定的复飞高度和速度；

② 故障发动机已经顺桨，工作发动机能及时加至起飞功率；

③ 襟翼在该航空器规定的复飞位置；

④ 液压系统工作正常，能保证起落架及时收上；

⑤ 复飞过程中，能够超越复飞方向的障碍物。

四、座舱失压

随着航空技术的发展，航空器具的完善，航空器的飞行活动由低空进入了高空。在高空时，为了满足人体对氧的需要、保证飞行安全，通常非增压舱的航空器飞行高度在4000米以上则必须携带氧气；然而，增压舱的出现可使人们感觉像在地面一样不受约束地在机舱内活动而无须携带氧气。但是，航空器的飞行高度越高，增压舱与外界的压差就越大，机体结构和增压装置面临诸多考验，许多原因都可能造成机舱失压。一旦出现增压舱失压的情况，航空器的结构、飞行能力均受到严重影响。出于对航空器和人员安全的考虑，航空器必须尽快下降。因此，管制人员和签派员应协助机组做好机舱失压后的处置工作。

1. 增压系统失效的原因

增压系统失效的原因，主要是由以下几种情况造成的。

① 机舱门密封不严；

② 安全活门、放气活门的密封橡皮磨损漏气；

③ 飞行中人为或自然原因造成机舱玻璃或风挡玻璃破裂；

④ 增压系统失效，如通气管道破裂、堵塞或提供气体的发动机停止工作等。

2. 应采取的措施

接到驾驶员报告航空器因增压系统失效紧急下降时，管制员应当采取如下措施。

① 根据航空器当时的位置，迅速通知其他航空器避让，并立即通报有关管制单位；
② 允许航空器在不低于安全高度的情况下，下降到4000米以下高度飞行；
③ 航空器下降到较低高度层飞行后，了解其续航时间；
④ 按照驾驶员的决定，及时提供航空器继续飞行或者就近机场着陆所需的飞行情报。

3. 机组的工作

在机舱失压后的紧急情况下，机长有权自行决定紧急下降高度，但必须立即报告管制部门，并对该决定是否正确负责。在紧急下降高度时，应从航空器飞行方向向右转30度，即开始下降，按此航向飞行20千米，然后平行航线下降到4000米后，平行航线飞行或重新加入航线飞行；立即用氧并给旅客供氧；关闭机舱放气活门；在紧急下降过程中，时刻注意马赫数或表速的指示不应超过该航空器的规定数值。

五、地空通信联络失效

无线电通信联络是组织与实施飞行和管制部门实施空中交通管制的基本手段，当管制员不能与在管制区内飞行的航空器保持双向无线电通信联络时，飞行人员就无法向空中交通管制单位报告飞行情况和机组的意图，管制员也无法向航空器发出指令和有用情报。这对于空中交通安全是非常不利的。地空通信联络失效有多种表现形式，如航空器无法收发信息和航空器无法发信息、航空器无法发信息和管制单位无法收信息、管制单位无法收信息和管制单位无法收发信息几种情况。但一般来讲，管制单位无法收发信息的情况较少发生。因此，当与空中航空器失去通信联络时，应按照失去联络的有关规定，积极采取必要措施，保证飞行安全。

对失去通信联络的航空器，如果管制员不能判明航空器是否收到管制指令时，既要考虑航空器可能按照失去通信联络前所使用的高度层和预计时间飞往着陆机场，又要考虑可能改航去备降机场。

1. 失去通信联络的原因、判断方法及标准

失去通信联络的原因如下。
① 地面通信设备原因：发信机故障或功率不当、受信机故障、频率不准或错误、断电；
② 航空器电台原因：发信机故障、收信机故障、用错频率、断电；
③ 自然原因：磁暴、航空器天线积冰。

失去通信联络的判断方法及标准：

管制员自开始呼叫机长或机长按照规定应进行请示、报告的时间起，管制员使用所有可利用的通信波道多次呼叫机长超过30分钟仍未收到回答时，即为与航空器失去通信联络。

2. 应采取的措施

当与航空器失去通信联络时，管制员除查明原因外，应当迅速采取如下措施。
① 通过有关管制室以及空中其他航空器的通信波道，设法与该航空器建立联络；
② 使用当地可利用的通信波道连续不断地发出空中交通情报和气象情报；
③ 开放有关导航设备，使用雷达掌握航空器位置，通知航空器改变航向或者改变应答

机编码，以判明其是否收到指令，然后采取措施；

④ 调度空中有关航空器避让；

⑤ 通知有关机场作好备降准备；

⑥ 机场管制塔台与进离场航空器不能建立联络时，应当使用辅助联络的符号和信号。

失去通信联络的航空器需去备降机场时，在确实判明航空器可以收到管制指令的情况下，管制员应当采取如下措施。

① 航空器在云下按目视飞行规则飞行时，指示航空器仍保持在云下按目视飞行规则飞行，可在航线上任一点改航去备降机场。

② 航空器按仪表飞行规则飞行时，应当指示航空器按照仪表飞行规则飞行至预定着陆机场的导航设备上空，经导航设备上空改航去备降机场。

③ 航空器改航去备降机场并改变航向后，如果原高度层符合高度层配备规定，应当指示其保持在原规定高度层飞行；如果原高度层低于最低安全高度，应当指示其上升到符合新航向的最低安全高度层飞行；如果原高度层不符合新航向的高度层配备，应当指示其下降 300 米［原高度层在9000米（含）以上时，则应当指示其下降600米］飞行，如果下降后的高度可能低于最低安全高度时，则应当指示其上升到符合新航向的最低安全高度飞行。

④ 通知备降机场管制单位作好准备，并向航空器提供飞往该机场所需的飞行情报。航空器在航路上失去通信联络时，区域管制员应当将有关失去无线电联络的情报发给航路有关空中交通管制单位。目的地机场所在地区的区域管制室管制员应当在航空器预计进入着陆机场区域前15分钟不断地发出着陆条件，指示航空器在已占用的高度层上飞向着陆机场导航台，并且通知进近管制室和机场管制塔台。进近和塔台管制室应当不断重复发出进近与着陆条件，直至航空器着陆为止。

⑤ 管制员应当在失去通信联络的航空器预计到达着陆机场导航台上空前10分钟，将等待空域内该航空器占用的高度层空出，禁止其他航空器穿越。在该航空器预计到达导航台上空的时间后30分钟内，禁止其他航空器在等待空域内下降。

⑥ 失去通信联络的航空器应当在前款规定的时间段内着陆。按照实际起飞时刻计算的到达时刻，即为航空器优先着陆下降高度的开始时间。失去通信联络的航空器已经着陆，或者已经恢复联络，或者航空器预计飞越导航台上空30分钟内发现航空器的，可恢复其他航空器的活动，并立即通知有关管制室。

3. 因磁暴影响失去地空通信联络时，管制员应当采取的措施

① 通知有关管制室使用各种波道，特别是甚高频，设法与航空器联络；

② 使用雷达监视航空器飞行；

③ 通知航空器使用甚高频与同航路或者邻近的航空器沟通联络，相互通报情况，并严格保持规定的高度层飞行；

④ 暂时停止航空器起飞；

⑤ 建议飞越的航空器在本机场或者就近机场着陆。

六、无线电罗盘失效

无线电罗盘是航空器在仪表条件下飞行时的主要无线电领航设备，它是航空器基本的

飞行设备，它的主要功能是向航空器提供方向引导信息。一旦航空器的无线电罗盘失效，航空器很快就会出现方向、位置不清的现象。在天气不好的情况下，易导致航空器偏航、迷航等现象。不管什么航空器，在飞行中发生无线电罗盘失效时，应立即采取措施，尤其是飞行前方天气较复杂时，必须建议航空器就近降落或返回起飞机场着陆，排除故障。

在飞行实施阶段管制员接到航空器报告无线电罗盘失效时，应当采取下列措施。

① 询问无线电罗盘失效的情况和原因；
② 利用雷达监视和引导航空器飞行；
③ 航空器在云下按目视飞行规则飞行时，应当指挥其继续保持在云下按目视飞行规则飞行；
④ 航空器按仪表飞行规则飞行时，按照驾驶员的决定，协助该航空器继续飞行或者在就近机场着陆。在可能的情况下，应当根据驾驶员的要求调度航空器转为云下按目视飞行规则飞行；
⑤ 离场航空器尚未飞出进近管制区时，可建议该航空器返航着陆；
⑥ 着陆机场的天气符合仪表飞行规则飞行条件，而该机场又无精密进近雷达或者仪表着陆系统时，管制员应当提供天气较好且灯光、无线电助航设施较完善的备降机场，供驾驶员选择。

七、空中失火

虽然航空器配备了多重灭火装置，一旦航空器在空中失火，对航空器和机上人员的安全将造成极大的威胁。若是航空器空中发动机失火，航空器则面临着双重威胁，即火势会蔓延到其他部位和航空器至少会失去部分动力。

1. 空中机身失火与机组处置方案

当机组发现机身、机舱某一告警装置报警失火时，应迅速通过其他告警装置，认真地检查，可能时，应派人目视观察该部位是否失火。当确认是机身或机舱失火时，机组应采取以下措施。

① 按机型手册进行灭火；
② 根据火势情况，利用紧急下降灭火；
③ 当利用机上设备和紧急下降等方法仍无法扑灭时，应立即去就近机场着陆，如不能去就近机场，应选择场地迫降；
④ 当火情无法扑灭时，立即选择场地进行迫降。

2. 空中发动机失火与机组处置方案

当机组发现发动机某一告警装置报警时，应迅速通过其他告警装置，认真地检查，可能时，应用目视观察发动机是否失火。当确认是发动机失火时，机组应采取以下措施。

（1）涡轮风扇和涡轮螺旋桨航空器空中发动机失火

① 将失火发动机顺桨后，还应使用紧急顺桨；
② 将失火发动机关闭；
③ 按机型手册进行灭火；
④ 根据火势情况，利用紧急下降灭火；

⑤ 当利用机上设备和紧急下降等方法仍无法扑灭时，应立即去就近机场着陆，如不能去就近机场，应选择场地迫降。

（2）活塞式航空器空中发动机失火

① 关闭失火发动机的防火开关和燃油连通开关后，加大油门将余油烧尽；
② 在进行灭火之前，先将发动机关闭，以断绝空气流通；
③ 失火发动机如无抖动时，不要急于顺桨，使螺旋桨保持一段自转状态，以便排除管路中的剩油，防止灭火后重燃，待火扑灭后立即顺桨；
④ 当火情无法扑灭时，立即选择场地进行迫降；
⑤ 单发航空器空中发动机失火时，在灭火的同时，边灭火边选择迫降场地，并滑翔去该地区进行场外迫降。

3. 管制员应当采取的措施

接到驾驶员报告航空器空中失火时，管制员应当采取如下措施。
① 了解着火部位和驾驶员所采取的措施；
② 允许航空器下降到最低安全高度，调配其他航空器避让；
③ 驾驶员决定飞往就近机场着陆或者选择场地迫降时，及时提供所需的飞行情报，将迫降地点及时通知搜寻和援救单位；
④ 向失火航空器提供各种便利和优先着陆许可，避免其复飞；
⑤ 通知有关保障单位和机场管理机构做好航空器着陆和援救的准备工作。

八、迷航或不明的航空器

飞行中机组处于不能判明航空器所在位置，无法确定应飞航向，以致不能按照预定计划完成飞行任务的一种飞行状态，叫迷航。

迷航是一种责任事故。只要机组的飞行准备工作能按程序进行，各飞行组织、保障与管理单位能严格把关，完全可以杜绝迷航事故的发生。一旦发生迷航事故，只要我们措施得当，指挥准确及时，能很快使航空器复航。

遇到迷航时，空中交通管制和签派部门，最主要的责任是能够使机组头脑清醒起来，摆脱迷航状态，这一点十分重要。因为机组迷航后，对周围环境、仪表指示都会产生错觉和怀疑，同时还容易造成乱飞。所以迷航后机组很难自己摆脱，在这种情况下，管制员一句提醒的话语，都可能促使机组醒悟。因此，管制员在处置航空器迷航的过程中，应当结合当时、当地的特点和有关规定，坚定、沉着地采取措施，为迷航航空器提供各种方便条件，准确地进行指挥，确保迷航航空器的飞行安全。

1. 接到驾驶员报告迷航时，空中交通管制员应当采取的措施

① 了解航空器的续航能力，根据该航空器发出的所有位置报告，推算出航空器的概略位置并采用一切可用手段确定航空器的位置。
② 开放有关导航设备，使用雷达搜索，向航空器提供引导，指挥其他航空器避让。
根据航空器所处条件，及时发出如下管制指令。
a. 当航空器低空飞行时，指令其上升到有利的高度，便于扩大视界和雷达观测；
b. 当航空器在山区飞行时，指令其改向平坦地区飞行；

c. 当航空器在国境附近时，指令其改向国境内侧飞行，然后采取复航措施。

　　③ 根据航空器的概略位置，引导航空器飞向导航台或显著地标（铁路、湖泊、江河、城市等）后，通知航空器位置。按照驾驶员飞往着陆机场或者就近机场的决定，通知应飞航向和提供飞行情报。

　　④ 按照需要将关于该航空器的有关资料以及发给该航空器的指令，通知有关的空中交通管制单位和军航管制单位。

　　驾驶员采取一切措施后仍不能复航，并决定在发现的机场着陆或者选择场地迫降时，管制员应当尽可能了解迫降情况和地点，并按照搜寻和援救的程序实施工作。

2. 不明航空器的处置

　　为了空中交通管制的需要或按有关军航管制单位的要求，空中交通管制单位一经发现有不明的航空器在本区域内飞行，应当尽力识别该航空器，并采取下列措施。

　　① 设法与该航空器建立双向通信联络；

　　② 询问其他空中交通管制单位关于该航空器的情况，并要求他们帮助与该航空器建立双向通信联络；

　　③ 设法从在该区域内的其他航空器得到情报。

　　空中交通管制单位在查清不明航空器的情况后，应当及时将该航空器的情况通知有关军方、民用航空空中交通管制单位。

3. 防止迷航的措施

　　防止迷航可以采取以下几种措施。

　　① 根据飞行人员技术状况派遣飞行任务，防止因不胜任导致迷航；

　　② 把好机组的地面准备质量关，飞行值班领导和飞行签派人员应督促机组做好飞行前的准备工作，并检查准备质量是否合格；

　　③ 严格掌握航空器放行，根据机长技术水平和天气条件，认真考虑适航程度，严格掌握放行航空器的天气标准；

　　④ 及时了解沿飞行航线的天气情报，随时掌握天气演变情况，充分考虑到后来天气对继续飞行的影响，防止机长在飞行中突然遭遇坏天气而迷航，应及早采取安全措施；

　　⑤ 组织好通信导航和雷达情报的保障工作，随时给机组提供飞行所需资料；

　　⑥ 随时掌握空中航空器的位置，根据空中报告和雷达资料检查航空器航迹，如发现错误，应及时提醒机组检查和纠正。

九、航空器迫降与处置

　　在飞行中发生某种特殊情况以后，经过空中和地面的努力，还不能使航空器从特殊情况中摆脱出来时，在与经营人通报情况后可建议机长进行迫降。迫降是我们处理特殊情况的最后手段。它是一种理智的选择，而不是鲁莽的行动。诚然，迫降会造成航空器的严重损坏，但比起航空器已在极困难情况下飞行时的突然坠落要好得多，即我们可以保全大部分人的生命。

　　对航空器迫降的处置，就飞行的组织与实施的角度来说，应当分为使航空器迫降成功的迫降前处置措施和航空器迫降后的援救工作。本节只介绍迫降前的处置，迫降后的援救工作将在下一章与其他特殊情况的援救工作一并讲解。

航空器迫降分为场内迫降和场外迫降两种情况。场内迫降，如在机场跑道上或机场内专门设置的迫降地带的迫降；场外迫降，是指在空中临时选择的野外场地上的迫降。实施航空器迫降，在情况允许的情况下，应尽量安排航空器在场内迫降，这将使迫降有更大的成功把握，也为援救提供了方便。

实施迫降是一种比较复杂的处置过程，迫降后果事先难以设想。因此，机组和管制员应在航空器迫降前想尽一切办法，采取一切有利措施，在首先保证机上人员生命安全的前提下，尽量保全航空器。

管制员在遇有航空器迫降时，应当迅速采取以下有效措施。

① 立即报告值班领导和上级管制部门，并组织有关单位立即做好抢救工作。如系场外迫降，应通过电话、电报请求有关邻近单位赶赴现场协助援救。

② 航空器在场内迫降时，指示机长在专门设置的迫降地带或在采取防火措施的跑道上进行。

③ 航空器在场外迫降时，在可能的情况下，提供迫降地点附近的地面气压。

④ 在情况允许时，迫降前应尽量将油箱内的燃料耗尽，尤其是机腹油箱内的燃油。有放油装置的航空器，应将燃油放掉后再进行迫降。

⑤ 通知有关单位组织搜寻救援。

管制员、飞行签派员在航空器迫降时，尽可能适时地提醒机长以下几点。

① 航空器在场外迫降时，提醒机长在空中选择地形平坦、开阔、软地和无居民点的地带进行。

② 提醒机长让不直接参加迫降操纵的机组成员到客舱去，协助乘务员做好旅客的工作。

③ 密封增压机舱的航空器，提醒机长在其规定的高度上关闭供气，打开释压机舱释压。

④ 提醒机长根据迫降地带的海拔高度拨正气压高度，作为迫降时的参考数据。

⑤ 提醒机长先在迫降场地上空做机动飞行，观察地形，并打开无线电高度表，根据其指示判断航空器的真实高度。

⑥ 提醒机长在迫降以前一定要将紧急窗口和客舱门打开，以防止航空器触地引起机身变形，造成紧急窗口客舱门打不开而影响旅客及时疏散。

⑦ 提醒机长放下襟翼、阻流片（减速板）迫降，使航空器在接地时尚有足够的升力，以便在较大的迎角和较小的速度下接地，减小在下滑时因速度过大而产生的撞击。

⑧ 提醒机长在航空器接地前关闭发动机和防火开关，接地时关闭紧急电门并进行灭火。航空器遇有特殊情况必须进行迫降时，除特殊情况外，一般应在空中先做机动飞行，一边了解迫降区域的地形和地表性质，一边进行迫降工作的分工，并采取其他安全措施，把准备工作做得充分一些，切忌仓促从事。

十、民用航空器被拦截

航空器没有飞行计划飞行、飞入（出）边界以及飞入空中禁区均可遭到拦截。有关飞行的组织与实施单位应履行职责，避免这种情况发生。

当军航管制单位观察到可能是民用航空器正在飞进或已进入某一空域并要进行拦截时，空中交通管制单位在得知此情况后应当尽力识别该航空器并向该航空器提供所需的航行引导，以避免航空器被拦截，并将有关情况通报有关军事单位。

当民用航空器被拦截时，其所在空域的空中交通管制单位应当采取以下措施。

① 在任何可用频率上，包括紧急频率121.5兆赫，与被拦截的民用航空器建立双向通信联络；

② 按照有关军航管制单位的要求，将拦截一事通知被拦截的民用航空器；

③ 与有关的与拦截航空器保持有双向通信联络的军航管制单位建立联络，并向其提供能够得到的关于被拦截民用航空器的情报；

④ 根据需要，在拦截航空器与被拦截的民用航空器之间或在有关军航管制单位与被拦截的民用航空器之间转达信息；

⑤ 与有关军航管制单位密切协调，采取一切必要步骤以保障被拦截的民用航空器的安全；

⑥ 如果该民用航空器是从国际相邻飞行情报区偏航或迷航误入的，应当通知该飞行情报区的空中交通管制单位。

当得知民用航空器在相邻区域正被拦截时，空中交通管制单位应当视情况采取下列措施。

① 通知被拦截民用航空器所在区域的空中交通管制单位，并向其提供有助于识别该民用航空器的情报；

② 在被拦截的民用航空器与有关空中交通管制单位、有关军航管制单位或拦截航空器之间转达信息。

第三节 搜寻和援救

当航空器发生紧急情况及飞行员在进行紧急处理时，要向空中交通管制部门报告飞机遇到的情况及处置措施，根据当时的飞行状态，空中交通管制员应分清事件的类型，给予必要的帮助和指令，并通知有关各方；如果飞行状态进一步恶化，管制员在给予必要的帮助和指令的同时应判断事态的发展趋势，密切关注航空器的动向，记录航空器的位置。

空中交通管制单位是唯一与飞行中航空器始终保持通信联络的地面部门，航空器发生紧急情况时空中交通管制单位在进行必要的紧急处理后，应立即向上级领导报告情况并取得指示，把航空器的情况通报给航空公司并听取他们的处置意见，做好空地的信息沟通工作；在航空器需要搜寻与救援时做好协调及必要的帮助工作。

一、航空器遇险和紧急情况的标准

（1）遇险　飞行中的航空器和航空器上人员的安全受到迫在眉睫的危险的威胁，同时需要立刻援救的情况称为遇险。

（2）紧急情况　飞行中的航空器和航空器上人员的安全受到严重威胁，但不需要立刻援救的情况称为紧急情况。

二、遇险和紧急情况的信号

（1）遇险　话呼为"MAYDAY"，报呼为"SOS"。

（2）紧急　话呼为"PAN"，报呼为"XXX"。

三、遇险和紧急情况下的无线电通信程序

当机长确信航空器遇险和紧急情况发生时，应在原无线电工作频率上保持无线电通信，直到转换频率能取得更好的效果时，方可停止在原频率上工作。在我国境外飞行时，可以使用搜寻援救专设频率121.5或243兆赫。海上飞行时，还可以使用500千赫或2182千赫发出。装有应答机的航空器，还应将其置于"A7700"。

遇险和紧急情况通信开始时，应首先发遇险或紧急情况信号三次，然后发送航空器遇险或紧急情况电报，包括以下内容。

① 收电电台的名称（在时间和条件允许时）；

② 航空器识别标志；

③ 遇险情况或紧急情况性质；

④ 机长的意图；

⑤ 航空器的位置、高度、航向。

四、遇险和紧急情况下的管制措施

当收到航空器紧急、遇险的情况报告或信号时，管制员应迅速判明航空器紧急程度、遇险性质，立即按照情况不明、告警、遇险三个阶段的程序提供服务。

1. 情况不明阶段

（1）情况不明阶段指航空器及其机上人员的安全出现令人疑虑的情况

① 航空器超过预计飞行某一位置报告点30分钟，没有收到任何报告或从第一次与航空器联络起，30分钟内没有再取得任何联络；

② 航空器最后报告的或管制单位计算的预计到达目的地的时间30分钟内仍未到达。

（2）管制员应采取的措施

① 立即报告值班领导；

② 按照失去通信联络的程序继续进行工作；

③ 采取搜寻措施，设法同该航空器沟通联络。

2. 告警阶段

（1）告警阶段指航空器及其机上人员的安全出现令人担忧的情况

① 航空器发出紧急信号；

② 对情况不明的航空器经过通信搜寻服务30分钟后仍无消息；

③航空器已取得着陆许可,超过预计着陆时间5分钟内尚未着陆,又无通信联络;

④航空器有通信联络,但飞行能力受到损害尚未导致迫降。

(2)管制员应采取的措施

①通知救援单位做好救援准备,并报告值班领导;

②通知航空器所能到达的区域或机场的管制室,开放导航、通信、雷达设备,进行扩大通信搜寻服务;

③调配有关空中航空器避让,通知紧急状态的航空器改用紧急波道,或通知其他航空器减少通话或改用备份频率;

④开放通信、导航、雷达设备进行通信搜寻服务。

3.遇险阶段

(1)遇险阶段指航空器和机上人员的生命和财产安全受到迫在眉睫的威胁

①航空器发出遇险信号;

②告警阶段之后,进一步进行扩大通信搜寻服务1小时后,仍无航空器的消息;

③航空器燃油耗尽而又没有着陆的消息;

④接到机长报告,决定选择场地迫降或航空器有迫降的可能时。

(2)管制员应采取的措施

①立即报告值班领导,通知有关报告室和管制室,如有可能通知该航空器的单位;

②将航空器的推测活动范围或航空器迫降地点通知救援单位(见表6-1);

③如航空器在场外迫降时,航空器接地前,应与航空器保持通信联络;

④保留通话录音和记录,直至不再需要时为止。

表6-1 救援单位

名称	设施		备注
	航空器	船只	
北京救援协调中心 北京/Capital Aerodrome 天津/Binhai Aerodrome	中程 短程	船舶	
沈阳救援协调中心 秦皇岛 大连 沈阳/Taoxian Aerodrome	短程	船舶 船舶	
上海救援协调中心 连云港 温州 福州 厦门 烟台 青岛 上海/Hongqiao Aerodrome	中程 短程	船舶 船舶 船舶 船舶 船舶 船舶 船舶船只	

续表

名称	设施		备注
	航空器	船只	
广州救援协调中心 广州/Baiyun Aerodrome 汕头 三亚 湛江	中程 短程	船舶 船舶 船舶 船舶	
昆明救援协调中心 昆明/Changshui Aerodrome	短程		
兰州救援协调中心 兰州/Zhongchuan Aerodrome	短程		
乌鲁木齐救援协调中心 乌鲁木齐/Diwopou Aerodrome	短程		
武汉救援协调中心 武汉/Tianhe Aerodrome	短程		
台北救援协调中心	短程	船舶	

思考题

1. 特殊飞行情况的处置与处理的原则是什么?
2. 雷暴天气对飞行的影响及其处置。
3. 简述低空风切变的飞行处置。
4. 简述恶劣天气下管制工作处理。
5. 当航空器在进近着陆时,起落架放不下,作为管制员应当采取哪些措施?
6. 简述发动机失效的处置。
7. 简述座舱失压的处置。
8. 当航空器在飞行中失去通信联系,作为管制员应当采取哪些措施?
9. 简述防止迷航的措施。
10. 在航空器迫降时,作为管制员应提醒机长做哪些工作?
11. 航空器遇险和紧急情况的标准是怎样规定的?
12. 简述遇险和紧急情况下的无线电通信程序。

第七章

飞行事故的调查与处理

学习目标

1. 掌握飞行事故的标准和等级；
2. 熟悉飞行事故应急预案体系和要素；
3. 重点掌握飞行事故调查处理程序。

飞行事故调查是指对已发生的飞行事故进行资料的收集、分析、作出结论的过程。飞行事故调查的目的，是为了找出原因防止类似事件的再发生。通常，飞行事故调查应由国家授权的人员和机构组织执行和控制调查过程，收集、记录导致失事或事故的事实情况，如飞行经历、飞行人员伤亡、飞机适航性及维护情况、气象资料、机场等，作出适当的分析，确定造成事件的原因，提出防止失事的建议和改进措施。本章首先介绍飞行事故的标准和等级，然后从宏观层面提出为应对飞行事故发生的应急预案体系，进而在具体操作层面提出飞行事故调查处理程序。

第一节 飞行事故概述

在飞行实施阶段（自飞行前开车时起，至飞行后关车时止），凡是由于空勤人员、管制人员（或指挥人员）和保障飞行人员的原因造成航空器损坏或航空器上人员伤亡，并达到规定的标准时，均称为飞行事故。调查飞行事故的目的是为了确实查明发生事故的原因，做出正确的结论，总结经验教训，采取措施，防止事故重复发生。

一、飞行事故标准

飞行事故是指航空器与人员出现了下列情况的事件。

① 有人因在航空器内，或因与航空器的任何部分包括已脱离航空器的部分直接接触，或因直接暴露于尾喷流而受致命伤或重伤。但由于自然原因和由于自己或别人造成的受伤，或藏在通常供旅客和机组使用的范围之外偷乘飞机而造成的受伤除外（注：只是为了统计上的一致，国际民航组织规定，凡在事故之日起30天内造成死亡的受伤，均作为致命伤）。

② 航空器受到损坏或结构破坏，对结构强度、性能或飞行特性有不利影响通常需要大修或更换有关部件，但损坏只限于发动机、整流罩或附件而导致的发动机失效或损坏除外；损坏只限于螺旋桨、翼尖、天线、轮胎、刹车、整流片以及航空器蒙皮的小凹坑或穿孔时也除外。

③ 航空器失踪或处于完全不能接近的地方（注：在官方搜寻工作已结束仍不能确定残骸位置，即认为航空器失踪）。

因此，我国根据国际民航组织的要求制定了飞行事故等级划分标准。

二、飞行事故等级

中华人民共和国国家标准《民用航空器飞行事故等级GB 14648—93》规定了民用航空器在运行过程中发生飞行事故的等级划分准则和分类指标，该标准是确定飞行事故严重程度的依据。民用航空器飞行事故是指民用航空器在运行过程中发生人员伤亡、航空器损坏的事件，该标准适用于在中华人民共和国境内从事民用航空活动的所有航空器以及在中华人民共和国登记，在境外从事民用航空活动的所有航空器。但不适用于首次获得适航证之前的所有民用航空器的试飞活动。

1. 划分飞行事故等级的原则

飞行事故等级是根据人员伤亡情况以及对航空器损坏程度确定的。但由于各种自然原因，自己或他人造成的伤亡，或藏在通常供旅客和机组使用范围之外偷乘航空器而造成的伤亡除外。

飞行事故的时间界限是从任何人登上航空器准备飞行直至所有这类人员下了航空器为止的时间内。

在规定的时间界限内，所发生的人员伤亡或航空器损坏，必须与航空器运行有关，才能定为航空器飞行事故。

2. 飞行事故等级分类

（1）飞行事故分为以下类型。

① 特别重大飞行事故；

② 重大飞行事故；

③ 一般飞行事故。

（2）凡属下列情况之一者为特别重大飞行事故。

① 人员死亡，死亡人数在40人及其以上者；

② 航空器失踪，机上人员在40人及其以上者。

（3）凡属下列情况之一者为重大飞行事故。

① 人员死亡，死亡人数在39人及其以下者；

② 航空器严重损坏或迫降在无法运出的地方者（最大起飞重量5.7吨及其以下的航空器除外）；

③ 航空器失踪，机上人员在39人及其以下者。

（4）凡属下列情况之一者为一般飞行事故。

① 人员重伤，重伤人数在10人及其以上者；

② 最大起飞重量5.7吨（含）以下的航空器严重损坏，或迫降在无法运出的地方者；

③ 最大起飞重量5.7~50吨（含）的航空器一般损坏，其修复费用超过事故当时同型或同类可比新航空器价格的10%（含）者；

④ 最大起飞重量50吨以上的航空器一般损坏，其修复费用超过事故当时同型或同类可比新航空器价格的5%（含）者。

3. 一般规定

人员死亡是指凡自航空器发生事故之日起30天内，由本次事故导致的致命伤。航空器失踪是指在被搜寻工作宣告结束时仍不能确定航空器或其残骸位置。

航空器损坏是指对航空器的结构强度、性能或飞行特性有不利影响，并通常需要修理或更换有关部件的。

如航空器修复费用超过事故当时同型或同类可比新航空器价格的60%（含），或修复费用虽未超过60%（含），但修理后不能达到适航标准的为航空器严重损坏。

如航空器修复费用低于事故当时同型或同类可比新航空器价格的60%（含）则为航空器一般损坏。人员重伤是指某一人员在航空器飞行事故中受伤，经医师鉴定符合下列情况之一者。

① 自受伤之日起7日内需要住院48小时以上；
② 造成任何骨折（手指、足趾或鼻部单纯折断除外）；
③ 引起严重出血的裂口，神经、肌肉或腱的损坏；
④ 涉及内脏器官受伤；
⑤ 有二度或三度或超过全身面积5%以上的烧伤；
⑥ 已证实暴露于传染物质或有伤害性辐射。

航空器运行过程中发生相撞，不论损失架数多少，一律按一次飞行事故计算。事故等级按人员伤亡总数和航空器损坏最严重者确定。人员伤亡统计应包括该次飞行事故直接造成的地面人员伤亡。航空器修复费用包括：器材费、工时费、运输费。

第二节 飞行事故应急预案

建立健全民用航空器飞行事故应急机制，提高政府应对突发危机事件的能力，可以保证民用航空器飞行事故应急工作协调、有序和高效进行，最大程度地减少人员伤亡，保护国家和公众财产安全，维护社会稳定，促进航空安全。

一、概述

1. 适用范围

① 民用航空器特别重大飞行事故。
② 民用航空器执行专机任务发生飞行事故。
③ 民用航空器飞行事故死亡人员中有国际、国内重要旅客。
④ 军用航空器与民用航空器发生空中相撞。
⑤ 外国民用航空器在中华人民共和国境内发生飞行事故，并造成人员死亡。
⑥ 由中国运营人使用的民用航空器在中华人民共和国境外发生飞行事故，并造成人员死亡。
⑦ 民用航空器发生爆炸、空中解体、坠机等，造成重要地面设施巨大损失，并对设施使用、环境保护、公众安全、社会稳定等造成巨大影响。

2. 工作原则

民用航空器飞行事故应急处置工作要遵循以下原则。

① 以人为本，避免和最大程度地减少人员伤亡。
② 统一指挥、分级管理、分级响应。
③ 职责明确、分工协作、反应及时、措施果断、运转高效。
④ 预防为主、常备不懈、信息互通、资源共享、依靠科学、依法处置。

二、组织指挥体系及职责

1. 应急体系框架

（1）应急组织体系　国家处置民用航空器飞行事故应急救援组织体系由领导协调指挥机构、执行办事机构和应急救援队伍及力量组成。应急救援领导协调指挥机构为国务院民用航空主管部门及其他相关部门组成的国家处置民用航空器飞行事故应急指挥部（以下简称国家处置飞行事故指挥部），执行办事机构为国家处置飞行事故指挥部办公室；应急救援队伍及力量包括民用航空器搜寻救援队伍和地方人民政府、民用航空企事业单位应急救援、消防、医疗救护、环境保护队伍及社会力量等。

（2）应急预案体系　民用航空器飞行事故应急预案体系由本预案、国务院相关部门应急预案、有关地方人民政府应急预案、民用航空地区管理机构及其派出机构民用航空器飞行事故应急预案、民用运输机场应急救援预案、民用航空相关企事业单位应急预案等组成。飞行事故发生时，有关各级政府和部门、单位、组织应各司其职，按照各自预案及时有效地开展应急处置工作。

2. 组织机构及职责

国家处置飞行事故指挥部设在国务院民用航空主管部门，负责组织、协调、指挥本预案适用范围内的民用航空器飞行事故应急处置工作。国家处置飞行事故指挥部下设国家处置飞行事故指挥部办公室，作为国家处置飞行事故指挥部的执行和办事机构。

各民用航空地区管理机构设立地区民用航空器飞行事故应急指挥部，负责所辖范围内的民用航空器飞行事故应急指挥工作。

三、应急响应

1. 应急响应分级

按民用航空器飞行事故的可控性、严重程度和影响范围，应急响应分为四个等级。

（1）Ⅰ级应急响应　发生最为严重的民用航空器飞行事故为Ⅰ级应急响应。发生Ⅰ级应急响应事件时，启动本预案和国务院相关部门、省级人民政府应急预案。

（2）Ⅱ级应急响应　凡属下列情况之一者为Ⅱ级应急响应：①民用航空器发生重大飞行事故。②民用航空器在运行过程中发生严重的不正常紧急事件，可能导致重大以上飞行事故发生，或可能对重要地面设施、环境保护、公众安全、社会稳定等造成重大影响或损失。

发生Ⅱ级应急响应事件时，启动国务院民用航空主管部门应急预案和相关省级人民政府应急预案。

（3）Ⅲ级应急响应　凡属下列情况之一者为Ⅲ级应急响应：①民用航空器发生较大飞行事故。②民用航空器在运行过程中发生严重的不正常紧急事件，可能导致较大以上飞行事故发生，或可能对地面设施、环境保护、公众安全、社会稳定等造成较大影响或损失。

发生Ⅲ级应急响应事件时，启动民用航空地区管理机构应急预案和相关市（地）级人民政府应急预案。

（4）Ⅳ级应急响应　凡属下列情况之一者为Ⅳ级应急响应：①民用航空器发生一般飞行事故。②民用航空器在运行过程中发生严重的不正常紧急事件，可能导致一般以上飞行事故发生，或可能对地面设施、环境保护、公众安全、社会稳定等造成一定影响或损失。

发生Ⅳ级应急响应事件时，启动民用运输机场应急预案、民用航空相关企事业单位应急预案、民用航空地方安全监察办公室应急预案和相关市（地）级人民政府应急预案。

启动本级应急预案时，相应的下级应急预案应提前或同时启动。

2. 应急响应内容

（1）应急响应程序

① 启动本预案后，国家处置飞行事故指挥部办公室按下列程序和内容响应：a. 开通与国务院相关部门、事故发生地省级应急指挥机构、事故现场应急指挥部、事故发生地所属民用航空地区管理机构应急指挥机构、民用航空器搜救中心等的通信联系，收集相关信息，随时掌握事故进展情况。b. 及时报告民用航空器飞行事故基本情况和应急救援的进展情况。c. 视情况通知有关成员组成国家处置飞行事故指挥部。d. 通知相关应急机构随时待命，为地方应急指挥机构提供技术建议，协调事故现场应急指挥部提出的支援请求。e. 组织有关人员、专家赶赴现场参加、指导现场应急救援。f. 召集专家咨询组成员，提出应急救援方案建议。g. 协调落实其他有关事项。

② 相关部门应急指挥机构接到飞行事故信息后，按下列程序和内容响应：a. 启动并实施本部门应急预案，并向国家处置飞行事故指挥部报告。b. 协调组织应急救援力量开展应急救援工作。c. 需要其他部门应急力量支援时，向国家处置飞行事故指挥部提出请求。

③ 省级人民政府应急指挥机构接到飞行事故信息后，按下列程序和内容响应：a. 启动并实施省级及相关市（地）应急预案，及时向国家处置飞行事故指挥部报告。b. 组织应急救援力量开展先期现场应急救援工作。c. 需要其他应急力量支援时，向国家处置飞行事故指挥部提出请求。

（2）信息报告和通报

① 信息报告　民用航空地区管理机构接到事故相关信息后，应立即报告国务院民用航空主管部门，同时通报事故发生地人民政府；事故发生地人民政府在接到事故相关信息后立即报告上一级人民政府和当地民用航空管理机构；国务院民用航空主管部门在接到事故相关信息后应立即报告国务院及安全生产监督和新闻宣传主管部门，并做好续报工作。

国务院民用航空主管部门在接到重大以上飞行事故信息后应立即报告国务院及安全生产监督主管部门，并在2小时内以书面形式上报有关事故情况。事故发生所在地人民政府在接到事故报告后应立即报告上一级人民政府和当地民用航空管理机构，并在2小时内以书面形式上报有关事故情况。

发生民用航空器飞行事故的相关单位要及时、主动向国家处置飞行事故指挥部办公室提供事故航空器相关资料，民用航空相关管理部门提供事故前的监督检查有关资料，为国家处置飞行事故指挥部办公室研究救援方案提供依据。

② 信息通报　国务院民用航空主管部门接到事故相关信息后，进行确认汇总，通报国务院相关部门、事故发生地省级人民政府及民用航空有关单位，做好事故应急救援准备。

（3）通信　国家处置飞行事故指挥部办公室负责组织建立国家处置飞行事故指挥部与应急救援各相关部门的通信联系。事故现场应急指挥部负责组织落实事故现场信息通信保障工作。

（4）现场指挥和协调　国家处置飞行事故指挥部负责民用航空器飞行事故应急统一指挥、协调和作出重大决策。

各应急机构接到事故信息和指挥命令后，立即派出有关人员赶赴现场，在事故现场应急指挥部统一指挥下，按照各自的预案和处置规程，协同配合，共同实施搜救和紧急处置行动。

事故现场应急指挥部由地方人民政府、民用航空地区管理机构及其派出机构和参加现场应急救援主要机构的负责人组成。

事故现场应急指挥部成立前，各应急救援队伍必须在当地政府和民用航空地区管理机构或其派出机构的协调指挥下坚决、迅速地实施先期处置，全力控制事故态势，防止次生、衍生和耦合事件的发生。

国家处置飞行事故指挥部统一指挥协调相关部门、地方应急资源，实施紧急处置行动。

（5）航空器搜救　民用航空器搜救包括陆上搜救和海上搜救。

国家处置飞行事故指挥部负责统一指导全国范围的搜救民用航空器工作。

民用航空地区管理机构负责拟订陆上使用航空器搜救民用航空器的方案，协调当地政府和有关部门搜救民用航空器的工作。

① 陆上搜救　省、市（地）、县人民政府负责本行政区域内民用航空器的搜救工作。

② 海上搜救　国家海上搜救部门负责海上搜救民用航空器的工作。

沿海省（区、市）海上搜救机构负责拟订在海上使用船舶、航空器搜救民用航空器的方案，参加海上搜救民用航空器的工作。

民用航空器搜救工作依照《中华人民共和国搜寻援救民用航空器规定》执行。

（6）现场紧急处置　现场处置主要依靠事发地人民政府和民用运输机场应急处置力量进行。

国家处置飞行事故指挥部协调相关部门及民用航空其他专业应急救援力量增援。

参加现场应急救援的队伍和人员在事故现场应急指挥部统一协调下进行应急救援和处置工作。

现场应急救援时，应优先将旅客、机组人员及其他机上人员撤离、疏散到安全区域，及时救助机上及地面受伤人员和幸存人员。

及时掌握机上运载的货物及危险品、航空器危险品及周边地面设施危险品的情况，根据现场情况迅速探明危险品状态，并立即采取保护、防护措施，必要时调集专业救援队伍进行处理。

当飞行事故发生在民用运输机场区域内时，机场应急指挥中心应按有关规定及机场应急救援预案迅速组织实施应急救援工作。在不影响应急救援工作及事故调查的前提下，尽快搬移、清理停留在机场道面上的事故航空器或其残骸，尽早恢复机场的正常运行，避免机场长时间关闭。相关空中交通管制部门应根据情况，及时调配与本机场运行有关的航班。机场及相关航空运输企业负责组织、疏导、安置因民用航空器飞行事故滞留机场的旅客，维护机场运行秩序。

（7）医疗卫生　事发地卫生行政部门负责组织开展紧急医疗救护和现场卫生处置工作。

上级卫生部门根据需要派出专家和专业防治队伍进行支援。

特殊情况下，国家处置飞行事故指挥部根据事故现场需求，及时协调卫生部门组织有关专业医疗救护中心和专科医院，派出有关专家、调用特种药品和特种救治装备进行支援。

现场防疫工作依托事故发生地疾病控制中心，根据事故类型，按照专业规程，进行现场防疫工作。

（8）应急人员的防护　现场应急救援工作必须在确保现场人员安全的情况下实施。参加现场应急救援的指挥人员、事故调查人员应按有关规定佩戴具有明显标识的专业防护服装及装备。事故现场应急指挥部负责组织采取各种现场安全防护措施，严格执行应急人员进出事故现场的管理程序。

（9）群众的安全防护　事故现场应急指挥部负责组织事故发生区域群众的安全防护工作。

事故现场应急指挥部根据事故具体情况，明确群众安全防护的必要措施，决定应急状态下群众疏散的范围、方式、程序并组织实施，协调卫生部门组织医疗防疫与疾病控制。事故发生地公安部门负责现场治安管理。

（10）社会力量动员和参与　事故现场应急指挥部协调地方政府组织调动本行政区域社会力量参与应急救援工作。

根据需要，国家处置飞行事故指挥部协调相关部门、省（区、市）人民政府组织有关社会力量进行支援。

（11）信息发布　国家处置飞行事故指挥部负责民用航空器飞行事故信息的统一对外发布。

（12）应急终止

① 应急终止条件。

a. 事故航空器的搜救工作已经完成。

b. 机上幸存人员已撤离、疏散。

c. 伤亡人员已得到妥善救治和处理，重要财产已进行必要保护。

d. 对事故现场、应急人员和群众已采取有效防护措施。

e. 事故所造成的各种危害已被消除，并无继发可能。

f. 事故现场的各种应急处置行动已无继续的必要。

g. 受影响的民用运输机场已恢复正常运行。

h. 事故现场及其周边得到了有效控制，对重要地面设施、环境保护、公众安全、社会稳定等的影响已降至最小程度。

②应急终止程序　事故现场应急指挥部确认符合应急终止条件，并选择适当终止时机，报国家处置飞行事故指挥部批准应急终止。国家处置飞行事故指挥部办公室根据应急指挥部指令，向事故现场应急指挥部下达应急终止通知。

应急工作终止后，及时分析评估本单位（部门）应急救援工作，总结经验教训，提出改进建议，修订完善应急预案。

四、后期处置

1. 善后处置

事故发生地人民政府组织协调善后处置工作，尽快消除事故后果和影响，安抚受害人员，保证社会稳定，尽快恢复正常秩序。国家处置飞行事故指挥部办公室负责协调有关工作。

民用航空器飞行事故发生后，发生事故的民航运输企业按有关法律、法规，及时对受害旅客、货主进行赔偿，对地面受损害的单位和个人进行赔偿；通知有关保险机构及时派员赶赴事故现场，按有关航空保险规定办理事故理赔工作。

2. 事故调查

民用航空器飞行事故调查应与现场应急处置工作有机结合，事故调查的内容包括对应急救援情况的调查。

民用航空器飞行事故调查工作按照《民用航空器飞行事故调查规定》和《国际民用航空公约》附件13的要求进行。事故调查工作包括：调查组的组成，事故现场调查，技术实验验证，事故原因分析，编写事故调查报告，提出安全预防建议。

事故调查组应掌握事故应急处置工作的情况，并对现场应急工作提出意见和建议。事故调查组到达现场后应听取现场应急处置工作情况介绍，与现场应急指挥部协调，参与现场应急处置工作。

与现场应急处置工作相结合，需要完成的主要调查任务有：现场监管保护，初始证据接收，证人和目击者询问，危险源的探测、排除、监护，现场人员防护等。

3. 应急救援调查报告及评估

在民用航空器飞行事故应急处置结束后，事故现场应急指挥部应向国家处置飞行事故指挥部办公室提交应急救援总结报告。国家处置飞行事故指挥部办公室组织对应急处置工作进行分析评估，总结经验教训，提出改进意见，并对应急预案进行修订完善。

五、应急保障

1. 装备保障

各级民用航空行政管理部门及相关部门要充分发挥职能作用，在积极利用现有检验、鉴定、监测力量的基础上，根据工作需要和职责要求，建立和完善专家数据库和民用航空安全信息数据库系统，增加应急处置、快速机动和自身防护装备、物资的储备，不断提高应急检验、鉴定和监测的能力，保障民用航空器飞行事故应急工作的顺利进行。

2. 通信保障

建立和完善民用航空器飞行事故应急指挥的通信保障和信息管理系统，利用先进的计算机技术、网络技术、无线通信技术、卫星技术等现代化手段，配备必要的有线、无线通信器材和计算机网络软、硬件设备，确保民用航空器飞行事故应急处置工作中各方面的联络畅通、迅速、高效且形式多样。

3. 人力资源保障

加强民用航空器飞行事故应急处置队伍的建设，通过经常性的培训、演练提高应急处置人员的业务素质和技术水平。

4. 技术保障

加强技术支持部门的应急基础建设工作，增加技术投入，研究吸收国际先进经验，随时为处置可能发生的民用航空器飞行事故提供技术支持与保障。

六、宣传、培训和演练

1. 宣传

各级民用航空行政管理部门以及民航各企事业单位应加强对职工的防范事故安全教育和应急处置工作教育，通过各种新闻媒体向社会公众宣传航空器出现紧急情况时应采取的正确处置措施，增强公众的自我保护意识，提高自救、互救能力，尽量减少人员伤亡和财产损失。

2. 培训

各级民用航空行政管理部门应组织民用航空应急预案的学习和培训，加强国内外技术交流和研讨，提高应急处置、事故调查等专业技术人员的业务知识水平。

3. 演练

国家处置飞行事故指挥部办公室至少每年协调组织一次针对民用航空器飞行事故的应急综合演练，加强和完善相关部门的协调配合工作。

各级民用航空行政管理部门应定期组织不同类型的民用航空器飞行事故应急演练，以检验、改善和强化各方面的应急准备、应急响应和应急管理能力，提高工作效率，不断完善应急预案。

第三节 飞行事故调查处理程序

一、事故调查概述

1. 事故调查的目的

民用航空器飞行事故调查的目的是查明事故原因，提出安全建议，防止类似事故再次发生。这一活动的目的不是为了分摊过失或责任。认真谨慎的事故调查，可揭示所有对事故起作用的因素，这对保持以至降低当前较低的事故率是需要的。事故调查是作为改进安全的一种措施，是为了找出所有起作用的因素，并提出改进建议，而不是为了惩罚事故所涉及的个人。

2. 事故调查的原则

（1）独立性　事故调查必须独立进行，任何部门、个人不得非法干扰、阻碍调查工作的正常进行。除了为抢救工作之外，残骸和事故现场应尽可能不受到破坏。任何人不得干预调查者。调查者必须完全控制事故现场。

（2）客观性　事故调查必须坚持实事求是的原则，客观、公正、科学地进行，调查不允许带有倾向性。

（3）深入性　事故调查除了应查明事故发生的直接原因，还要查明事故发生、发展过程中的其他所有原因，分析这些原因产生的因素，并深入到航空器设计制造、营运、维修，人员选拔和训练，政府和企业的组织管理等活动中，以便使有关部门和人员能够采取相应的预防措施。

（4）全面性　事故调查不但应查明和研究与本次事故发生有关的各种原因和产生因素，还应查明和研究与本次事故的发生无关、但在事故中暴露出来或涉及在其他情况下可能对飞行安全构成威胁的所有问题，以便从事故中吸取更多的经验和教训，采取更广泛的事故预防措施。

3. 事故调查程序

民用航空器事故调查应按国际民航组织规定的事故调查程序进行。

4. 事故调查人员

参加事故调查的人员应是具有事故调查员资格，或是具备事故调查所需的专业知识和技能、被临时聘任或委派协助事故调查的人员。调查人员不得因事故涉及本部门本单位的利益而影响对事故的调查，更不能有意忽略、歪曲、隐藏或销毁有关信息、资料、事实或证据。与事故直接有关的人员不得参加调查工作，新闻工作者、律师和保险公司工作人员不得参加调查工作。

二、事故现场的应急处理

事故发生后，事故发生所在地人民政府和民航有关负责单位，必须立即组织当地公安、武警、部队、消防、卫生等部门进行抢救和灭火。严格保护现场，维护秩序，禁止无关人员进入，防止哄抢、盗窃和破坏。在民航地区管理局所在地机场或其附近发生事故，现场工作由民航地区管理局或民航省（市、区）局负责，并会同当地人民政府组织实施；在其他机场或其附近发生事故，现场工作由该机场管理部门负责，并会同当地人民政府组织实施；在远离机场地域发生事故，现场工作由当地人民政府负责组织实施，待民航有关单位人员到达事故现场后，所在地人民政府与民航有关单位共同负责现场工作的组织实施。

1. 撤离与救援

事故现场的工作人员应尽可能地营救幸存者和保护财产，采取措施，防止事故损失扩大，将事故造成的损失减少到最低限度。但在撤离和救援过程中，任何部门和个人不得随意移动事故航空器的残骸及机上散落物品，不得破坏事故留下的各种痕迹，保持它们在事故发生时的状态。因抢救人员或保护财产必须移动残骸或现场物件时，移动前应作出标记，绘制现场简图，写出书面记录，并进行摄像、拍照。最初的营救工作一经完成（救出幸存者和财产，火势得到控制等），营救人员不应再进入事故现场，防止对事故现场的破坏。

在抢救伤亡人员时，应记录遗体散布和人员受伤情况，最好能够拍照或摄像。医务人员应采集有关的医学标本，处理并保存好遗体，以备进一步检查。

2. 现场保护

所有参与现场工作的人员应该认识到，现场工作应在尽量不破坏事故现场的条件下进行。在抢救人员生命及保护国家财产的同时，应注意保护现场和航空器残骸，使其处于事故发生时的状态，以利事故原因的调查。

当怀疑事故航空器或事故现场有放射性物质、易燃易爆品、腐蚀性液气体、细菌、有毒性物质等有害或危险物品时，应在一定的范围内设置警戒及标志，加以特殊保护，并及时安排专业人员予以确认并排除。

3. 特殊移动

如果航空器残骸妨碍了其他公共设施的功能，如妨碍了铁路、公路的运输或机场的使用而必须移动时，移动前应采取以下措施。

① 对残骸现场进行拍照、摄像；
② 绘制残骸现场的草图，并注明移动的主要结构件，移动航空器残骸的路径和能够确定航空器与地面接触时航空器状态的所有标记；
③ 应尽可能沿航空器发生事故时的运动方向移动残骸，不应反向移动。残骸移动的距离越短越好；
④ 必须记录航空器残骸移动过程中造成的损坏和变化。

4. 易失证据的收集

对现场中各种不易长期保存的物体、液体、资料、痕迹等证据，应尽快进行收集、采样、拍照，并作详细记录。

5. 查明证人

事故调查组未到达现场前，现场负责人应指派专人尽可能查明所有的事故目击者、生存的当事人和可能为事故提供证据的其他人员，建立名册，记录其姓名和联系方式；在此阶段任何人不得以任何形式对证人进行访问，如果证人提供相应的证据，应予以接收，但不进行有关的调查活动，届时将其交与事故调查组。

6. 现场调查辅助设备

民航事故现场负责部门应根据事故现场的具体情况和调查的可能需要，准备残骸挖掘、打捞、移动、分解、吊装、运输等工具和设备，准备各种液体的取样容器，准备现场照明、通信、防护、交通、急救等装备。

7. 补充报告

在事故现场应急处置过程中，如果发现新的信息，应及时补充报告。

8. 现场情况的汇总

民航事故现场负责部门应及时收集应急处置的各方面情况，准备向事故调查组汇报。

三、事故调查的准备

1. 调查的组织

根据《民用航空器事故等级标准》的规定和报告的事故信息，民航总局初步确定事故的等级和调查规模。民用航空器发生特别重大事故、重大事故，由民航总局组织事故调查组，其中重大事故也可由民航总局授权民航地区管理局组织事故调查组。因非法干扰造成的事故，由民航总局和公安部共同组织事故调查组。发生涉及军、民双方的事故，由军、民双方联合组织事故调查组，并根据需要邀请事故发生所在地的人民政府派员参加。外国民用航空器在中华人民共和国境内发生事故,调查工作应有外交部派员参加,协助调查部门对外联络。事故调查基本的调查要求如下。

① 调查人员尽快到现场;
② 保持残骸的原始状态;
③ 完全控制调查工作;
④ 具有称职的调查人员。

为了符合基本要求,必须有一个组织良好的独立的调查组织,以准备在接到通知后尽快开始调查。因此,事故调查的组织应当是独立的部门,调查组织应不属于民用航空当局和航空公司,这一点尤为重要。由于飞行安全是国际性的业务,通过国际合作可能获得很好的援助。

2. 组成事故调查组

负责组织事故调查的部门应任命一名事故调查组组长和若干副组长。事故调查组组长根据事故的性质、复杂程度、调查任务的规模,以及可供使用的技术力量,选择合适的人员组成事故调查组。事故调查组可根据技术专业划分成若干调查小组,并由调查组组长任命各调查小组组长,调查期间,所有调查组成员的工作只对调查组组长负责。

通常包括的专业调查小组如下。

① 飞行小组;
② 空管小组;
③ 适航小组;
④ 飞行记录器小组;
⑤ 公安小组;
⑥ 营运小组;
⑦ 综合小组。

事故调查组组长可以根据人员技术力量和调查工作的需要合并某些小组,或者组成另外的专门小组。

3. 建立后方支援保证组

除组成上述事故调查组外,为了保证事故调查工作的顺利进行,应建立后方支援保证组,为现场调查做好支援、保证和协调工作。

4. 事故调查组职责

事故调查组职责包括以下几种。

① 查明事故造成的人员伤亡和航空器损坏情况;
② 查清与事故有关的事实及环境条件等因素,分析造成事故的原因,作出结论,确定事故等级;
③ 提出预防事故的安全建议;
④ 写出事故调查报告。

四、现场调查

事故调查组在事故现场首先需要完成以了解情况、搜集各种证据为目的的基础性的调查工作。

1. 事故基本情况的了解

事故调查组到达事故现场后,应及时听取事故发生单位、事故应急处置单位和其他单位的汇报,了解事故的基本情况,及时与各有关部门建立联系,取得他们对调查工作的支持。汇报形式应简洁、迅速,以便事故调查组尽早开始对事故现场的调查。汇报时,注意避免无关人员参加。汇报内容如下:

① 飞行计划和飞行实施过程;

② 事故简要经过;

③ 人员伤亡情况;

④ 现场应急处置情况;

⑤ 与事故有关的其他情况。

2. 事故现场的接收

(1) 现场的接收

① 事故调查组抵达事故现场后,迅速与参加现场工作的各方负责人取得联系,协调相互之间的工作关系,建立事故现场与总局和后方支援保证组的联系。现场保护与警戒部门的一切行动服从于事故调查组组长的指挥;

② 根据现场的具体情况设立或更改原始警戒与保护的范围,设立警戒线标志,规定准入人员范围,发放准入证章;

③ 收集事故调查组到达前来自各方面的证据、封存的各种物品和资料,建立档案。

(2) 现场的安全要求　在事故现场进行工作时,应遵守如下安全要求。

① 工作前必须查明有无机载或地面危险品,并采取相应的安全措施,防止毒物、毒气、毒液、传染病等对调查人员的危害。

② 当现场有大量可燃液体溢出,或进行的工作可能引起失火时,必须采取相应的防火措施。

③ 必要时应对现场进行放射性探测,标明有放射性的区域,并通知所有的现场工作人员,采取相应的保护措施。

④ 加固或清理不稳定的残骸或其他物体,防止其倒塌而造成伤害或破坏。

⑤ 防止残骸颗粒或粉尘对调查人员的侵害。

⑥ 查找现场的高压容器、轮胎、电瓶等,由专业人员将其转移到安全地带进行处理。处理前应测量和记录有关数据,并记录散落位置和状态等情况。

⑦ 对有危险的地形、环境,如悬崖、沼泽等,应设立安全标志线,并采取相应的预防措施。

⑧ 事故现场应备有急救药品和医疗器材。

3. 对事故现场的调查

(1) 一般性勘察　调查组应首先尽快进行一般性勘察,对事故现场环境建立一个总体印象,确定并标出航空器与地面或障碍物的第一碰撞点及后续轨迹;确定航空器残骸的基本情况,包括航空器的主要构件、部件、机载设备、货物、遇难者和幸存人员的位置情况;对事故现场和残骸按要求进行拍照、摄像,按照要求绘制残骸分布图。在这一阶段尽可能不移动残骸。

（2）事故地点的测定　调查组应测定并记录事故发生地点的精确位置和标高；测定并记录事故地点与相邻机场或城市的相关方位和距离；必要时，测定事故发生地区可能与事故的发生有联系的地形和环境特征。

（3）现场拍照和摄像　事故现场的拍照和摄像工作，应尽可能在事故发生后无人移动和触动残骸的情况下，尽早地一次性完成。拍摄人员应预先拟定拍摄计划，应明确每张照片的拍摄意图，记录拍摄位置、方向。应对事故现场进行全面完整的拍摄，并特别注意对分析查找事故原因有参考价值的残骸进行拍摄。

4. 对证人的调查

事故调查组到达事故现场后，必须尽快进行证人调查，证人调查必须由事故调查员进行，根据事故调查的需要，可以由有关小组组成专门的证人调查小组，确定事故发生时证人的位置，收集证词。

（1）寻找证人　证人应尽量找全，证人除了事故现场及附近的目击者外，还包括与航空器该次运行有关的当事人，对已经找到的证人应列出其单位、姓名、性别、年龄、职业、地址、文化程度、联系电话或方式，以便寻访。

（2）证人调查的基本原则

① 事故发生后应尽快获得证人的陈述材料。

② 要向证人讲明调查的目的和意义，证词只用于查清事故原因，而不用于任何其他目的，要求证人无顾虑地说出有关事故的全部事实。

③ 对目击者的询问最好安排在事故发生时目击者所处的位置进行，并必须有两名以上的调查员参加。

④ 对证人的调查应单独进行，必要时可在单独谈话结束后进行集体座谈。

⑤ 与证人谈话时要让证人本人叙述其看到和听到的情况，除非离题太远，否则不要打断他的讲述，并给他停顿思考的时间，证人叙述结束后，可以就他所讲的内容提出问题，但不得启发诱导，对于非航空专业人员尽量不用技术术语。

⑥ 与证人谈话除了要录音外，所有证人证词都要有完整的文字记录，并由证人签字。调查人员不得根据自己的判断任意取舍证人证词，如果对证词有看法或需要说明，调查人员可以将自己的观点附在证词记录的后面。

⑦ 谈话结束后，应告诉证人欢迎随时补充其证词，告知其联系人、联系地点和联系方式。

（3）证人调查的内容

① 目击者调查；

② 当事人调查。

（4）证人的物证收集　应广泛收集证人可能提供的物证，例如能反映事故情况的照片、影片、录像带、录音带等。

5. 对飞行活动的调查

调查组应调查所有的与该次飞行的组织与实施有关的活动情况及机组的飞行操纵情况。

① 调查飞行计划的制定是否符合有关手册、标准和条例的规定，以及实际飞行过程中飞行计划的执行情况；

② 确定空勤组成员（正/副驾驶员、领航员、飞行机械员、飞行通信员、乘务员、安全员）；

③ 调查飞行员的技术等级、训练水平、技术状况、飞行经历、日常执行规章制度、是否发生过事故或事故征候等情况，调查飞行员执行该航线和该机场任务的经历，判断该次飞行的任务安排、机组成员搭配是否合理；

④ 调查机组的飞行前准备情况；

⑤ 根据舱音记录器的录音，分析和判断飞行员的行为和情绪变化情况，以及机组的配合情况；

⑥ 检查驾驶舱操纵手柄、开关、电门的位置和仪表指示，以及各操纵舵面和操纵机构的位置与状态，并结合飞行记录器分析得出有关数据，分析和判断机组在事故过程中的操纵情况。

6. 航空医学调查

确定事故发生与机组成员健康状况的关系，以及遇险者致伤、致死的各种因素。

① 机组成员的个人心理特点、嗜好、婚姻家庭情况，近一个月来的精神、心理状况，近半年有无重大生活事故以及机组成员间的心理相容性；

② 机组成员最近一次大体检的时间、结论，患有何种疾病及治疗情况，既往病史，体质、飞行耐力和航空生理训练等；

③ 事故前24小时机组成员的健康状况，出勤前的体检和观察结果，是否符合飞行条件；

④ 事故前72小时机组成员的生活起居（饮食、睡眠、锻炼、作息、疾病、吸烟、饮酒、服药等）情况、精神状况，以确定其健康状况和飞行能力；

⑤ 机组成员在事故发生、发展过程中的生理、心理表现，是否发生疾病、疲劳等不良反应，是否有失能现象；

⑥ 机组成员是否有超时飞行的现象，是否按时休息、休假、疗养；

⑦ 检查和分析机组成员的伤亡原因，对采集到的人体组织、体液等医学标本进行病理、毒理和生化检查，必要时进行尸体解剖，以查明有无药物、酒精作用，或潜在疾病；

⑧ 根据机上或其他人员遗体上的伤痕和衣物上的痕迹，进行伤亡原因机理分析和航空器发生事故时的受力分析，判断航空器发生事故时飞行人员的操纵动作和航空器的飞行状态。

7. 关于空中交通管理的调查

（1）空地通话录音和雷达录像的调查　安排专人启封和拷贝空地通话录音带和雷达录像，空地通话录音复制过程不得使用任何降噪混响等装置，一般放音应使用拷贝带，整理记录资料必须采取与舱音记录器相同的时间基准。

应将记录的该次飞行过程中的全部通话内容整理成文字材料，根据雷达录像绘制航空器航迹显示图并注明记录中所有代号的意义及整理的时间、地点和人员。应包括以下内容。

① 时间、航空器航迹显示；
② 发话人或发话人代号；
③ 读出的记录资料；
④ 有疑问或难以理解的记录资料；
⑤ 整理人员的附注。

空地通话录音磁带中有辨听不清的内容时，应送到专门的实验室或请语音专家帮助分析处理。

（2）值班管制员的调查　调查所有与本次飞行活动有关的空中交通管制人员是否具备上岗资格、相应的上岗证书及证件的有效期、身体健康状况，以及本次飞行中空中交通管制的实施情况。

（3）空管设备的调查　调查本次飞行中空中交通管制所使用的通信、导航、航管雷达系统等设备是否经过合格审定，能否满足本次空中交通管制的需要，设备工作是否正常。

（4）航行资料的调查　调查空中交通管理有关单位的各种值班记录以及与本次飞行有关的航行资料和一、二级航行通告、资料档案等。

（5）气象情况调查　调查起降机场、备降机场、飞行空域或沿飞行航线的天气预报和天气实况情况，确定飞行人员管制人员是否获得了必要的、准确的气象信息，检查气象保障工作是否符合指令性文件的要求，分析气象条件与事故的关系。

8. 关于航空器适航性的调查

调查航空器的设计、制造、使用、维护、提供的资料等情况，确定航空器在事故发生之前的适航性。调查包括以下内容。

① 航空器及各种机载设备是否取得完备的适航证件；
② 航空器及各种机载设备的履历，如出厂日期、使用时间、起落次数和大修情况；
③ 航空器的各种机载手册、使用维护资料的有效性；
④ 航空器及各种机载设备的日常使用和维护情况，是否有常见或多发故障，以及近期的故障和维修情况；
⑤ 航空器及各种机载设备完成适航指令、定期工作、加/改装时限部件使用控制、技术通告等工作情况；
⑥ 为航空器及各种机载设备进行各种维修的公司、厂站的质量控制、工装设备、工艺规程、技术力量、工作程序等是否符合适航的要求，以及为航空器及各种机载设备进行各种维修的人员的资格、技术状况、业务培训情况；
⑦ 航空器及各种机载设备的技术文件的填写质量、文件、资料的管理情况；
⑧ 航空器的设计和制造情况；
⑨ 有关航材更换的情况，确定这些航材是否合格有效。

9. 对飞行记录器的调查

按照下列情况对飞行记录器进行调查。

① 对舱音记录器进行转录和复制，由有关调查小组的专家进行辨听，根据话音记录整理出详细、准确的文字记录；
② 对飞行数据记录器进行译码，根据调查的需要输出参数数据，并绘制成曲线、结合

有关小组的调查结果进行原因分析，写出分析报告；

③ 根据译码得出的数据，分析判断事故过程中的飞行操纵情况，以及航空器和发动机的故障情况，应用电脑技术再现航空器的事故过程。

10. 关于勤务保障的调查

调查各项飞行保障工作情况，包括机场设施、设备、车辆、油料、航材、供气、供电等。

（1）机场设施　调查和确定供该航空器使用的机场设施、设备的工作情况，包括：机场场道、目视助航设备及其他照明系统、特种车辆、地面专用设备、应急救援设备等。

（2）油料　调查该航空器所添加的油料（燃油、滑油、液压油、精密润滑油）的最近一次的化验结果，检查最后一次添加油料的数量和手续，确定起飞前机载各种油料的实际数量，事故发生时的剩余数量。

（3）供气供电　调查该航空器所充气体（冷气、氮气、氧气）的制备日期、纯度和填充情况，以及该航空器的起动电源车和电源设备情况。

（4）其他　调查客运、货运、食品、客舱清洁等保障工作情况，以及机场的鸟类活动的情况，以确定这些情况是否对事故的发生发展有影响。

11. 关于营运的调查

按以下要求进行营运调查。

① 审查该航空器所属航空公司的经营项目和范围与本次飞行是否相符；

② 审定本次飞行营运人员的上岗资格及在本次飞行营运中的情况；

③ 调查该航空器上乘员的实际人数和位置，审查实际情况是否符合相关文件的规定，确定事故后每位乘员在事故现场的位置及伤亡情况；

④ 调查机载货物、邮件、行李在该航空器上的位置及重量、配平、捆绑等情况，审查其是否符合有关文件规定，是否与原始记录相符。调查事故后机载货物、邮件、行李在事故现场的散落情况。

12. 关于外来作用的调查

按以下要求进行外来干扰调查。

① 检查航空器残骸、机载货物、邮件、行李等物品，提取适当部位的残骸进行理化检验，并根据飞行记录器和空管通话录音等，判断航空器是否发生爆炸，或者受到火器袭击；

② 调查有无劫机等事件发生，机组人员是否受到威胁或袭击；

③ 调查有无有毒、放射性或电磁干扰等物品被带上航空器，并造成破坏性后果；

④ 调查地面安全检查情况，包括旅客和手提行李、交运行李、货物、邮件等的安全检查情况，以及航空器警卫情况；

⑤ 调查接触航空器的所有人员情况，包括机组、机务及其他各类地面保障人员的工作情况、政审情况和现实表现；

⑥ 调查旅客中是否有故意破坏航空器的可疑对象。

13. 关于撤离与救援的调查

（1）撤离工作调查

① 调查事故发生前有关撤离和应急处置的准备情况，如向旅客进行的安全介绍、应急出口的准备、应急设备的准备、应急程序的制定等；

② 调查事故发生后撤离行动的实施情况，如应急出口的使用、应急设备的使用、撤离时人员造成的伤害、旅客提供的帮助、撤离的时机和时间、撤离时所遇到的困难、水上迫降情况等。

（2）救援工作调查

① 调查救援单位得到事故通知的时间、手段及救援指令的下达方式；

② 调查待命的各类工具、设备、车辆和人员情况；

③ 调查救援的环境条件和救援工作的开展情况；

④ 调查救援单位到达的时间和救援工作完成的时间；

⑤ 调查事故现场的急救设备和人员是否充分；

⑥ 调查事故现场进入及受害者救出中遇到的困难。

五、事故原因分析

1. 绘制事故过程图

根据飞行数据记录器、舱音记录器、雷达、目击者等提供的数据，计算并绘制飞行轨迹图，将调查获得的有关信息标注在有时间和位置信息的飞行轨迹图上，或者将上述信息按事故发展历程排列，为事故分析提供一个描述事故发生、发展过程的可见、完整、有序的事故过程图。

2. 排列事故事件链

应对现场调查和试验分析得到的结果等进行综合分析。首先列出调查中发现的所有影响飞行安全的因素，然后将其中与本次事故有关的事件，按照它们发生的时间顺序和因果关系排列成事故的事件链，从而显示事件之间逻辑上的联系。事故的事件链必须排列到最后航空器损坏或人员伤亡发生为止。如果事故的搜索、援救、救生过程中出现伤亡事件，也应将这些事件按照因果关系另行排列事件链。

如果事件链中的某些事件因受现场技术条件或时间的限制，一时无法查明其产生原因，仍应将它们列入事链中，但要在调查结果中注明。

3. 事故原因综合分析

根据事故事件链中的因果关系，确定其中属于原因性的事件，并分析和找出促使事故发生的其他因素。深入分析这些事件和因素，找出导致事故发生的直接原因和间接原因。查找事故原因的分析工作应进行到可以提出明确、可行的防止事故发生的安全措施为止。

六、作出事故结论

事故结论是对事故调查结果和在调查中确定的原因的陈述。

对调查结果的陈述应是鉴定性的，不必叙述证据。在每条调查结果的后面应说明是原因事件还是前一事件发展的结果。

在作结论时，应综合各方面调查分析的结果，以事实为依据，对事故原因作出系统的、逻辑的、简明的表述。

七、确定事故等级

在查明飞行事故中人员的伤亡情况和航空器的损坏情况后，根据《民用航空器事故等级》标准的规定，最终确定事故等级。在填写国际民航组织的事故调查报告（初步报告、数据报告、最终报告）时应按照ICAO的相应规定填报。

八、提出安全建议

为了预防同类事故的再次发生，必须根据调查中确定的所有事故原因和其他危害飞行安全的因素，向有关部门提出改进。

提出安全建议与调查工作本身有同等重要的意义。安全建议是事故调查报告的组成部分。提出的每项安全建议应有明确的针对性和改进目的。建议中一般只应提出落实建议的部门和改进的要求，建议的行动应是原则性的，不必提出改进行动的具体措施。

九、编写事故调查报告

事故调查报告应由事故调查组组长负责完成。

事故调查报告中应对调查发现的所有事实、研究分析的结果、确定的事故原因、提出的安全建议，以及调查中运用的新技术等，进行全面、完整、准确的记录。

1. 小组报告

在完成现场调查和专项研究与试验分析后，各调查小组的组长应完成一份带有必要附件的小组调查报告。

小组组长应与各组员协商，负责认真核对证据，并对本组已取得的重要证据进行鉴定。小组报告的草稿应送给小组中的每位成员审阅，小组报告要有所有组员的签名。小组调查中遇到的问题应尽量在小组内解决。如果有不同意见，应将该意见和提出者的所属部门、姓名、联系方法等一并作为小组报告的附件上报，由调查小组组长召集有关部门和人员协商解决。

小组报告应包括以下内容。

① 本小组负责人和成员的姓名、职务、所属部门及具体负责的调查工作；

② 本小组调查活动的主要过程；

③ 按照有关要求进行调查所获得的所有事实，不能因认为与事故无关而舍弃某些事实；

④ 所进行的各种检查、鉴定、试验及其正式报告；

⑤ 分析各种事实与事故的关系；

⑥ 影响飞行安全的其他因素；

⑦ 调查中采用的新的、有效的调查技术。

2. 技术复审会

在完成了各调查小组报告后，调查组组长应主持召开针对小组报告的技术复审会。技术复审会的目的是在编写事故调查报告前确保调查记录的正确性和所有的调查工作都已完成，并解决调查中存在的不同意见。技术复审会由各小组组长和调查组组长指定的其他人员参加。

调查组组长可以在技术复审会上征询各参加方对事故调查报告的意见和建议。

3. 事故调查报告

事故调查报告应包括以下内容。

① 调查中查明的各种事实；

② 事故原因的分析；

③ 事故结论及其主要依据；

④ 安全建议；

⑤ 各种必要的附件（包括调查中尚未解决的问题以及少数人所持的不同意见）。

4. 征求意见

当事故调查报告的草稿完成后，根据《国际民航公约》附件13的规定，组织调查的部门应将一份完整的报告草稿副本提供给参与事故调查的各国代表，征询他们对报告各部分的意见。在报告草稿的副本中应说明：对报告的任何意见必须在发出报告之日起的60天内，以书面形式通知组织事故调查的部门，否则将被视为对报告没有意见。超过60天期限提出的意见原则上不予接受。提出的意见应是重要的、原则性的、有严重分歧的。

调查组组长在规定的期限后，应将收到的所有意见进行研究，并对报告的相应部分进行修改。意见是否采纳或采纳的程度由调查组组长决定，如有任何意见不能被采纳，可将该意见原文的副本作为事故调查报告的附录。提出意见的部门可通过获取最终的事故调查报告，了解意见的采纳情况，不必专门通知提出意见方。

5. 最终审查

上述工作完成后，组织事故调查的部门应对事故调查报告进行最终审查，最终审查是对事故调查报告进行权威的、全面的、结论性的审查，也是对事故调查工作的全面检查。由中国民用航空总局组织调查的事故，最终审查会由民航总局安全委员会主持召开；由中国民用航空地区管理局组织调查的事故，最终审查会由民航地区管理局安全委员会主持召开。审查委员会由上述机构选定。

审查会可采用答辩的方式进行，由调查组组长负责说明和解释事故调查报告的内容和调查工作的进行过程，并回答有关问题。

最终审查会的召开日期、地点、规模、参加人员由组织评审的部门决定。事故调查报告必须在会议召开前提交审查委员，以便审查委员会对报告进行认真详细的阅读。

经过对审查会提出的意见进行修改后，事故调查报告可以最终定稿。

事故调查报告应尽早完成，一般应在事故发生之日起6个月内完成。如不能按期完成，应向主管部门报告。

6. 事故调查报告的发布

事故调查报告由民航总局负责统一发布，并遵守《国际民航公约》附件13的规定，按时向国际民航组织送交事故调查报告。《事故初步报告》应自事故发生之日起30天内，送交国际民航组织和有关参加事故调查的国家。《事故最终报告》和《事故数据报告》应在事故调查结束后尽快送交。

在事故调查工作结束后，如果发现了新的证据，或者发现原来的证据存在重大差错，可能导致不同的结论，或者可能修改、推翻原来的结论时，可以进行重新调查或者补充调查。

1. 什么叫飞行事故，飞行事故的等级是怎样确定的？
2. 飞行事故的应急响应分为几级？分别对应由哪些部门负责？
3. 飞行事故的应急响应包含哪些方面内容？
4. 飞行事故的后期处置有哪些？
5. 飞行事故的调查应从几个方面进行？

附录　中国民用航空常用四字和三字地名代码

四字代码	三字代码	全　称	全　称
ZAAA			各管理局
ZABB			各省（区）局
	RRRXECA		转报机各终端
ZBAA	PEK	BEIJING AP	首都机场
ZBBB	BJS	BEIJING CITY	北京市
ZBCD		CHENGDE	承德
ZBCF	CIF	CHIFENG	赤峰
ZBCZ	CIH	CHANGZHI	长治
ZBDS	DSN	DONGSHENG	东胜
ZBDT	DAT	DATONG	大同
ZBDY		YABULAI	雅布赖
ZBER		EREN	二连
ZBHD		HANDAN	邯郸
ZBHH	HET	HOHHOT	呼和浩特
ZBKM		HUAILAI	怀来
ZBLA	HLD	HAILAR	海拉尔
ZBLX	LXI	LINXI	林西
ZBMV		DENGKOU	磴口
ZBOB		HUAIROU	怀柔
ZBOW	BAV	BAOTOU	包头
ZBPE		BEIJING ACC	北京区域管制
ZBPM		BOTOU	泊头
ZBPS		PINGSHUO	平朔
ZBSH	SHP	SHANHAIGUAN	山海关/秦皇岛
ZBSJ	SJW	SHIJIAZHUANG	石家庄
ZBSZ		LIANGCHENG	凉城

续表

四字代码	三字代码	全 称	全 称
ZBTJ	TSN	TIANJIN	天津
ZBTL	TGO	TONGLIAO	通辽
ZBTM		TUMURTEI	土木尔台
ZBTX		LUANXIAN	滦县
ZBUL	HLH	ULANHOT	乌兰浩特
ZBVM		SHIGEZHUANG	石各庄
ZBVV			京管各省（区）局
ZBWF		XILIUHETUN	西柳河屯
ZBXH	XIL	XILINHOT	锡林浩特
ZBYK		DAWANGZHUANG	大王庄
ZBYN	TYN	TAIYUAN	太原
ZBYV		TANGHEKOU	汤河口
ZBZZ			航行货料集体收电地址
ZGAA			穗管各省（区）局
ZGBH	BHY	BEIHAI	北海
ZGBJ		BEIJI PINGTAI	北极号平台
ZGBS		BOSE	百色
ZGCD	CGD	CHANGDE	常德
ZGCH		NANHAI PINGTAI	南海埃索平台
ZGCJ		ZHIJIANG	芷江
ZGCL		CHALING	茶陵
ZGCS	CSX	CHANGSHA CITY	长沙市
ZGDD		DONGDAO	东岛（西沙）
ZGDY	DYG	DAYONG	大庸
ZGFS		FOSHAN	佛山
ZGGG	CAN	BAIYUN AP	广州/白云
ZGGY		GAOYAO	高要
ZGHA	HHA	CHANGSHA/HUANGHUA	长沙/黄花
ZGHK	HAK	HAIKOU	海口

续表

四字代码	三字代码	全 称	全 称
ZGHM		HUANGMAOZHOUDAO	黄茅州岛
ZGHU		HUAYUAN	花垣
ZGHY	HNY	HENGYANG	衡阳
ZGJM		JIANGMEN	江门
ZGJW		JIWEI	吉卫
ZGKL	KWL	GUILIN	桂林
ZGLB		LAIBIN	来宾
ZGLL		LINLI	临礼
ZGLZ		LILING	醴陵
ZGMX	MXZ	MEIXIAN	梅县
ZGNL		LONGZHOU	龙州
ZGNN	NNG	NANNING	南宁
ZGNU		ZHANJIANG/POTOU	湛江坡头
ZGOW	SWA	SHANTOU	汕头
ZGPT		NANYOUPOTOU	湛江/南油坡头
ZGPZ		PINGZHOU	平州
ZGSK		SHEKOU	蛇口
ZGSL		SHILONG	石龙
ZGSY	SYX	SANYA	三亚
ZGSZ	SZX	SHENZHEN	深圳
ZGUA	CAN	GUANGZHOU CITY	广州市
ZGUH	ZUH	ZHUHAI	珠海
ZGWZ	WUZ	WUZHOU/CHANGZHOUDAO	梧州/长洲岛
ZGXN	XIN	XINGNING	兴宁
ZGXY		XIAYANG	下洋
ZGYD		YINDE	英德
ZGYJ		YANGJIANG	阳江
ZGZH	LZH	LIUZHOU	柳州
ZGZJ	ZHA	ZHANJIANG	湛江

续表

四字代码	三字代码	全 称	全 称
ZGZU		GUANGZHOU ACC	广州区域管制
ZHAY		ANYANG	安阳
ZHCC	CGO	ZHENGZHOU	郑州
ZHES	ENH	ENSHI	恩施
ZHGH	LHK	GUANGHUA/LAOHEKOU	光化/老河口
ZHHH	WUH	WUHAN	武汉
ZHLY	LYA	LUOYANG	洛阳
ZHNY	NNY	NANYANG	南阳
ZHSS	SHS	SHASHI	沙市
ZHSU		XISHUI	浠水
ZHTM		TIANMEN	天门
ZHWH		WUHAN ACC	武汉区域管制
ZHWT	WUH	WUHAN/WANGJIADUN	武汉/王家墩
ZHXF	XFN	XIANGFAN	襄樊
ZHYC	YIH	YICHANG	宜昌
ZLAA			兰管各省（区）局
ZLAK	AKA	ANKANG	安康
ZLAN	LHW	LANZHOU CITY	兰州市
ZLDH	DNH	DUNHUANG	敦煌
ZLGM	GOQ		格尔木
ZLHW		LANZHOU ACC	兰州区域管制
ZLHZ	HZG	HANZHONG	汉中
ZLIC	INC	YINCHUAN	银川
ZLJN		JINGNING	静宁
ZLJQ	JGN	JIAYUGUAN	嘉峪关
ZLJT		INGTAI	景泰
ZLLD	LZD	LANZHOUDONG AP	兰州/东机场
ZLLH		LENGHU	冷湖
ZLLL	ZGC	LANZHOU/ZHONGCHUAN	兰州/中川

续表

四字代码	三字代码	全 称	全 称
ZLMQ		MINQIN	民勤
ZLQY	IQN	QINGYANG	庆阳
ZLSN	SIA	XIAN	西安市
ZLWW		WUWEI	武威
ZLWZ		WUZHONG	吴忠
ZLXG	XIQ	XIAN/XIGUAN	西安/西关
ZLXN	XNN	XINING	西宁
ZLXY	XIY	XIAN/XIANYANG	西安/咸阳
ZLYA	ENY	YANAN	延安
ZLYL	UYN	YULIN	榆林
ZPBS	BSD	BAOSHAN	保山
ZPGM		GENMA	耿马
ZPJH	JHG	JINGHONGGASA	景洪嘎洒
ZPKM		KUNMING ACC	昆明区域管制
ZPLC		LINCANG	临沧
ZPLX		LUXI	泸西
ZPMS		MANGSHI	芒市
ZPPP	KMG	KUNMING	昆明
ZPSM	SYM	SIMAO	思茅
ZPWN		WEINING	威宁
ZPXF		XIFENG	息峰
ZPYM	YUA	YUANMOU	元谋
ZPZT	ZAT	ZHAOTONG	昭通
ZSAA			沪管各省局
ZSAM	XMN	XIAMEN	厦门
ZSAQ	AQG	ANQING	安庆
ZSBT		BOHAI 10 PINGTAI	渤海10号平台
ZSBZ		YUNHE	云和
ZSCF		XUEJIADAO	薛家岛

续表

四字代码	三字代码	全　称	全　称
ZSCC	CZX	CHANGZHOU	常州
ZSCN	KHN	NANCHANG	南昌
ZSCX		HUANGXIAN	黄县
ZSCZ		TONGLU	桐庐
ZSDH		DONGHAI 2 PINGTAI	东海平台2号
ZSDO		DONGHAI 1 PINGTAI	东海平台1号
ZSFY	FUG	FUYANG	阜阳
ZSFZ	FOC	FUZHOU	福州
ZSGZ	KOW	GANZHOU	干州
ZSHA		SHANGHAI ACC	上海区域管制
ZSHC	HGH	HANGZHOU	杭州
ZSJA	KNC	JIAN	吉安
ZSJD	JDZ	JINGDEZHEN	景德镇
ZSJJ	JIU	JIUJIANG	九江
ZSLC		LUCHENG	鲁城
ZSLG	LYG	LIANGYUNGANG	连云港
ZSLQ	HYN	HUANGYAN/LUQIAO	黄岩/路桥
ZSLR		LISHUI	溧水
ZSLS	LUZ	LUSHAN	庐山
ZSLT		LONGTIAN	龙田
ZSLY	LYI	LINYI	临沂
ZSNB	NGB	NINGBO	宁波
ZSNH		NANHUI	南汇
ZSNJ	NKG	NANJING	南京
ZSOF	HEF	HEFEI	合肥
ZSPX		PEIXIAN	邳县
ZSQD	TAO	QINGDAO	青岛
ZSQZ	JJN	JIJIANG	晋江
ZSRF		NANFENG	南丰

续表

四字代码	三字代码	全 称	全 称
ZSSA	SHA	SHANGHAI CITY	上海市
ZSSL		LONGHUA AP	上海/龙华
ZSSR		SHANGBAO	上饶
ZSSS	SHA	HONGQIAO AP	上海/虹桥
ZSTN	TNA	JINAN	济南
ZSTX	TXN	TUNXI	黄山/屯溪
ZSWX		WUXI	无锡
ZSWZ	WNZ	WENZHOU	温州
ZSXY		XINZHU	新渚
ZSXZ	XUZ	XUZHOU	徐州
ZSYT	YNT	TANTAI	烟台
ZUAA			蓉管各省局
ZUCD		CHANGDU	昌都
ZUCK	CKG	CHONGQING	重庆
ZUDF		DAOFU	道孚
ZUDS	CTU	CHENGDU CITY	成都市
ZUDX	DAX	DAXIAN	达县
ZUDZ	DZU	DAZU	大足
ZUFJ		FUJIACHANG	富加场
ZUFL		FULING	涪陵
ZUGH	GHN	GUANGHAN	广汉
ZUGY	KWE	GUIYANG	贵阳
ZULP	LIA	LIANGPING	梁平
ZULS	LXA	LASA	拉萨
ZULZ	LZO	LUZHOU	泸州
ZUMY		MIANYANG	绵阳
ZUNC	NAO	NANCHONG	南充
ZUSN		SUINING	遂宁
ZUTR	TEN	TONGREN	铜仁

187

续表

四字代码	三字代码	全 称	全 称
ZUUU	CTU	CHENGDU/SHUANGLIU	成都/双流
ZUWF		WUFENGXI	五凤溪
ZUWX	WXN	WANXIAN	万县
ZUXC	XIC	XICHANG	西昌
ZUXJ		XINJIN	新津
ZUXY		XUYONG	叙永
ZUYB	YBP	YIBIN	宜宾
ZUZY	ZYI	ZUNYI	遵义
ZWAK	AKU	AKSU	阿克苏
ZWAT	AAT	ALTAY	阿勒泰
ZWAX		AXIALASHANKOU	阿峡拉山口
ZWCM	IQM	QIEMO	且末
ZWFK		FUKANG	阜康
ZWFY	FYN	FUYUN	富蕴
ZWHM	HMI	HAMI	哈密
ZWHZ		SHIHEZI	石河子
ZWJH		JINGHE	精河
ZWKC	KCA	KUQA	库车
ZWKL	KRL	KORLA	库尔勒
ZWKM	KRY	KARAMAY	克拉玛依
ZWNJ			乌鲁木齐、阿克苏、库车、喀什、和田集体收电地址
ZWQJ		QIJIAOJING	七角井
ZWQT		QITAI	奇台
ZWSC		SHACHE	莎车
ZWSH	KHG	KASHI	喀什
ZWTN	HTN	HOTAN	和田
ZWTP		TURPAN	吐鲁番
ZWUQ		URUMQI ACC	乌鲁木齐区域管制
ZWWW	URC	URUMQI	乌鲁木齐

续表

四字代码	三字代码	全称	全称
ZWYN	YIN	YINING	伊宁
ZYAA			沈管各省局
ZYCC	CGQ	CHANGCHUN	长春
ZYCH	CNI	CHANGHAI	长海
ZYCY		CHAOYANG	朝阳
ZYDD	DDG	DANDONG	丹东
ZYDH		DUNHUA	敦化
ZYFC		FENGCHENG	凤城
ZYGH		GENHE	根河
ZYHB	HRB	HARBIN	哈尔滨
ZYHE	HEK	HEIHE	黑河
ZYJD		JAGDAQI	加格达奇
ZYJM	JMU	JIAMUSI	佳木斯
ZYMD	MDG	MUDANJIANG	牡丹江
ZYNJ		NENJIANG	嫩江
ZYQQ		QIQIHAR	齐齐哈尔
ZYRD		ERDAOHEZI	长春/二道河子
ZYSH		SHENYANG ACC	沈阳区域管制
ZYSY	SHE	SHENYANG CITY	沈阳市
ZYTH	TAHE		塔河
ZYTL	DLC	DALIAN	大连
ZYTX	SHE	SHENYANG/TAOXIAN	沈阳/桃仙
ZYXC	XEN	XINGCHENG	兴城
ZYYC		YICHUN	伊春
ZYYJ	YNJ	YANJI	延吉
ZYYL	YLN	YILAN	伊兰
ZYYY	SHE	SHENYANG/DONGTA	沈阳/东塔

参考文献

[1] 曾小舟.机场运行管理[M].北京：科学出版社，2017.

[2] 覃睿，赵颖飞，等.现代通用航空基础与实务[M].北京：科学出版社，2014.

[3] 宗苏宁.中国通用航空产业发展现实与思考[M].北京：航空工业出版社，2014.

[4] 谢春生，郭莉，张洪.低空空域管理与通用航空空域规划[M].北京：航空工业出版社，2016.

[5] 欧阳杰.中国通用机场规划建设与运营管理[M].北京：航空工业出版社，2016.

[6] 史永胜，耿建华，王霞.通用航空运营与管理[M].北京：航空工业出版社，2007.

[7] 吕人力.中国通用航空蓝皮书（2015—2016）[M].北京：中国民航出版社，2016.

[8] 吕人力.中国通用航空蓝皮书（2017）[M].北京：中国民航出版社，2017.

[9] 罗凤娥.签派实践应用[M].成都：西南交通大学出版社，2012.

[10] 武维新.飞行事故调查方法与技术研究[M].北京：国防工业出版社，2007.